谨以此书献给我的父母、我的母校
以及在田野工作和学术研究中给予我滋养的所有人。

本书得到武汉大学社会学院学术著作出版资助，

谨致谢忱

《对蹠人》系列民族志之六

太始有道
田野散记

朱炳祥　著

中国社会科学出版社

图书在版编目（CIP）数据

太始有道：田野散记 / 朱炳祥著 . —北京：中国社会科学出版社，2022.8
（《对蹠人》系列民族志）
ISBN 978 - 7 - 5227 - 0361 - 9

Ⅰ.①太… Ⅱ.①朱… Ⅲ.①少数民族 - 乡村 - 民族志 - 中国 Ⅳ.①K28

中国版本图书馆 CIP 数据核字（2022）第 106477 号

出 版 人	赵剑英
责任编辑	田　文
特约编辑	金　泓
责任校对	邵前卫
责任印制	王　超

出　　版	中国社会科学出版社
社　　址	北京鼓楼西大街甲 158 号
邮　　编	100720
网　　址	http://www.csspw.cn
发 行 部	010 - 84083685
门 市 部	010 - 84029450
经　　销	新华书店及其他书店
印　　刷	北京君升印刷有限公司
装　　订	廊坊市广阳区广增装订厂
版　　次	2022 年 8 月第 1 版
印　　次	2022 年 8 月第 1 次印刷
开　　本	710×1000　1/16
印　　张	15.5
插　　页	2
字　　数	231 千字
定　　价	85.00 元

凡购买中国社会科学出版社图书，如有质量问题请与本社营销中心联系调换
电话：010 - 84083683
版权所有　侵权必究

太始有道，光而不耀。
　　　　　　——集《列子》《老子》语

惟初太始，道立于一。
　　　　　　——（东汉）许慎

目　　录

引　言 ·· (1)

第一篇　延迟出发 ······································ (3)
　一　童年诗梦 ··· (3)
　二　施教授的理想 ····································· (9)
　三　打洛的界碑 ······································ (15)
　四　旅行的本质 ······································ (18)

第二篇　行脚前注 ···································· (22)
　五　初始问题 ·· (22)
　六　战争的困惑 ······································ (27)
　七　一次思想觉醒 ···································· (31)

第三篇　穿越戈壁滩 ·································· (37)
　八　一上戈壁滩：无路的荒原 ·························· (37)
　九　再上戈壁滩：世界的中心 ·························· (41)
　十　三上戈壁滩：伏羲和女娲 ·························· (47)
　十一　早期研究的自我批评 ···························· (57)

第四篇　摩哈苴彝族村 ································ (61)
　十二　摩哈苴之夜 ···································· (61)
　十三　神秘的"葫芦" ·································· (65)

十四　男性的交换 …………………………………………… (73)
  十五　朵西的智慧与人格 ……………………………………… (77)
  十六　生活等于生活 …………………………………………… (83)
  十七　"客观性"与"主观性" ………………………………… (96)

第五篇　捞车土家族村 ………………………………………… (103)
  十八　天浴 ……………………………………………………… (103)
  十九　女人的泪水 ……………………………………………… (108)
  二十　毛古斯：祖先的故事 …………………………………… (117)
  二十一　多松涅的恐惧 ………………………………………… (128)
  二十二　渡人自渡 ……………………………………………… (134)
  二十三　"第一主体"的发现 ………………………………… (138)

第六篇　走过青藏高原 ………………………………………… (142)
  二十四　"印象树" …………………………………………… (142)
  二十五　三个牧童 ……………………………………………… (147)
  二十六　牦牛舞 ………………………………………………… (151)
  二十七　我在高原 ……………………………………………… (154)

第七篇　周城白族村 …………………………………………… (172)
  二十八　走进"风花雪月"地 ………………………………… (172)
  二十九　高高的火把 …………………………………………… (182)
  三十　深深的根系 ……………………………………………… (189)
  三十一　生活多于生活 ………………………………………… (200)
  三十二　生命高于生命 ………………………………………… (210)
  三十三　从"主体性"到"交互主体性" …………………… (230)

第八篇　永远的"在途中" …………………………………… (238)
  三十四　田野之"道" ………………………………………… (238)
  三十五　终极问题 ……………………………………………… (241)

引　言

　　繁多保持着本来的原始状态，很少统一一致起来。繁多，就像水、大海一样。接连而来的感知，不论是来自内心的，还是来自外界的……我极力在思考繁多的本来面目，让它随意飘摇，而不用单元去理解它、抓住它，让它自由浮动，安安静静地保持原状。①

［法］米歇尔·塞尔

　　我曾观察过流水之道。那是一次去黄河观看壶口瀑布的体验。我先是看到远方一条银白色的水带从地面上飘出来。我知道，它们从巴颜喀拉山远道而来，开头只不过是石缝里的点点水滴，后来不断聚集起来，成为涓涓细流，又经过了数千公里的汇合，才成为一条奔腾的巨流。现在，它们已经来到这里，在目光所及的天与地交界处微微蠕动。

　　慢慢地，白色水带宛如长蛇般曲折向前游动起来。很快到了近处，它们便争先恐后急急匆匆地赶路；进而拥挤在一起，再挤紧些，紧些，挤到"千里黄河一壶收"的峡口处；突然，那条一直横躺着的身躯伟岸地直立起来，飞流而下，汹涌澎湃，如万马奔腾，辗转跳跃，冲向悬崖下的凹陷处。然后，它们复归平静，排列成队，驯顺地流出那长长的峡谷河道。旅程是漫长的，遥远的，它们完成了这次"成丁礼"之后，变成了浩浩荡荡的洪流，继续永不歇息、永不放

---

①　［法］米歇尔·塞尔：《万物本原》，蒲北冥译，生活·读书·新知三联书店1996年版，第7—8页。

弃、永不疲倦地前行。

　　我也曾观察过飞鸟之道。那是一个夏日的傍晚，我站立在一片旷野之中，看到天空中万千只雀鸟黑压压的一片。它们有时散开，有时聚拢，散开时成"一"字长蛇，聚拢时成一个硕大的葫芦瓢。一会儿，蛇与瓢已经消失，一个大型磨盘出现在天空；不过，磨盘还没有来得及合拢，又飞速幻化为飞蝶；飞蝶又拉长，再长些，有类银河系的缩图；然而，顿时又变成长勺、犁弯、簸箕……有时，我看到它们团结在一起，忽而又分化为一大一小两个亚群体，中间疏疏落落的几只雀似一根线将二者连接起来。只一瞬间，它们重又紧密地凝聚成一团焦墨；焦墨突然放射般散开去，出现在眼前的似沙尘散布于天空；随后沙尘又化作一条龙、一只虎、一头大象……

　　我的想象力很快枯竭，木然地呆望着天空，顿觉自己也生出双翅加入其中，展翼振飞。有时，我在雀群中心，千千万万的雀鸟聚在我的周围；可马上我就被甩到边缘，差点儿被抛掷出去。还没有来得及挣扎回头，一种巨大的磁力早已把我吸引回群体之中。我在天空中享受着上下浮沉的美妙，又在浮沉中进行着各种各样的玄想。此时已经分不出哪是雀，哪是我；我就是雀，雀就是我！

　　流水有流水之道，飞鸟有飞鸟之道。流水在大地上留下了河道，以便后来者有一条既成之路可以遵循；飞鸟在天空中没有留下任何痕迹，故后来者可以重新开辟各自的不同行路。

　　人类学的田野工作者也有着自己的道路。请问：这条路它在何处？这条路又通向何方？

第一篇　延迟出发

一　童年诗梦

西双版纳是我的童年诗梦!

我对那片神奇的土地有着莫名的情愫与怀想。傣家的竹楼,映在一轮明月之下;竹楼旁边,几丛弯弯的凤尾竹,在微风中招摇。野外丛林密布,大树参天;椰子芭蕉遍地皆是,杧果木瓜随手可摘;还有,庞大的象群,美丽的孔雀,它们都在那片密林中若隐若现……我多么希望长大后能去西双版纳亲眼看一看这些景致啊!

或许因为它太过完美,完美得使我不敢踏上那片土地。我惧怕到了实地,看到实景反而失望;故而长久以来,我一直没有出发。不去也罢,就让那竹楼、明月、凤尾竹、微风,还有大象、孔雀,都在我心中嬉戏吧!

童年时代,我看过一部科教片《在西双版纳的密林中》,其中有一个"蛇獴斗智"情节记忆犹新。我家乡的蛇臭名昭著,多么善良可爱的青蛙,它竟然要食之为快,这是不能容忍的。听到一种低沉的"咕——咕——"声,就知道大事不妙,那是青蛙的痛苦哀鸣。孩童们结了队去寻找,要将青蛙救出,并且奋力将蛇驱逐甚至击杀。老人们说"青蛙要命蛇要饱",可见世故得很。孩童们可不这样想,他们充满了愤怒与同情。而在西双版纳的密林中,用不上我们去努力,獴那种迅捷果断的捕蛇动作何等快意!不过,造化为何总是允许那种血腥厮杀的场面存在?为何不创造出一种和谐共存的环境呢?佛教经典中曾提供过"割肉贸鸽""舍身饲虎"的事例,佛用自己的生命去换取别的动物生存的机会，自我牺牲的道德无限高尚，遗憾的是无法做到两全。

"橄榄坝"更是令人心醉。这个名称本身就带有魔力，引发了我无限的遐想。我已经看到那里有一条长长的堤坝，已经行走在堤坝上，周边满是橄榄树。我拨开枝叶穿梭行进，又看到影映在橄榄林中的是傣家的竹楼，在竹楼里，既有美丽的神话在传诵，也有现实的故事在讲述。几千年未变的橄榄坝，到了20世纪60年代，一群知青远道而来，献出了他们的青春与激情。我读过一篇报道，说的是橄榄坝一个三四岁的小女孩谢小云，被一群上海女知青和她们的父母救治疾病的故事。那个时候，从橄榄坝到上海拐来拐去有将近4000公里的路程。女知青带着小云先走路，后乘船，再换乘汽车、火车等交通工具，经过10天的路途，终于把小姑娘顺利地带到了上海。又经过了三个多月的时间，家长们帮助小姑娘治好了病，再由另一个女知青把小云带回了橄榄坝。大人们感动地问小云："上海好，还是橄榄坝好？"小姑娘回答说："上海好，橄榄坝也好。"中国最大的城市与中国最美的山村被这个小姑娘用人情美的绳索牢固地联结在一起了。

时间已经过去了半个世纪，那里的知青早已回到了上海。知青在那里留下了什么呢？是艰辛生活的苦难记忆还是敦厚淳朴的美好回想？是绵绵不绝的思念与留恋还是舍弃不掉的心酸往事？有的作家说的是前者，有的作家说的是后者。无论怎样，美丽的西双版纳没有留下上海知青。《孽债》改编的电视剧中有一个情节令人心碎：上海知青沈若尘和当地傣家姑娘韦秋月结婚了，可是，一夜之间，消息传来，知青要回城了。行装已经收拾停当，第二天早晨就要出发。深夜，夫妻双双默默对坐，他们也许都在想，需要有一句话说给对方。那个傣家姑娘并没有流泪，沉默了很长时间，她终于开口了："我给你跳个舞吧。"于是她跳起了傣族舞蹈。那飘逸的衣裙，随着她那曼妙的身姿，在那傣家的小竹楼里翩翩舞动；屋外凤尾竹轻轻摇摆着，似乎为之动容，窗边晚风微声细语，似在为她伴唱……

西双版纳的知青们留下的是什么，带走的是什么？张曼菱所写的小说《有一个美丽的地方》说的是什么呢？张暖忻导演的电影《青春祭》说的又是什么呢？所有的作品都是朦朦胧胧，混混沌沌，欲说还休，欲休又说。

现在，橄榄坝怎样了呢？推想一下就知道了：在现代化的进程中，它已经变成了城镇，到处都是商店，到处都是工厂，到处都是千篇一律的街道，到处都是大同小异的房屋……我既然已经看到了这里的变化，我也就看到了那里的变化。我虽然没有去过那里，但我已经知道了那里。既然那里已经变得与这里一样，我还用得着再去吗？

然而，鬼使神差，我终于还是出发了。说不上什么理由，只是感觉的驱动。我对自己说：理性上已经感知了的东西，并不等于真实存在的东西。趁着想法未变，说走就走，这个被延迟了多少年的梦想终于化为行动了！

不用乘船，不用乘长途汽车和火车，更不用花上10天的时间，我们上午乘飞机中午就到了西双版纳。在这里做建筑学田野考察的施教授联系了车接我们到勐仑，在农家吃了糯米饭和一大盘水果以后，下午就去了橄榄坝。

啊——，眼前所见是什么呢？我虽然已经想象到它的变化，但实际看到这种变化仍然使我吃惊不已。路上奔驰的汽车，满街穿着大同小异服装一边玩着手机的人们，一家挨着一家的服装店、水果店、玉石店，街道这边是汽车修理铺，那边是麻辣火锅店，再远一些是工厂、学校和幼儿园，重重叠叠，伴随着红色广告、黄纸标语和灰色的电线杆子……

我迫不及待问道："橄榄坝"在什么地方呢？

"这里就是橄榄坝了。"司机说。

"那'橄榄'在哪里呢？'坝'又在哪里呢？"

"橄榄坝就是这里了。"司机颠倒了语序，重复道。

村寨早已经不在，这边是集镇，那边是旅游景区。去看看那边吧。的确有一些类似于传统的傣家楼，可那只是一些模型屋，没有村民居住，更无农田相伴。一路上的店铺和摊子都差不多。还好，热带植物还在，各种奇花异卉，频吐芬芳。我们不断停下来欣赏一番，赞叹一番，然后继续行进。司机又说那边有一个广场好着呢，游客多的时候景区就会组织跳傣家舞，泼水节时最热闹。说着，广场已在眼前，空旷无人，只有一个大水塘，中间一个塔形物，周边也有一些为游客观赏而无人居住的傣家楼。

还是到西双版纳的密林中去看看吧！

不过早有心理准备：在旅游景区，别人为你安排了什么，你就只能看什么，你已经不需要在你的旅途中进行什么探索了。你所能够做的就是按照景区所设置的指示牌，在万千游客之中一步一步跟着走。走完所有景点以后，你可以松一口气，总算完成了任务，然后坐车回家。唯一的收获是你拍摄的那几张照片，日子长了，你翻出来看看，还保留了一些记忆碎片。

植物园有两个区：东区和西区。东区是原始森林，西区是人工园林。当然去东区！可是乘出租车到东区的时候，却被挡在门外：必须到西区买票进门。返回西门，门票每人80元。进门后，要转乘从西区到东区的电瓶车。等了不少时间，车来了，却被告知车上不售票；于是又折回入门处购买了35元的车票，回来时再等下趟车。我虽然不断默念着徐霞客"途穷不忧，行误不悔"的行路精神，但修养终究不如古人，经受了一点小挫折，便皱着眉头抱怨起来。

曲曲折折到了东区，导游图介绍得很完美："西双版纳热带植物园位于西双版纳傣族自治州勐腊县勐仑镇，坐落在澜沧江支流罗梭江环绕的美丽的葫芦形半岛上。海拔高度570米，年平均气温21.5℃，年降水量1560mm。热带植物园占地面积1100公顷，13000多种引自世界各地的热带植物，在38个景观优美、科学和民族文化内涵丰富的专类园区中茁壮成长，奇花异木，鸟语花香，构成了一幅幅特有的画面。岛上至今保存有大面积的热带雨林。标本馆、图书馆、学术报告厅、热带雨林民族文化博物馆、游客服务中心等科研、科普设施齐全。"

我抄录下这些文字，希望证明我的确曾经"到此一游"。东区的重要景点是绿石林和热带雨林，我们被安排先去绿石林，再去真正的热带雨林。……哦，等一下，绿石林到了，我要不要将这一份景区介绍也抄录下来？抄吧！

"绿石林景区位于植物园东部，为喀斯特地貌上保存完好的原始热带季节性湿润林，其在性质上属东南亚热带北缘石灰岩山地垂直带上的一种植被类型，是在热带地区受基质影响而形成的山地季雨林，具有极其多样性的动植物组成。景区占地225公顷，森林覆盖率在90%以上，有超过1000种本土植物和各种野生动物。景区内重峦叠嶂，沟壑纵横，上有森林，下有石林，故有'绿石林'之称，是多种珍稀濒危动物，如双脚犀鸟、灰叶猴、蜂猴、长臂猿等的原始栖息地。具有丰富的热带兰科植物资源，是开展珍稀濒危动植物回归和综合保护的示范基地。"

提示牌标示的景点有"绞杀榕""树瀑布""兰花山""望江亭""情侣峰""大板根""美猴岩"等。当我按着那些景区图标向前行走的时候，我有一种被人逼迫着观看的感觉。到了"绞杀榕"，我更感觉自己也正在被"绞杀"。

"绞杀榕"（图1-1）实在太恐怖。每年二三月，是榕树果实成熟的季节，成群结队的鸟儿飞上枝头，分食榕果，其种子就被传播到其他树木上。又有些种子被风吹到其他树枝上。这些种子遇到适宜的气候就会发芽，长出一条条气生根。所谓"气生根"，是指由植物茎上生出来的根，它不是生长在土壤中，而是暴露在空气中的不定根。然后，这些气生根从三个方向同时向其所寄生的树木下手：一部分气生根沿树干向下蔓延，伸到地面，插入土中，把土壤里的养分强夺过来；一旦从泥土中获得新的营养来源，绞杀榕的生命力变得更加旺盛。另一部分气生根则缠住寄生的树木迅速向上生长，伸入空中，然后长出茂密的叶子将该树的树冠遮住，把阳光强夺过来，使寄生树难见天日，致其窒息而亡。这还不够，除了向上向下分头行动之外，那些留在中间的气生根就将寄生树紧紧地箍住，越勒越紧，并抢夺该树的营养成为绞杀榕的食物。这些树渐渐失去还手之力，最后终结了自己的生命。绞杀榕横蛮、狞厉，其形态像一条条蟒蛇死死地缠住大树，从树干内部、土壤中、枝头上三管齐下，与寄生树争夺水分、养分、空气和阳光，最终将自己的"恩人"明目张胆杀戮，唯剩它自己傲然挺立于密林中。

"梦幻雨林"是我到西双版纳追寻的最终目标,我的童年诗梦也集中在这个目标上。沿着人工铺设的山间石子小路一直往前走,无心观赏途经的几个景点,朝着"梦幻"急切地直奔而去。可是已经走到尽头的折拐处,并未看到"梦幻雨林"。折回去重新寻找,仍然不见其踪影。

哦——,最神奇的地方往往是最难寻觅的,因为它藏在最隐秘之处。徘徊又彷徨,彷徨复徘徊,还是没有找到。看来我们就要在这里留下深深的遗憾了。

跨过那折拐处的小桥,沿着被冠名为"生态路"的小道往回走。所谓"生态路"就是用一些木板架在一些小树的树冠之上做成了类似浮桥的小路。这条路与我们来时那条路是平行的,中间相隔不到十米,只是一个在高处,一个在低处。走出一段,终于看到一个标示牌上写着"梦幻雨林"。啊——,我们终于醒悟,原来刚刚走过的这一段就是"梦幻雨林"(图1-2)!我们刚才因急于走路,并没有注意到这个标识。

图1-1 绞杀榕[①]

图1-2 梦幻雨林

---

① 本书的图片,除注明的以外,皆为作者拍摄。

看着眼前这平常的景致，我立即生出一种被戏弄了的感觉。不过，马上又想到：到底是雨林戏弄了我们，还是我们自己戏弄了自己呢？我们的期望值过高了，那些密密的树木难道还称不上"梦幻"么？"梦幻"一词原本就是人类所使用的语言符号，只要我们认为它"梦幻"，它就"梦幻"了，无所谓真与伪、好与坏，更无所谓戏弄和被戏弄。

正想时，突然一声闷雷响起。向上仰望，从树木的缝隙中看到了天空乌云密布，黑压压的一片覆盖在高大树木的上端。接着雷声大作，在我们头顶上轰鸣，眼看快要下暴雨了！

我们顿时兴奋和激动起来，终于有一种强烈的"梦幻"感袭来，渴望暴风雨来得急骤些、更急骤些！把我们彻底淋透、再淋透！让我们可以带走这清晰的、可触及的梦幻感，让我们永远记住这梦幻感！

然而，只过了一小会儿，乌云却渐渐退却，雷声也已经遁去，天空只是不经意飘过几个雨滴……

二 施教授的理想

施教授把我们安排在曼仑小村的一户农家住下来，多么好！我多少年来梦想看到的傣家村寨，现在已身居其间。傣家的住房已经不再是小竹楼了，木楼成为新的传统。木质结构的双层楼房，除了一楼的大厅有几根水泥柱子之外，没有砖瓦，没有钢筋框架，整个房屋好似一个具有生命的有机体，与大自然联系在一起，醇美而舒适。它处处通透，没有任何压迫感。木楼不设门槛，从外边直接可以走到里边。屋顶是木板瓦片铺成的"A"字形的斜坡，风雨就从斜面的这边吹过来，又从那边滑落下去（图1-3、图1-4）。房屋的外边，遍地是妖娆的果木，各色各类（图1-5）。主人从自家后院的树上摘下来几大盆水果，我只认出其中的香蕉，虽然看上去与外地的一般模样，却清香可口得无法言说（图1-6）。居室是一层地板，爽洁、整齐、干净（图1-7）。饭菜也是当地土产，丰富多样（图1-8）。

图 1-3 傣家楼近景

图 1-4 影映在树丛中的傣家楼

第一篇 延迟出发 | 11

图 1-5 傣家院子内的瓜果

图 1-6 傣家院子里摘下的水果

图 1-7 傣家的居室

图 1-8 傣家的饭菜

绕着整个村子看看吧。

在蓝天白云之下,村庄与自然融为一体,隐映在树木花草丛中。农家的一群群鸡鸭在周边漫步,远远近近有一些鸟儿在鸣叫。村子后边有一条勐仑河，跟着我们的三个孩童已经走出很远，看到他们捡起岸边的石子向勐仑河水中掷过去，落日的余晖将他们映照在西边的天空之上成为几个剪影。

施教授说，她来这里做建筑学的田野调查，就是为了保护傣家的自然生态民居，但周边的工厂越建越多，这个村子里就有一个私人老板开办的橡胶厂，废水排入河中。勐仑河水本来清澈透明，可以直接饮用，现在已经被污染，散发着一股臭味。她说着，用脚狠狠地跺了一下地面，愤愤地说："我们站着的这里本来是一片茂密的树林，可你们看，现在被推土机推平了（图1-9）。"正说间，一阵风吹过来，夹杂着一股橡胶厂排放的难闻的恶臭味，大家顿时失去了好心情。

图1-9　这里的树林被推土机推平了

施教授有着一个伟大的理想：将曼仑村建设成保护生态环境的典范。她已经在村子里工作了两年，也与破坏生态环境的行为斗争了两年。她得到了一些支持，但也遇到了更大的困难。施教授有着充分的根据：保护生态，这是国家的大战略。她抱了很大的信心和决心，要说服村民同仇敌忾，抵御利益的诱惑和外界的袭扰。她是一个有能力的人，在全村108户中，她已经努力说服了88户依然保持着传统的傣家楼。傣家楼人有人屋、猪有猪圈、鸡有鸡窝，楼上楼下，通风透气，外面的气温再热，屋里照样凉快，而且村庄与群山融为一体，这有什么不好呢？可是，已经有20户盖起了现代建筑的新房，与傣家民居极不协调。更令她不安的是，开发商的双眼死盯住这片神奇的土地，他们进行着各种花样的利益宣传，一个更大的破坏计划早先只是酝酿，现在已经谋就。这一大片傣家村庄马上就要成为一个建设工程的用地。支持施教授的那位当地领导已经调任其他职位，而另外的人正在向她气势汹汹急步走来，施教授寡不敌众，孤掌难鸣，眼看就要败下阵来。

居住在傣家，看到那地上的铺，就感觉到与大地的亲近。木楼与竹楼一样，进房间要打赤脚。城里人穿了鞋子还要再穿袜子，与土地保持着层层距离，教师职业的仪表还要求外加一份矜持；而现在，我终于可以无视这一切了。赤脚，正是我童年的情趣。春日转暖的时候，孩童们比赛谁是赤脚第一人。于是，一群孩子赤脚走上田埂，赤脚走在秧田，赤脚走向河滩……现在，傣家村寨又允许和鼓励我赤脚了，多么惬意！人类是自然界一道独特的风景线，除了口鼻耳目以及手部可以外露，其他部位则被包裹得严严实实。衣服与鞋子是人与大自然分离的一道界限，穿斯衣，着斯履，所显示的是这个人的身份与地位、性别与性格。皇帝和皇后本来和平民百姓是一样的人，就是那龙袍皇冠将他装饰成了皇帝，那凤冠霞帔又将她装饰成了皇后。

傣家的凤尾竹饮誉天下。因为竹韵之美，成就了那首《月光下的凤尾竹》歌曲之美；也因为歌曲之美，更增添了竹韵之美。我也曾见过异地的凤尾竹，但我不屑一顾，要把最真切的第一感觉留给西双版纳；我偏执地认为，只有傣家的凤尾竹才真正算作是凤尾竹。……而现在，它们一丛一丛，就在我的眼前。那竹的尾部弯下来，然后又微微向上一翘，表现出不一样的风雅。

一天晚上，我们见到了那名副其实的"月光下的凤尾竹"。那是施教授领着我们去拜访一位清华大学在植物园做研究的博士，路途之中，我们与凤尾竹林不期而遇。皎月当空，清风拂过，竹与月互伴而舞，相映成趣。圆月在竹丛中穿越，竹影在圆月中隐现；时而竹避让而月露娇容，时而月躲闪而竹弄柔姿。大家流连忘返。

傣寨的夜色宁静而姣好。大地与村庄入睡了，人们也跟着入睡了，只有和风瑟瑟自顾自吹拂着。而黎明的到来是由"雄鸡三唱"报知的。那天拂晓，第一遍鸡叫时，我朦朦胧胧，似醒非醒。最先鸣叫的鸡好像在近处，随后略远的另一只鸡跟着，紧接着一群鸡全都跟着。那鸣声已将我从一个梦境牵引到另一个梦境。叫完一轮以后，中间有一个间隔。当鸡鸣二遍的时候，我不知道是否还是先前那一只鸡起的头，听到的依然是一声接着一声有次序地跟进，此声刚落，彼声继之。鸡鸣三遍时，声音则显得高亢，我已经彻底醒来，听出每只鸡的叫声各有特征，且远近各不相同，形成了具有高低、强弱、快慢节奏和韵律的鸡鸣交响乐。这美妙的晨曲是傣寨的天籁之声！

既然已经被雄鸡唤醒，就早早起床去感受一下村庄的清新晨光。我看到了村庄上那些报晓的雄鸡们，个个气宇轩昂。走过一家又一家，兴致正高，又闻到那股橡胶厂排出的恶臭之气袭来。那恶气经久不散，弥漫在村庄的每一个角落，于是败兴而归。

就在我们离开村庄的前一天，来了几个衣冠楚楚的人，还带了摄像机。施教授告诉我："开发商今天就进去了！我们课题组也要撤离村庄了。"

当我们离开的时候，我又看到村庄上那些雄鸡们。它们并不知道自己的前途命运，还在兴致勃勃地啄食。这里到底要被建设成什么样态，我不知道，也不想知道。或许代之以彻夜的机器轰鸣，或许代之以彻夜的歌厅噪音，随它去吧！村民们也许都得搬迁异地，雄鸡将不复存在，由它们担任了千万年"报晓"工作的历史使命行将终结。

我关心的是那凤尾竹，它们还能存在吗？也许为了装饰点缀，开发商还会保留着一部分，但它们一定是木木呆呆地站立在那里，毫无生气地垂着头；而那首著名的《月光下的凤尾竹》，也终将会受到亵渎而失去了本味。

告别的那一瞬间，施教授并不感伤，她相信国家保护生态的大战略不会变，坚定地对我说："我们要重新开辟战场！"

三　打洛的界碑

去打洛的长途汽车，平平淡淡地行驶着。我们到中缅交界的这个边境小镇，是想看看国界到底是什么。

地球上的山川大地、江河湖海本来全都连成一体，可是自从人类诞生以来，最初是被一个一个游群占据，划分了地域边界。后来一些游群汇合成为一个个部落，占据了较大的地区，边界又向外扩展。再后来又有了酋邦，占据了更大的地区。最后就有了我们现在的国家，边界就成为"国界"了。当今的世界，就是以"国家"为分界的世界，"国家"成了最高的利益集团，地球上除了不适合人类居住的南极与北极以外，没有任何一寸土地不是属于某一个"国家"的。在国家林立的当下，"国界"便成为区分不同国家领土的标识，它将不同国家的人民阻挡在这边或那边，任何人不可以随便逾越这个界限。

人类为什么会发明这样一种妨碍自己行动的障碍物呢？如果其他星球上的智慧生物来到地球，他们一定会十分骇异。他们也许不知道，或者知道了也不理解，地球上的人类原来是一种特别的生物。古今中外人类中的某些人群，为了自己所属的那个集团、那个国家获取更大的霸权，争取更多的利益，就去侵略别的国家，杀戮那里的人民，掠夺那里的资源。这样，国家与国家之间就发生了数不清的惨烈战争，界内界外的人们遭受了无穷无尽的苦难。取胜的一方推进了自己的国界，失败的一方收缩了自己的国界，甚至彻底抹去了自己的国界，于是，国界呈现出一种变幻不定的动态：今天向内收缩一片，明天往外延伸一片。伸伸缩缩，分分合合，循环不断。国界是历史上的人群的战与和、强与弱的利益分隔线，是不同地域的人群冲突的结果，是侵略与反侵略的交汇点。它塑造了不同的共同体，人类群体因此而有了"我者"与"他者"、"我国"与"他国"的区别。

现在我们就要去看一看这个"国界"了，看看这个在当今历史条件下人类不同群体所共同划定与承认的边界是什么样子，它到底是铜墙铁壁不可穿透呢？还是巍巍高山不可逾越？

哎呀——，原来它只是一条小河（图1-10）！

图1-10　不能随便跨越的界河

我见过很多、很多的河流！

我老家的屋后就有一条河，左侧也有一条河，前面不远处又有一条河。左侧的河我常常从这边游到那边去，屋后的河我常常从这边踩上木桥走到那边去，前面的那条河我既可以从桥上走过去，也可以直接游泳过去。隔着这几条河，我在这边喊一声，那边的小朋友就会应声而出。夏天我们相约同时将脚从两边伸进河水，冬天我们捏了雪球笑着同时朝对面扔过去。

眼前这条河，与我家前面的河差不多的宽度，可是它却区分了两个国家，也隔开了两个国家。

我站立在此岸，看见对面河岸的公路上，一位青年背着什么东西，缓缓而行，面目清晰可见。我忽然看出他的相貌很像我少年时的一个朋友金生，许多记忆随之奔涌而出。

那一年盛夏，一天傍晚，潮水正在落下去，我来到他搭建在河边的小小的渔棚里，看他扳鱼。他正在聚精会神地观察河面。

"扳鱼多凭眼看，大鱼进网都有一股水浪，远远就可望见。那鱼浪一进前网，就需迅速扳动纲绳起网。大鱼如果撞到后网上，会箭一般地回头窜出去。"他说。

"捉过大鱼吗？"

"当然捉过。前年一场暴头雨，也是落潮，老远就看到浪花从西边来，大着呢。我知道有鱼。看那浪尖一进网，我就马上扳动转轴。那家伙碰着了后网，随即回头，像箭一样直往外飞。我的纲绳刚好出水面拦住了它的退路。那家伙急了，来回窜，我将网底扳出水面，任它发威。等到它不动了，我才抓起来。……大鱼都很狡猾，不好捉。特别是鲤鱼，它贴着泥游，来了不进网，挨着最前面的纲绳外边。等你起网的时候，它就从网底溜走了。"

"这条河里一共下了多少网？"

"从这向东几里路，就有二十多口网。'鱼过千层网'，那'刁钻鬼'要比我们人聪明得多。"

天色早已黑下来，已经入夜了，我告别金生回家。已经走出一段路，他突然喊住我，说："天黑，拿着我的手电筒吧。"我说不用，他硬塞了过来。我打开手电筒，刚刚走出半条田埂，突然看到一条蛇挡在小路的中央，身躯盘起来，昂着头。我吓了一跳，倒退几步。金生闻声赶来，惊道："是'七寸子'（蝮蛇），最毒的。"我感叹如果不是这只手电筒，必遭蛇患无疑！

金生后来得了病，不再扳鱼了。开始也治疗了一阵，很快便放弃了。那次我探亲回家看到他，又黑又瘦，不久就去世了。

现在，那个长相像金生的缅甸青年正在对岸走着，勾起了我的哀伤与怀思。此时，只要我喊一声，他一定能够听到。可是我却喊不出口，这并不是因为距离太远，即使他与我咫尺之间，我们也不会说话的，原因是我们之间是异国的陌生人，不说话是常理，而无缘无故地说话反倒突兀与怪异。这到底是为什么？

记不清是哪位诗人了，他就曾经问过这个问题：

陌生人，
请你告诉我：
当我们在路上相遇的时候，
为什么我不能和你说话，
而你也不能和我说话呢？

这就是我们"人类"的问题！在我们所生活的世界里，总是被区分为"对蹠人"意义上的"自我"与"他者"；既然我们区分出相互的不同，我们也就塑造了彼此的隔膜，进而也不愿意去了解对方、理解对方。

离开河边，就去找界碑。

找来找去找不着，原来是方向错了。折转回来，才算找到了。这是一个大约一米高的普通水泥柱，上面写着红字。界碑的周围被很多卖旅游产品和水果的摊子围着，界碑下端的一个极其微小的水泥缝隙里，长出了两三根极其微细的小草。

全世界有近200个国家，就都是用这种东西相互标志的！

四　旅行的本质

列维－斯特劳斯说，旅行是为了获得一种能力，追寻着一种权力。旅行者要么往上爬，爬山；要么往下掉，掉到地球内部；要么平着走，到遥远的国度去。他们故意将自己陷入一些困境，一些危险地带，从而获得某些特殊的能力。把一切都豁出去的人，有可能取得力量。[①] 然而，我们的时代早已经不是马可·波罗的时代，不是哥伦布发现美洲大陆的时代，甚至也不是20世纪的人类学家到非洲、大洋

[①] ［法］列维－斯特劳斯：《忧郁的热带》，王志明译，生活·读书·新知三联书店2000年版，第34—35页。

洲、南美洲去寻找异文化的时代了。当交通发达到任何人都可以走遍地球每一个角落的时候，当任何人都不可能因此取得力量、更无法由此获得特殊的权力，也不能再带来旅行者社会地位提升的时候，当任何一个社会都已经被考察到再也无法找到一条新的婚姻规则和一则新的神话的时候，当再也没有人会听那些旅行者编造出来的探险故事的时候，旅行还有意义吗？

我早年的军旅生涯有一次经历：一个漆黑的夜晚，我奉命去给另外一个村庄的野营部队送信。我几乎走了大半夜，终于走到了。然而我好奇：那里同样有一个打谷场，打谷场上同样也亮着灯。直至我走近，我才大惊：原来我转了一圈，又回到了原地！这个经历也成为一个象征：我们以为走出很远，其实我们的旅行就在原地打转。那个夜晚，我并未完成任务，白白地浪费了我的时间与精力，并且受到了批评，似乎对我来说没有任何实质性的意义；但是这件事却使我记忆深刻，那种在黑夜里行路追寻目标的努力过程使我念念不忘，至今保持着一种新鲜的感觉和鲜明的印象。后来，我才领悟出："走"的本身，正是意义之所在。

西双版纳是我的一次短暂而特殊的旅行，它可以看作田野工作的一个缩影和隐喻。我在这次旅行中所得到的认识是："那里"和"这里"相差无几，我没有出发时就知道了，我归来时也证实了我出发前的认识；就此而言，我本可以不出发。但是，我只有"走"到了那里，我才获得了一种新颖而鲜活的感觉；就此而言，我必须要出发。从理性的逻辑上推论是一回事，那是空洞而枯燥的；而从感性上去感觉、经历与体验则是另外一回事，那是具体而生动的。出发归来以后，我获益多多。

传统民族志者的旅行要运用理性去探索"异文化"是什么，并且科学地描述它。不过，这条规训并不是后来所有的人类学家悉数遵循。像列维-斯特劳斯那样的人类学家，却将旅行的本质定义为对人类学者自己脑袋中的沙漠的探察，而不是对那些在他们周遭的沙漠的探察；而像格尔兹那样的人类学家，又将旅行归来所撰写的民族志看作只是自我实现。无论是要去描述"他者"，或者探索"自我"，又或者实现"自我",民族志总是理性分析的思想成果。我过去总以为通过因果关系的解释所得到的抽象知识更为高级,以为追求理性的清晰概念,诉诸于思辨的分析、逻辑的圆满、结构的严谨,才是民族志写作的常规,这很可能是一个认识误区。因为民族志主体既是理性的,也是感性的,那么他们撰写的民族志当然既可以是偏重于理性的,也可以是偏重于感性的。将民族志的主要诉求放在感觉经验上,从我们自己与外界的"身体接触点"开始去感触事物,进而领悟事理、思考问题,这同样可以成为民族志的叙事形式。

"感性",首先是感觉,它是人的感觉器官在与外界事物接触时所产生的功能性反应,是你的脚尖触碰到石子的那种微疼感和发现感,是你的眼睛所看见一种事物的那种鲜活感和具体感,是你的耳朵所听到一种声音的那种愉悦感或聒噪感,是你的口舌所品尝出来的酸甜感或苦辣感。由身体的感触而感知,由感知而感悟,由感悟而感思,是人认识对象世界的过程。在这一过程中,感性是人类认识世界和认识自我的出发点和基础,是理性所围绕的轴心。感性就是生命律动,感觉可以贯通天地、混融物我,尊重"非人间"力量,只有在感性中,才能体悟"自然"与"文化"的一体性。民族志的感性形式可以避免了理性对于材料残忍的选择和删削、粗暴的干涉与篡改。

旅行的本质不应该是功利性的,不应该去追寻权力从而获取某种话语的优势,旅行(田野工作)的本质是感性的,是出自情性的。这是我于西双版纳归来以后所得到的一种启示。感性是指人们对外界事物的感觉和印象,属于感觉、知觉等心理活动,它是由个人的感情决定的。感性经验是指人们在同客观事物直接接触的过程中通过感觉器官获得的关于客观事物的现象和外部联系的认识,是在人的身体感觉与外界事物的接触过程中产生的。感性是实践的,一切理解都是由感觉得来的。

本书为《对蹠人》系列民族志之六,是我自1993年至2019年共26年间的田野散记,也可以将其看作是一部"感性民族志"。在本民族志中,我不再遵循"描写—分析"的传统模式,我让笔触跟随我的脚步前行,选择那些强烈地触动过感觉的、在头脑中保持着鲜明而深刻的形象与印象的那些人物和事件进行叙述。我记录我的所闻、所见、所触、所感、所悟、所思。在这些记述中，具体性、偶然性、随机性、不均衡性、不稳定性、非逻辑性、时空跳跃性成为叙事特征，这种特征区别于有序的、聚焦式的、具有均衡性和稳定性的、讲求逻辑的理性叙事形式。感性民族志当然并不排斥理性的思考，但只有在感性的领域，才能感觉与领悟塞尔所说的"繁多"，感觉与领悟"雾霭下的大海"和"雨中的莽原"。"繁多"正是感性的特点，而不是理性的特点。而感性无边无际的"繁多"，它的凝聚点又总是围绕着民族志者的心性与情志，就此而言，感性民族志也是具有统一性的民族志形式。

第二篇　行脚前注

五　初始问题

　　我在多维的社会空间和人生空间中行走，行程广泛，有过多种类型的生活和工作经历。这些经历在时间上是相接的，在空间上是相邻的，我试图将我走上学术研究道路之前的这些经历或经验的主要部分提取出来，进行批判的对比，以达到对我后来的学术研究趋向的自我认知，并以此作为对田野工作的思想条件与情性特征的一个说明。

　　童年情性是一个人的禀赋的天然呈现，它尚未进行过任何自我雕琢与虚饰，受到社会文化的覆盖、袭扰与扭曲也较少。与大自然的亲近是我童年的自然天性，屋后的那片竹园以及竹园边上的枇杷树，是孩子们的乐园。盛夏的中午，赤日炎炎，三五孩童齐聚到竹园中去乘凉，南风吹过疏疏朗朗的竹林，带来许多舒适。竹园前面的空地上，有两棵枇杷树，大的更为著名。每到春夏之交，圆圆的枇杷由青转黄，眼看就成熟了，大些的孩子坐到树枝上去品尝，小些的孩子昂着头在树下等待着抛下的果实。一次，有个等在树下的孩子问道："枇杷花是什么颜色的呢？"树上的孩童们没有人回答他。

　　多少年过去了，大的枇杷树老了，后来便枯死了；小的枇杷树长成了大的，又变成了老的，现在也已经不在了。不过，父亲是个有心人，用那棵枇杷树的种子培植了新一代。新一代的枇杷树的果实又被新一代的孩子们摘吃了。父亲每年都要叮嘱留下几颗，孩子们倒很听话，但每次鸟儿们等不到我探亲回去就抢吃光了。那一年，父亲算定了日子，天天看着树上的枇杷，可终归又迟了。"你只要早回来两天就好了。几天前还有两串，到前天只有三个，昨天去看就一个不剩了。"父亲遗憾地说。我去看那棵枇杷树，突然想起早年那个孩子的问题。"枇杷花是什么颜色的呢？"我努力回想着，忽而感觉口中生出一种甜甜的滋味，喔——，原来是一种"甜色"，它们是一朵朵"甜色的枇杷花"！

春天来了，河滩光滑平整，这里那里点缀着刚刚露头的小草，而菖蒲却已经很高了。孩童们一齐跑到河滩上，将那蒲草用镰刀割下一截，前后削平，做成蒲笛，吹出了春天的韵律。大人们交给的劳动任务是割草，休息的时候，坐到田埂上。田地里这边种的是棉花，那边是红薯。把棉叶和薯叶摘下来，样子是相同的，孩子们辨不出来了。再把这叶子插到枝梗上，差别就看出来了。庄稼果实生长的位置也是可以比较的：麦子和高粱的果实顶在头上，玉米和豆子的果实夹在腰间，红薯和土豆的果实埋在地下……这些发现都使孩子们很兴奋。天气热起来了，干脆把鞋子脱了，放到水渠里，变成了几只小船，这又是一种创造。光着脚跟着我们的船，几只小青蛙也试图登上这些漂游的船。

然而，就在这种天真愉快的游戏和劳动生活之中，也存在着巨大的困惑。记忆中最早的一件事是在大约四五岁的时候，一次，有个玩伴说好了回家一趟马上就回来，我等待着，再等待着，可是他一直没有再回来。"他为什么不回来了？"我不能理解；因为按照我的情性，说好的事情是决不能失约的。我意识到"我"与"他"是不同的。此时，产生了一种非常强烈的好奇心：希望通过交换灵魂的方式弄清楚那个孩子的想法。我想用一种力量把我的灵魂推送出去，把他的灵魂吸取过来。这种努力当然是失败了。

"交换灵魂"的问题，是我童蒙初开时向世界提出的"初始问题"，这个"初始问题"表达了我热切地了解"他者"的渴望。我后来才明白，在童年天真烂漫的生活中，因为对这个世界上的事物过度好奇、过度敏感所提出的那个"交换灵魂"的困惑，却是我遇到的第一个人类学问题，也是一个最重要的人类学问题，其基本内涵就是"自我"与"他者"这一组"对蹠人"如何相互理解的问题。这个问题是我生命中的"元问题",决定了我后来的人生道路、思想走向和学术探索的路径。我想,人类学者最重要的问题,或许都是童年时代就敏感到的,因为这个时候,他们受社会文化影响较弱,提出的问题往往根源于他们的内在生性与情感。黄宗智先生在他晚年的一篇自述性文章中曾经说,回顾他自己过去五十多年的学术生涯,他自己都感觉到惊讶的是,"感情"作为自己学术研究的问题意识的来源和动力,其实比"理性"的认识起到更根本的作用。我们习惯地认为"问题意识"主要来自一个学者的学术或理论修养,而在他的人生经历当中,它其实更来自感情。一种学术问题,有着更深沉的感情因素。我们被规定做这样或那样的研究,其实是对学术的一种负面反应:缺乏兴奋感。感情的驱动,区别于纯粹的思考,也许更强有力、更可能成为个人长期的激励。这种看法,对于我来说也同样。我在晚年写作《对蹠人》诸卷民族志,正是出自我的心性与感情。我所被给定的实际,并不仅仅是我所接受的教育以及我所受到的文化影响;还有我的生性禀赋、情感趋向与个性特征,以及我作为"人类"的一员所具有的一般性品质。生性与个性,社会性与文化性,以及作为一个物种的类性(人类性、人性),此三者及其相互作用共同决定我作为一个"人"的基本方面,也形成了我作为一个学者所要研究的问题,以及在这些问题上我所要表达的思想、所要建构的概念。

  很快,到了上学的年龄,几乎没有什么理由可以辩解,我就被送进了学校,这是一件何等糟糕的事情!从此以后,不能天天玩耍了。学校,这是一个多么讨厌和可怕的地方:四周用围墙和庄稼地隔开,教室又把这个班与那个班隔开,同一个村庄的小伙伴们被分在不同的班级与教室里。特别是那个倒霉的座位最可恶,似千万条绳索捆绑着你,坐上去就不能动了。那样灵活的眼睛,被规定不能看窗外的鸟儿,只能看着老师的嘴巴;那样灵敏的耳朵,也不能听树上的蝉鸣,只能听老师的声音。老师们就是厉害,连我们心里想的什么都知道。一旦看出我们不专心听讲,马上就会招来一顿批评。这是一种怎样的可怜兮兮的生活?是谁规定我们注定要过这种生活?

  也罢,在煎熬中忍耐着吧!放学以后老师可管不到我们了,那又是我们的天地！何况还有寒假、暑假、忙假，——啊，忙假还有夏忙和秋忙两个假期，这些都是我们的！

在书本上偶尔也会碰到一篇好的课文：

> 秋天来了，
> 天气凉了，
> 一群大雁往南飞，
> 一会儿排成个"一"字，
> 一会儿排成个"人"字。①

读了课文，一群孩子就去野外仰望天空，等待着大雁的到来。等着等着，终于来了。一群大雁飞过，它们是排成了"人"字形的，头雁在前面领飞，后边两列斜行的队伍跟着。多么了不起的大雁啊，就凭着自己的双翅，从高空越过河流、越过高山，飞向远处！几群大雁飞过去，都是"人"字形的，孩子们继续耐心地等待着。终于，他们等到了那"一"字形的雁阵飞过来。孩子们又盯着看，看着看着，雁群远去了，将要看不见的时候，它们又变换了阵形……

孩子们满足了，高声背诵着那篇课文："秋天来了，天气凉了，一群大雁往南飞，一会儿排成个'一'字，一会儿排成个'人'字。"

儿童与少年时代对世界的追问与探索是无穷无尽的，有些很惊艳，有些则很平淡。看到村子里一位篾匠在做手工活，我心向往之。竹园里的那些竹子，被他均匀地劈开，剥离出篾条，就可以编成了淘箩、草篮、篦子等日常生活用具和各种农具。看多了，回家来就开始模仿。我从最简单的开始，首先学习编制了一个淘箩，但样子很丑，只好藏在床底下。不料很快就被母亲发现了，不仅没有受到批评，母亲还拿着它使用。后来的试验物不限于淘箩，连草篮和篦子也能编了，只不过总不能达到精致美观。这些都唤起了我对世界的好奇心、想象力以及创造的欲望。

---

① 这篇课文是小学一年级下学期课本上的课文。

编篮的兴趣很快就转换为制造"永动机"的执念，成为我少年时代最伟大的目标。"永动机"并不是只有思想成熟且具有幻想的科学家才能想到，一个孩子在思考"体力使用的经济原则"的时候，也会激发起"永动"的想象。少年时代我的工作任务之一，就是全家的吃水问题。我需要将河里的水用拎桶一桶一桶提上来，注入一个大水缸。这项工作对于当时的我来说，算得上是一项较为沉重的体力劳动。而且每天的重复劳动，也十分单调。河水就在家屋旁边，咫尺之遥，难道就不能让河水自动地流到水缸里？这是我当时的重大研究课题，我的"永动机"的计划开始了。设计方案是：取两根粗些的竹竿，打通竹节，将其中一根插入河水中，另一根接到水缸上，再在两根竹竿的中间加一个手摇动力装置，这个"永动机"就制成了。我想只要用力摇动一次使水流动起来，水就会从低处流向高处了，而我，则可以坐在那里看着我的机器骄傲地运转着。

我本来可以成为一个很好的体力劳动者，在乡村之中与大自然的直接接触，凝结着我的情性与兴趣；只是后来经过了一些知识学习以后，我对符号的兴趣被调动起来。看到一个练习本，很干净，里面的白纸就很吸引我。我驰骋着我的想象力，在上面画上一些符号，这种符号在大人们看来是乱笔涂鸦而已，但在我的心目中，却代表着某种事物或意义。用符号来代表事物，这是一项崭新的发现。农家的器具很多，被画出来的符号也就很多：小锹、大锹、直锹、箩筐、竹筛、扁担，等等，这些符号既像农具，又不是真的农具，它们只是代表了农具。而且这些符号稍稍变一下形，又可以成为其他说不清道不明的东西；还可以进一步抽象，成为可以代表很多东西的符号。抽象的符号还可以再变形，相加与相减、重叠与拆解，都可以构成多种新的符号。这种有趣的实验不断进行着，兴趣也随之增加。多样的符号被描画出来，练习本也就成了宝贝。这是少年时代另一种有意义的创造。

由儿童和少年的游戏和劳动的"天工开智"中所激发起来的好奇心与想象力，到了"知青"年代的乡村劳动中，又转换为对一些植物生长规律进行探索的强烈愿望。我已经在课本上学到了一些最基本的植物学知识，米丘林将梨与苹果嫁接而结出"梨苹果"最能激起我的智力想象。而在现实生活中,陈永康培育的"矮脚南特号"等当时产量较高的杂交水稻品种也已经普遍种植。而且,就在我们当地,也有一位农民科学家叫陈树兴,他种的红薯产量超过平常的两倍。我也曾跟随着一个参观队伍去过他的试验田,看到挖出来的红薯又大又圆。这些,都引发了我跃跃欲试的兴趣。我当时想,那些水稻与红薯产量之所以高,是通过选种、育苗、杂交而得到的,我同样可以这样做。就像编织淘箩和制造永动机一样,就像我在练习本上所画的那些各种图形与线条一样,只要不断地试验,总会有所收获,我一定可以通过不同品种之间的杂交方式寻找出创造作物高产的路径来。

六　战争的困惑

　　战争问题凝聚了我数十年人生中最强烈、最激愤的感情,汇集了我最痛苦的困惑、最持久的思考。这是我童年时代"交换灵魂"的"初始问题"延伸出来的第二个问题。我的人类学研究道路是与这种感情、这种困惑、这种思考有着最直接、最紧密、最坚决的联系。

　　我的家乡在日本帝国主义侵华战争期间遭受了深重的灾难,几乎我所问询的所有的年长者在他们回忆当年侵略者的行径时,都切齿痛恨到无以复加的地步。有的讲述者一边讲一边流着眼泪,有的则不停地在空中挥动着拳头,有的说了几句就浑身发抖乃至无法继续,还有的讲着讲着就把自己的嘴唇咬破了。他们所经历的各种各样灭绝人性的杀戮事件堆积到我的头脑之中,以至于我直到现在都不敢观看有关南京大屠杀的照片资料或其他任何日军侵华的纪录片。我无论如何也无法接受、无论如何也不能理解这种杀戮成性的侵略者的头脑里到底在想些什么。人类经历了数百万年的历程,到了 20 世纪为什么还会有如此残酷的战争存在?不是说人类在不断地进化、不断地进步吗?这些进化和进步到底体现在什么地方?那些侵略、杀戮另一个民族、另一个国家的"人"到底是怎样的一种存在?

　　我们看到,在动物界,因为食物资源匮乏,狮群和虎豹才圈定了自己的领地，它们固然为了生存而进行拼杀，而只要生存的条件满足，它们就不再去无限地扩展与侵占其他地域与资源。然而人类则大为不同，一个集群在获得了优越的生存条件以后，反而更加不满足，永远希望获得更多、最多。一些国家强大起来，接着又希望更强大、最强大。无限的贪欲使他们奉行侵略扩张的政策，古代一些大帝国就是这样建立起来的。当哲学家、思想家、人类学家在探索永久的和平路径的时候，那些侵略与战争的狂热分子却在密谋发动规模更为巨大的对外侵略战争。开头人们用木棍长矛进行战斗，后来用大刀，再后来用枪炮，再后来用飞机、坦克，再后来就用无人机、用导弹、用电磁炮……到现在为止，依然看不到彻底制止战争的希望。于此，历史学家的智慧枯竭了，两千多年前《左传》中的一句话"其兴也勃焉，其亡也忽焉"，仍然成为当代某些历史学者对于国家兴亡的规训来警示当代的政权建设者。一些书写历史故事的文学家，似乎思想已经麻木再也想不出什么好主意，于是只能对历史变化归纳出所谓"天下大事，分久必合，合久必分"的循环规律，这种规律千年不变、万古皆然。时至21世纪的人类，依然缺乏"人类共同体"的意识，某些国家的领导人将自己国家的利益放到超越人类共同利益之上，损害或侵吞他国利益，世界依然充满了战争的风险。

　　不过，狂妄弱智的侵略者也好，贪得无厌的掠夺者也好，他们总是些目光短浅之徒，总是"搬起石头砸自己的脚"，最终总是落得失败的下场，历史上依靠侵略扩张所形成的帝国辉煌也很快灰飞烟灭。如果人类整体和谐相处，以人类整体利益为最高利益，那么人类本可以实现"长生久视"（老子语）之道。这其实是一个特别简单的逻辑，是一种加减法的运算；可是那些利欲熏心、权力膨胀的恶类，永远也学不会、也不愿意去学习这道简单的加减法。他们永远也不会懂得只有将人类共同体的利益作为最高利益，才能达到个人和小群体利益的最大化；损害别人的利益、别国的利益，最终同样损害了自我的利益、本国的利益。

　　1969年在我的人生经历中有一个重要的事件。那一年珍宝岛爆发战事，激起了我强烈的情绪反应。征兵的信息传来，我几乎没有经过大脑的思考，义无反顾地辞去了在扬州报社的学习与工作，回到家乡报名参军。在反侵略战争的背景下，参军动员时说我们这批新兵经过短期训练后就要开赴前线。这是激动人心的时刻，我的情绪亢奋到极点，"战死沙场"对于当时的我来说成为一个最大的诱惑。

一群已经身着军装的新战士，坐上江轮航行在长江之上。长江，这条巨龙万千年以来见证了多少次战争，而现在它又见证着我们这一批战士正准备投身于一场新的反侵略战争中去。

我在一种热烈的情怀下走向军队，可是我们却并没有走向战场。战士们并不是国际问题分析专家，无法看清当时的国家关系走向。不过，形势并未缓和，如火如荼的战备工作，对于我来说同样具有"准战争"的意义，我们想的就是时刻准备打仗。"战争可能在一分钟以后就会发生"，这是连长、指导员训话的时候经常说的。1972年，我曾被部队推荐上大学，我并不认为这是改变个人命运前途的机会，或者说"我们"中相当一部分人都不以为上大学是值得去做的事。在战备形势仍然紧张的情况下，电键、耳机、收信机就是我的枪支，就是我的反侵略武器，我不能离开我的岗位，没有什么可以干扰我们的思想与生活。我根本没有任何犹豫，就放弃了那次"机会"。

既然战争最终并没有爆发，我还是想回到乡村，去从事我喜欢的劳动，并在这种劳动中进行着我参军前就打算进行的农业科学实验。我在写作此书的时候，查阅了一下当年我在部队期间所购买相关农业科学书籍的时间：1971年购买了辛诺特、邓恩的《遗传学原理》，1972年购买了达尔文的《物种起源》，1975年购买了《作物遗传育种知识》，如此等等。我等待着退伍以后去实现我的梦想。在高校恢复招生许多老三届知青积极备考的时候，我甚至连信息都没有关注过。

不过，后来的数年中我的生活道路被改变了：我被提拔为干部，又从连队工作很快被调到团机关工作，不久被调入师机关工作，又不久，担任某军区空军司令员的秘书。这种"蛙跳"式的个人发展，使我的虚荣心得到膨胀。但是，紧接着也引发了另外一个问题：在短暂的各种新鲜感之后，当我深度接触了各种人物与事件以后，我感觉到工作并不愉快，心情更不愉快。在日常工作中，经常遇到那种推诿责任、争夺权位、相互倾轧、相互敌视、以权谋利、假公济私的现象，我处于一种不舒服的感觉和不适应的状态之中。高层机关的文化氛围与基层连队的文化氛围大为不同，和平年代的文化氛围与战争年代那种勇敢向前、不怕牺牲的文化氛围更为不同，我弄不懂的问题是：在同志之间、同事之间、上下级之间，为什么也同样是这样斗来斗去？甚至那些在战场上出生入死、经历了血与火的考验的某些人也同样如此。到底是什么改变了他们？这些问题也许在别人看来是一个幼稚的问题，他们会学着哲学家的口吻说：生活中竞争是常态；但是对于我则是心灵绕不过去的大问题。如果将这个问题看作常态，那么人类的心灵还有什么改善的希望？人类的前途又在哪里？人为什么要这样？人与人之间为什么不能和谐相处而享共利，反要通过斗争或者战争的手段独享私利？到底是什么样的凶神恶煞在作祟？在这些困惑中，我极为痛苦。

也许有人要说："你有一个好的工作，你从军区空军无数的年轻军官中被选拔出来担任最高首长的秘书，你受到极大的信任，你受到重用，有一个光明的前途，你还有什么痛苦可言？你无病呻吟罢了。"对此我无法反驳，我只能说，你说的只是你的想法，不是我所想的。我是一个理想化的人，对生活有着独特的敏感与好奇，在社会生活中被我触碰到的问题都会引起我的强烈感受。这些现象不符合我的情性，不符合我关于"人"的理想。我在这种社会关系中过得极不舒服。

或许又有人要说："现实生活么，不是桃花源。你在《他者的表述》中所向往的电灌站打水员的那种生活理想，只是一个幻象，如果接触到核心利益的冲突，那八个放水员之间也会起纷争，而且他们也会和你起纷争。和谐是表面的，生活的本质就是斗争、斗争、再斗争，人天生就是自私自利的……"慢——，请允许我打断一下，我有问题：这么说来，人就是这样了，永远就是这样了？人类社会永远就是这样了？那我们就安于这种生存状态好了，根本就不需要追求什么，一切都是无意义的。人类将永远在一种凶险的相互关系中生活，战争将是一种常态，人与人之间的恶斗也是常态，我们要么让人宰割，要么去宰割别人。一些战争狂徒的行为也永远具有正当性！人与人之间，国家与国家之间，只有永远的利益关系，正义、公正、善良、平等这些概念应该从词典中删除。如果是这样，那我们又何苦去思考人类前途问题，又何须担负起改造社会的责任呢？这对于我来说，活着还有什么意义？

在军队高层机关工作期间的长期困惑与痛苦，使我身心分离。而随着时间的推移，我成为一名体力劳动者并进行农业科研的愿望已经不切实际。因此，当又有一次机会的时候，我选择了去读书。在大学阶段我积累起了文学学科的专业知识，走上了教师的岗位。

七 一次思想觉醒

在经历了长时间的思想苦痛以后，终于在38岁那年，我等来了一次思想觉醒。这是一次奇异的、有趣的、深刻的、前所未有的感性体验和精神愉悦，我至今对那种感觉都无法言说，曾将之比喻为"聆听上帝"。这里的"上帝"指的是一种"自然"的声音、一种"心灵"的声音，它在1987年10月18日这一天突然到来。

这次思想觉醒，成为我人生道路与学术研究道路选择的一个决定性事件。在这次觉醒中，人类学成为一种"真正的召唤"，这种召唤不是书本教给我的，也不是别人指引我的，而是我在自己身上发现的。我坚定地选择人类学这一学科，不是被动的、外在职业需要的选择，而是主动的、内在灵魂需要的选择。我将人类学学科的终极目标理解为对人类前途的终极关怀，我童年时代那个"交换灵魂"的困惑、青年时代对战争思考的困惑，以及中年时代对不和谐的人际关系的困惑，都是一个如何了解、理解"他者"的问题，是对人的思考、对人类的思考，这些都是人类学学科研究的问题。当然，对于"人"的研究、"人类"的研究，并不是某一个学科可以独立承担的，故而人类学必定是一门综合性的学科、"跨学科的"学科，甚至是"无学科的"学科。有了这些思考以后，我开始了文学专业以外的有目的性的自觉读书。在写作此书的时候，我检索书柜中在思想觉醒以后的最初三年（1987年10月至1990年10月）中所阅读过的除文学专业和中国古代文献以外的书籍大约有50多本，加上当时从图书馆借阅的大约也有50本，共计100本左右。这些著作主要包括人类学、哲学与语言学，而人类学是主轴。

"自学"的优势在于出自情性的对于知识的主动追求，而不是一种被动的接受灌输。主动阅读所得相较于被动灌输所得不仅是一个"量"的多少，更是"质"的不同。自学获得的是一种"活"的知识，总是有效的；而不是"死"的知识，往往在后来就变得无用而被丢弃。主动性的学习才能有所发现和发明，被动的学习只能是重复与模仿。波普尔在他的思想自传中就说到他16岁的时候进行了一次"个人革命"，即决定离校自学。① 现代大学的分科教育制度，利于社会对于各种职业需要人才的培养，而不利于个体的全面发展。每个学科都有特殊的知识结构，特殊的问题意识，当学生进入这个学科之后，他就被束缚于某一领域的高墙之内，极少有自由的空间。而他又恰恰是因为一些偶然的因素才进入这一学科的，于是，他只能扭曲自我而达到服从于某一群体社会的特殊需要。我一直认为在个体情性与社会要求之间应该保持一个平衡，任何单方面的过度强调从根本上说都不利于人类整体的发展。我个人的经历的主要线索都是依据我的情性与志趣的实践，同时也是对社会理想与人的理想的诉求的实践。我到现在都不后悔1969年放弃报社工作参军的决定，不后悔1972年放弃上大学机会的决定，不后悔1985年放弃军队高层机关的生活而选择转业的决定，不后悔1987年放弃在机关工作中已经积累起来的经验和优势而在38岁的年龄上才选择当一名助教的决定。

为了寻找自己的道路，读书便具有独立思考的批判性质。我对于人类学学科诸流派的思想，是一种半接受半批判的态度。19世纪后半期出现的古典进化论，他们将人类的历史说成是单线进化的历史，列出了一个"蒙昧—野蛮—文明"的进化公式，将非西方人说成是

---

① ［英］卡尔·波普尔：《无穷的探索——思想自传》，段仁宗、段娟译，福建人民出版社1984年版，第28—29页。

蒙昧人、野蛮人，将他们自己说成是文明人。我不但从情感上无法接受，在理论上也看出了其逻辑破绽：它将文化发展的空间性改换为文化发展的时间性，将文化发展的差异性错当成文化发展的阶段性。特别是新进化论，其理论观点完全为我所拒斥，并有一种情绪化的激烈批判。他们认为，文化能否进步，最主要的是对能量的发现、利用和控制，并提出了所谓"文化优势法则"；我认为这既破坏了人类与自然的生态平衡，又为文化霸权主义、文化帝国主义提供理论基础，甚至有为侵略者张目的嫌疑。对于功能主义，虽然对于其"参与观察"与"访谈"的田野方法当时还没有实践的体会，但它的殖民主义背景已经使我产生反感。对于法国社会学派的著作，我感觉过于强调"社会性"而无法解释个体的差异性，而且这里的"社会"只是指某一个特殊的群体。我认为涂尔干的学说具有很大的片面性，它不能说明一切。在多年的生活实践与工作实践中，由于接触了不同地域文化中的人、不同禀赋与个性特征的人，我当时已经隐约感觉到"人"决不仅仅是一个"社会人"或"文化人"，应该是多个层面的，起码有三个方面应该考虑：一是生性与个性特征，二是社会文化特征，三是作为一个类别的"人类"的共同特征。对涂尔干学说的反思对我后来的学术思想的形成非常重要，进而发展为"生性—个性—文化性（社会性）"和"主体的三重性"以及"民族志是一种人志"等学术理念。

对于本尼迪克特的"文化模式"理论[①]，虽然这一理论仍然强调文化而忽略个性，但是她从博厄斯那里承继的文化相对论当时却几乎被我全部接受了。我将本尼迪克特看作我的第一个人类学老师。文化相对论是一种依据发生该文化的地理环境、社会环境和历史传统等背景来理解与评价文化的学说。作为一种文化态度，文化相对论认为各民族文化的价值是平等的，文化没有优劣、高低之分，衡量文化的标准是相对的，任何一种文化都有其存在的价值，每个文化的独特之处都不会相同，每个民族都有自己的尊严和价值观。本尼迪克特将人类

---

① ［美］露丝·本尼迪克特：《文化模式》，何锡章、黄欢译，华夏出版社1987年版。

潜能看作一个全弧，每一种文化无论多么微小，多么原始，或多么巨大，多么复杂，都是从人类潜能巨大的弧圈中选择了某些特征，朝着自己的特殊方向发展。这个思想符合我的情性取向，对我影响很大。

对于列维-斯特劳斯的结构主义人类学，对我具有魔幻般的魅力，它极大地激发了我的想象力。但是，我同时认为结构主义过于重视"关系"而忽视"要素"，而我认为二者应该具有平等的地位，同等重要，意义由"关系"和"要素"二者共同决定。要素既可以"孤悬"于关系之外而独立存在，也可以"进入"关系之中成为整体结构的局部而存在。

对于哲学板块的书籍，在1987—1990年的阅读中，主体性哲学与我的情性特征较为吻合。这时我对于"主体性"的理解，已经介于"主体性"与"主体间性"（交互主体性）之间。1989年6月5日，"对蹠人"的概念第一次出现在我的日记中，清楚地显示了这一点。在童年时代那个"初始问题"中，"交换灵魂"的"交换"概念就是"交互主体性"的表达。我与那个孩童同样都是主体，只不过是不同的主体，是"自我"与"他者"的关系。"哲学"这一大板块，到了2000年以后，我又用了近三年的时间，对近现代西方哲学史上的重要著作进行了通读与浏览，做过摘记的就有80多部。这时我正式接触到了"交互主体性"的概念，过去直感与领悟到的就有了一种理论的依托与提升，自童年开始的三大困惑问题的思考以及"对蹠人"的理念也就找到了一个学术研究的突入点。

对于语言学板块的书籍，这三年中主要是阅读了索绪尔的《普通语言学教程》[①]、萨丕尔的《语言论》[②] 和乔姆斯基的《句法结构》[③]。我在学理层面上完全接受索绪尔《普通语言学教程》中提出的"语言符号连接的不是事物和名称，而是概念和音响形象"[④] 的著名论

---

① ［瑞士］索绪尔：《普通语言学教程》，高名凯译，商务印书馆1980年版。
② ［美］爱德华·萨丕尔：《语言论》，陆卓元译，商务印书馆1985年版。
③ ［美］诺姆·乔姆斯基：《句法结构》，邢公畹等译，中国社会科学出版社1979年版。
④ ［瑞士］索绪尔：《普通语言学教程》，高名凯译，商务印书馆1980年版，第101页。

述。后来，又读到了弗雷格早于索绪尔的论述①以及奥格登和瑞恰兹合著的《意义之意义》②等著作，理解了语言学的哥白尼革命的主要意蕴在于将语言的研究对象从外部关系转向了内部关系。语言学著作的阅读还和符号学著作的阅读联系在一起。我长期以来对一些原始的符号有着一种特殊的敏感，尤其是对新石器时代的彩陶纹饰以及刻画符号有着很大的兴趣。在 1990 年暑假，我描摹了 124 幅彩陶纹饰的考古图片，当时希望将这种原始符号的研究作为中国原始文化史研究的一个组成部分。

以上人类学的、哲学的、语言学的三大板块结构的书籍，是我的自主阅读与自觉训练的内容，加上所学的文学专业，就构成一个锥形的知识结构图（图 2–1）。

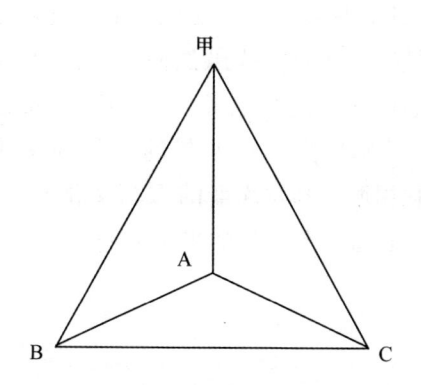

图 2–1　知识结构图

图 2–1 中，"甲"代表人类学，"A"代表哲学，"B"代表语言学，"C"代表文学，A、B、C 三者都是为"甲"服务的。"甲"提出基本问题，"A"提供思维方式与思维逻辑的借鉴，"B"提供研究方法的借鉴，而"C"带来感性的巨大力量，并提供叙事的借鉴。哲

---

① ［德］弗雷格：《论涵义和所指》，载［美］A. P. 马蒂尼奇编《语言哲学》，牟博等译，商务印书馆 1998 年版，第 375—399 页。
② ［美］奥格登、［英］瑞恰兹：《意义之意义》，白人立、国庆祝译，北京师范大学出版社 2000 年版。

学的思辨力量、语言转向的解构力量以及文学的感性力量,都是人类学研究中不可缺少的。感性力量往往被有些研究者认为在学术研究中需要被排除的因素,而其实它不仅需要被接纳,甚至应该得到强调,因为它有着更广大的人性宽度,更深厚的情感内涵。在学术研究中,研究者情感的律动可以搅动、刺激他们的理性思考。犹如日常生活中人们捕捉了鳝鱼放入一个缸内时,总要再放入几条泥鳅才能维持鳝鱼的存活;这是因为鳝鱼好静,泥鳅好动,静态的事物需要动态的事物去激活。

总之,1987年的思想觉醒对于我来说,是一个重大事件,它开启了我对童年时代至青年时代和中年时代的诸多困惑问题进行解答的学术研究路径。

对于这时的整体思想取向,我还说不上具有自觉意识,只是在后来的回首中我才明白:此时,我虽然尚未读到格尔兹的《论著与生活》(1983)、费边的《时间与他者》(1983)、安德森的《想象的共同体》(1983),马尔库斯、费彻尔的《作为文化批评的人类学》(1986),以及克利福德、马尔库斯的《写文化》(1986),但我已经初步形成了一种"批判人类学"的思想取向。

第三篇　穿越戈壁滩

八　一上戈壁滩：无路的荒原

　　自 1993 年起，我从异常狭小的书斋，走向无限广阔的田野。不过，这一年的暑假田野调查，并非去异地了解异文化与本文化的不同，反而是为了证明异地的文化符号与本地文化符号的相同，这个文化符号就是"伏羲"。我发现这个被看作华夏民族"人文始祖"的"伏羲"，其实是涉及中华文明起源的一个包罗万象的文化符号。伏羲派生了一切，造就了一切；而他（它）到底是什么，成为华夏文化中的一个斯芬克斯之谜。我要研究这么一个十分复杂的、具有丰富内涵的文化符号，不仅需要在古代文化典籍中爬梳剔抉，也要到中华大地去实地考察各种相关的绢画、砖画和岩画的画像，而新疆吐鲁番博物馆里，就保存着当地出土的伏羲女娲绢画像。

　　7 月 18 日，我乘坐的去新疆的列车经过宝鸡，下午 5 点到达天水站。

　　典籍记载天水这个地方就是伏羲的出生地。《帝王世纪》记载："太昊帝庖牺氏，风姓也。燧人之世，有巨人迹出于雷泽，华胥以足履之，有娠，生伏羲于成纪。蛇身人首，有圣德。"成纪，西汉时所置县治，在现今天水市秦安县的北面。秦安大地湾是著名的新石器时代考古遗址，此地的人类创造了光辉灿烂的马家窑文化，一些文化研究者将此看作伏羲文化的发祥地。大地湾遗址距今 8000 年，灰坑中出土有油菜籽，就是从事农业的证明。但据考古学家说，这里的人类活动可以前推至 6 万年前。大地湾遗址的器物和彩陶纹饰也说明这个地方的人类经历了原始的采集狩猎到农业生产的发展阶段，那众多精美的彩陶上的纹饰大多是变体鱼纹和鸟纹的结合。

我想象着，数万年前有一个先民的部落居住在这里，他们先是捕鱼捉鸟，制作的工具开头只是打制石器。后来，他们中的一些人创造了一种新方法，即运用磨制的方法制作石器，于是，一个崭新的新石器时代开始了。大地湾的生产工具既有磨制石器，也有打制石器。所谓打制与磨制，其实就是一纵一横两个不同的动作。打制石器有三种方法：打击法、锤击法、碰砧法，这是人类在制造工具时的纵向动作。而将这种上下"打击"的纵向动作，转换为前后"磨制"的横向动作，竟然花去了几百万年的时间，随之而来的转变是人类经济生活由采集狩猎转向农业畜牧业。

在典籍的记载中，这两个时期的文化创造都叠加在伏羲身上。《易·系辞传》："古者包牺氏之王天下也，……作结绳而为网罟，以畋以渔。"《尸子》："宓牺氏之世，天下多兽，故教民以猎。"《帝王世纪》："伏羲风姓，……伏牛乘马。"《抱朴子》："太昊师蜘蛛而结网。"《太白阴经》："庖牺氏弦木为弓。"《路史·后记一》：太昊伏羲氏"为网罟以畋以渔"。这些记载与大地湾文化遗址大致吻合，伏羲既是初民渔猎生活的代表，后来又转向了农牧业的经营。此时，种植庄稼、编制各种竹器、制作各种陶器，并且在陶器的口沿和器肚部分绘制出各种精美纹饰的工作都开始了。这么说来，刚才我在车上看见的山上梯田中那些金黄色的油菜花，就是遗址灰坑那些油菜籽的嫡传后代；而火车站站台上那一群卖桃子的妇女，也正是编制竹篮、制作陶器并且绘制彩陶纹饰的马家窑文化的后人，她们臂弯里的那些竹篮及其编织的技巧，是从她们的先人那里一代一代继承下来的。在天水车站，是我第一次在野外与"伏羲"相遇。

7月19日，清晨7点起床。朝窗外望去，大地变换了景色。满眼杂石乱草，不成体统。有一条小溪，就在车轮旁边流淌，但转眼就不见了。瞬间，窗外的山坡上换成昨日见到的黄灿灿的油菜花，不过很快就闪过去了，顷刻又变成一片荒野之地。野地里闪过一簇一簇的野花，人称是马兰花，也叫马莲。马兰花叶宽，与它相伴的是窄叶的芨芨草。

下午 3 点 50 分，车到张掖，晚点了 4 个多小时。张掖位于河西走廊中部，在武威以西，酒泉以东。张掖古称甘州，意思是"甜滋滋的地方"。为什么甜呢？因为山下有"甘泉"。在西部世界，瓜果之甘甜是因为甘泉的滋润。我两年后才知道地球上的确存在着甜味的山泉，那是 1995 年暑假在去摩哈苴彝族村上山的途中，一条小溪边的水塘中涌出泉水，村民们告诉我这里的水是甜的。我很是不信，以往受到那些矿泉水的虚假广告蛊惑太多了；不过，当我尝出那山泉的自然甜味时，实在是非常惊异。张掖除了甘泉以外，又有"金张掖"的美誉。那一片丹霞地貌，光闪闪类似金子。自然界只有"黄金"，这里的人们却创造出"红金"，它们都是"发光"的。

从下午 6 点开始，车一直停在一个不知名的小站上。听说前面一辆货车出了事故，又有说前面的路被洪水冲垮，正在抢修。

7 月 20 日，凌晨 2 点，灯亮了，车开动了。车厢内醒了的人都很兴奋，但到了早晨，车又停在不知何处。睁开眼往窗外看，眼前是一望无际的戈壁滩了！

第一次看到戈壁滩，不敢相信地球上竟然有如此壮美的景象。它一无所有：没有村庄，没有庄稼，没有树木，没有河流……昨日的张掖生机勃勃，今日的戈壁一片荒芜；当然，也有一些骆驼草，这里那里点缀着。大自然你到底是怎样安排万物的啊：有些地方过于富庶，有些地方过于贫瘠；有些地方过于葱郁，有些地方又过于荒凉……不过，我马上又觉出这荒芜中包含着高贵、雄浑、博大、深沉。我早在小学地理课本上就见过戈壁滩的图片，当时，一颗跳动着的童心对这一片土地一往情深；现在，这种情感被召回了，它就在眼前。我双目圆睁，要好好地看清楚它！

车内的很多旅客同我一起观看戈壁滩。一位上海的旅客"哇——"一声惊叫起来，坐在旁边的新疆人瞟了她一眼，淡然地说："这算什么？新疆的戈壁滩，那才是真正的戈壁滩，有你看的！"

车停得太久了，车厢的门开着。趁着列车员不注意，几个人一同溜下车去。

啊——，伟大的戈壁滩！远处地与天相接的地方，有一条环形的地平线。从我的脚下向着任何地方，都是无路的荒原。我颇为迷茫，忽然想到，如果这列停在铁轨上的火车突然开走了，我独自被丢弃在戈壁滩上，孤立无援，我该怎么办呢？四周苍苍茫茫，八荒之中，无路可走，而且连前后左右的方向也找不到。沙漠中的骆驼、荒野中的小草可以生活，而我们人类，背负了太多的装备。我们从自然界走出来的时候本来也是一无所有，可现在只要我们卸去这些装备，就只能等待死亡的到来。我第一次感到"无路"的恐惧。当下，也正是因为有了这列火车停在旁边以及延伸到远处的铁轨，我才有了一种安全感。我从人类世界中来，马上又要回到人类世界中去。前人在这里开辟了道路，制造了火车，使我可以依靠这些在没有人烟、没有道路的荒漠中穿越……

很快，列车员发现了我们，大声呼喊我们上车。

洗脸的时候听到铁轨响动，对面一辆货车开过来。有人高呼："有希望了！"可是我们的车子仍然不动。传来的消息说，在酒泉和嘉峪关那边，压了一大批车，不知要等到什么时候呢。这消息不说还好，一说出来，更加强了人们的焦虑。

早上一直无水，听说水开了，打水的长蛇阵已经排成。我们车厢先是一个医生去打了一瓶，将所有人的茶杯全部倒满；然后我又去排队打了一瓶，预存在那里。

车终于开动了，一片欢呼声。可是很快又停住了。

这次停在嘉峪关站。终于有人说了停车的原因：两天中这段路出了三个事故：一是前天下午一列货车翻了16节，在骆驼城；二是昨天又有一辆货车有几节车厢脱钩，滑下去了；三是昨天下午嘉峪关前面大水淹了6公里铁路。又有补充者说，哈密那边也出事了，四天前塌方。我不知道消息的真假，反正有消息总比没有消息要好，在等待的焦急与沉闷中，即使是假消息、坏消息也可以使人们有所惊诧与震动。

下午1点钟，车又开动了。车到玉门关又停下不动了。

消息是越来越多，有人说前边哈密路段塌方20多公里；又有人说，从疏勒河到柳园之间塌方 20 多公里……

下午 4 点 45 分，铁路官方终于正式公布："前面山洪暴发，现在暴雨还在下着，火车是返回还是前进还不知道。本次列车从来没有遇到过这种情况，请旅客们注意安全，耐心等待新的消息。"

水又开啦，打水的队伍排到我们车厢大半截的地方。

一列货车朝前开过去，拉的是黄沙和石子，抢险用的。可是，它也缓缓地停在相邻的轨道上。

"车哪怕动一下也好，起码给人安慰。"有人希望。

"要动就直接开到新疆，要么就不要动。"有人反对。

一位旅客和他的孩子在逗一只小松鼠。小孩给它一片桃子，松鼠便用前肢当作手捧起来就吃。哦，这种我们根本瞧不上的下等动物的手脚同样已经出现分工了。那松鼠的"手"太像一个孩子的小手了，也是一个拇指朝一边，另外几个小指朝另一边。

晚上 9 点，有人急急匆匆地跑回来说："车要开回去啦。"大家一阵慌乱，穿来穿去问消息是否确凿。很快列车的广播响了："旅客们请注意，由于前面发生严重水灾，本次列车 10 点 30 分由本站返回。需退票的到始发站退票，可随本次列车返回。需继续旅行的在玉门车站等候，但五日内不可能开通。"

车厢里顿时忙乱起来，你朝前，他向后，从行李架上拿下的包都放在过道上。有个人走得快了一点，不慎绊了一大跤，把桌上的杯子碰到地上。同车厢的那位上海女乘客有些惊惶，一会儿说要继续前行，一会儿又决定返回。9 点半钟，大家乱哄哄地出站了，好几列火车上的旅客拥挤在一起，玉门火车站的候车室被挤得无法插脚，更多的人则聚集在车站前的广场上。

追寻"伏羲"的道路注定是不平坦的。

九　再上戈壁滩：世界的中心

到新疆的第一件事，就是要专门去看看"真正的戈壁滩"（图 3-1）！

图 3-1 "真正的戈壁滩"

当再次踏上戈壁滩的时候，我独自走进了戈壁滩的深处。

我站立在戈壁滩上，向着四周极目瞭望，视野所及的所有方向都是无边无际的。上面是苍苍穹旻，下面是茫茫原野，远处天地交会处，形成一个巨大的"圆"，我就站立在这个巨型圆圈的圆心处，四面八方都是和我等距离的。古人说"天圆地方"，但依据我当下的感觉经验是无法得到这样一个结论的，因为"圆"与"方"是不能无缝连接的。屈原在《天问》中就质询过类似问题："圜则九重，孰营度之？惟兹何功，孰初作之？斡维焉系，天极焉加？八柱何当，东南何亏？九天之际，安放安属？隅隈多有，谁知其数？"屈原大概也是站立在荒原之上向天发问的，只有在这里，宏阔的视野所激起的活跃的思维，才能发现和提出许多常态中无法发现和提出的问题。

现在，戈壁滩就在我的脚下，一片无穷无尽的沙漠。这沙粒就单个而言是微小的，一阵微风也会随之飘起。但当它们聚集在这穹庐之下，整个戈壁滩便成为一个无限庞大的整体。它们既是单独的要素，也是组合成关系的全部；它们既意味着自由自在，也意味着团结与整合；它们既是柔弱的，也是刚强的。与这茫茫戈壁相比，我感觉自己渺如沙粒；不过，很短的时间内，又突然感觉自我无限地膨胀开来，并且不断地生长着，像齐天大圣的金箍棒，冲向了天空。此时此刻，在无边的原野之上，乃至在浩瀚的宇宙之中，唯有我，才是一个具有思维的物种；周围的世界，是以我的思维为中心的，我就是世界的中心。如果不以我为中心，我就不能想象这个世界。我的意志随着我的目光占领了整个荒原，占据了整个天地之间。而且，我站立的位置同样是一个中心，我之所以看到了周边，都是从这个中心出发的；如果不以我为中心，我就无法看到这个世界。在这里，"自我中心主义"得到了最合理的解释。

"走起来，走几步！"忽而有一个声音命令我。

我迈开大步向前走，一下走出了数百米之远。

我停下来，再向周边瞭望，我看到了相同的景象；而且在这新的立足点上，我同样感觉到我是中心。

问题来了：这里前后出现了两个"中心"，而这两个中心同样都是"自我"，只是身体的位置不同，视点也不同。我从"这里"去了"那里"，处在不同的空间的点上，到底原来的位置是中心还是新的位置是中心呢？我沿着我走过的脚步折返回原点，反复体验着这两个中心的感觉。接着，我又从原点向另外的方向走出去，然后又折回来；再换个方向走出去，再折回来……这样反复了多次，我意识到我正在进行着某种思想实验：我每走到一个新的地点站立，那里都成为一个新的中心。我从最初的那个点出发，可以走出许多不同的路径。如果戈壁滩的沙和石也是具有自我意识的生命体，每一个沙粒与每一块碎石也会认为自己就是中心的。于是，荒漠上的任何一个点，都可以成为出发点，也都可以成为一个中心。

田野工作者不就是这样吗？他站在自己的立场上去看世界，看问题，他就是中心，这个世界就成为他的世界。各个民族、各种文化在看世界的时候，实际上也正如我当下站在荒漠中看世界相同的目光与方法，它们总是以自己为中心。还记得读过《研究生英语》上有一篇课文《青香蕉》，当地人将一块黑色的巨岩看作"世界的中心"，作者借此反思"欧洲中心主义"与这里的"巨岩中心主义"同样荒诞，他们都是在狭小视野中的一种自恋。

我在戈壁滩上久久地站立着，感觉着，领悟着，遐想着。时而惊异，时而平和；时而激动，时而沉静；时而殚思竭虑，时而心旷神怡。当我停下来观看我刚才行走时在荒漠上留下的脚印的时候，我又有了另一种灵感：我每朝向一个不同的方向走去，脚下都可以踩出一行新的脚印。也就是说在荒漠上没有道路的地方，随着双脚的走动，向着任何方向都可以形成道路，这样，我可以踩出无数条道路。虽然出发点相同，但由于方向不同，最后到达的目的地都是不同的，而且这些不同的目的地会随着脚步的移动相距会愈来愈遥远。在戈壁荒漠上本无所谓道路，它是一种"无"，但这里却隐藏了各种可能性，这是一个"无中生有"的过程。"道路"有三个不同的命题：起源问题、方向问题、本质问题。起源既决定了本质，起源也决定了方向，所有的问题都聚焦于这"开脚第一步"。在茫茫荒原中看似没有道路，其实存在着各种各样的道路选择，它们就在你的脚下，发着微光，但并不耀眼夺目，你的脚已经触碰到了，你需要的是用一只脚跟着另一只脚向前走。

照了两张戈壁景致，随手采了一株浑身长刺的骆驼草，又就地捡了三块石子，——一块泛红，一块发白，一块显黑，这些是戈壁滩留给我的凭证。而我的脚印也留在了这里，我的形象也已经被强烈的阳光照印在戈壁滩的沙砾和泥土上，这些是我留给戈壁滩的凭证。

从戈壁滩回来，我到新疆乌鲁木齐图书馆的地方文献中心查阅资料。

我遇到了两位图书管理员，一位叫加娃尔，一位叫周玲华。加娃尔热情开朗，她说她12岁小学毕业就进艺校学舞蹈，1974年改行后进修了一年汉语。她说结婚后就是带孩子，写作能力很差。她说曾经去过北京等地，只是"现在没有机会去了"。她说她两个女儿都没有考上大学，成绩不好考不上。另一个图书管理员周玲华则严肃认真，话语不多。她是这里的负责人。她向我介绍说："这是地方文献中心，所有的西北地区的相关文献都可以在我们这里找到。"我说:"我要多多复印资料。"她说:"好的,要收费。"后来的几天,她每天都给我带来午饭,还经常从里边的屋子里拿出一些卡片,说:"如果有用,自己去查查。"有一天,她参加馆里的集体学习,就把地方文献中心的钥匙交给了我。我很有些意外,不敢接手,担心她这样做有违规章而受到批评。她看我有顾虑,说:"如果领导知道了,也会支持我这样做。你远道而来,时间紧迫。"她们二人的行事与态度,使我感动。我从内地到边疆,她们没有把我作为一个外来者和陌生人来看待。她们把我当成自己人,当成了她们这个地方的人,当成她们这个民族的人,当成她们的工作单位的人。现代社会的科层制将人划入了一个一个"单位"的层级内,同一个"单位"的就是同一群人,他们之间就属于"内部人员",而不同单位的人就属于"外部人员"。当有人从这个单位调到那个单位,又有人从那个单位调到这个单位,他们彼此的"内部关系"和"外部关系"又互换了。"内部"和"外部"之间有着泾渭分明的区隔,这种现象似乎成为一种常识。而感觉敏锐的诗人却对这种常识提出了质疑,他们歌颂新型的人际关系。随身带了一本泰戈尔诗选,内中一首诗写道:

> 有一次我去到中国,
> 那些我从前没有会到的人
> 把友好的标志点到我的前额
> 称我为自己人。
> 不知不觉中外客的服装卸落了,
> 内里那个永远显示一种
> 意外的欢乐联系的
> 人出现了。
> 在那里我找到了朋友,我就在那里重生。[①]

[①] [印度] 泰戈尔:《榕树》,冰心等译,人民文学出版社 1987 年版,第 208—209 页。

在异地他乡，我也遇到了把我看作"自己人"的人，我欣然！

也正是在这个地方文献中心，也真的有一本专门讲"中心"的书，它就是裴文中先生的《史前时期之西北》①。我想复印一本带回去，但周玲华说："这本书纸黄了，不能再经过光照。"于是我将这本几万字的小册子全部抄录了下来。

我想如果我没有在戈壁滩上对中心问题有所感悟，那么我可能会在某个时段内高度认同裴文中先生的观点；但我已将戈壁滩上的感悟带进了图书馆，所以这本书所阐释的"西北中心论"成为我反思的对象。

裴文中先生论述道，新疆地区是历史上古丝绸之路的重要通道，欧亚大陆的交通要冲，是东西方经济文化交流的重要通道。从地理位置上说，它是中国的西部边疆，但转动一下地球仪，左边看一下，右边看一下，上边看一下，下边看一下，它就成了世界的中心。西北地区是中亚的一部分，本身就处于亚洲之"中"。此地北为西伯利亚草原和平原，东有中国东部的冲积平原，南有青藏高原与印度平原相隔，西为中亚的草原及平原，在海运未开之前，西北是亚洲大陆四方交通的枢纽，这当然就是一个"地域中心"。中国与印度文化交流的路线，不能不绕道西北，东晋的法显与唐代的玄奘走的就是这条路线。在它的东边是中国黄河流域的文明，在它的西边是欧洲文明，在它的南面是印度文明，在它的北面是西伯利亚草原文明。这当然又是一个"文化中心"。不仅如此，在史前时代，这个地区同样是中心。新疆的旧石器时代的遗存，其石制品组合与华北、西伯利亚、中亚地区的石器遗存相一致，表明其亲缘关系。古人类在晚更新世晚期开始向新疆地区迁徙并对其进行了开发。从新疆地区距今一万年新石器时代的遗存，一直到公元2—3世纪考古发现的头骨，都显示欧亚谱系混合。史前时代的特征延伸到了文明时代初期以及早期。新疆各地出土的青铜时代至两汉晋唐时代的人骨标本数量丰富，这些资料也表明新疆地区古代居民种族多元化的构成，表明新疆是东西方人种在欧亚大陆一个重要的交汇地区。蒙古人种、欧罗巴人种以及两大人种混合

---

① 裴文中：《史前时期之西北》，《西北通讯社丛书》（第一种），民国三十七年五月。

类型的不同种族的古代居民，在新疆地区都有分布。典籍中也有记载，例如《穆天子传》中就提及"西王母之邦"，这说明了古代中原和西域的交往。《穆天子传》为西晋太康二年即公元281年战国魏安厘王墓出土的竹简书，书中除了西王母邦之外，还记载了新疆地区其他许多氏族部落。《竹书纪年》中也有一些新疆地区的记载。山东武梁祠亦有周穆王会见西王母的画像砖，它描绘了周穆王西巡时会见西王母的情景。显然，裴文中先生的"中心论"有着坚固的历史事实作为立论基础。

不过，当我有限度地接受裴文中先生的"西北中心论"的时候，是为了在"地球无边缘"的总概念之中，以西北中心论在逻辑上去"否定"欧洲中心论，而不是用西北中心论去"取代"欧洲中心论。每一种文化都以自我为中心来确定一种中心论，那么"多中心论"也就成为一种"无中心论"。在当代世界的格局中，如果我们将欧洲文化作为一个中心，把亚洲文化也作为一个中心，那么西北地区正是欧亚文化的边缘，这个边缘就成为第三个中心。这样看来，"西北中心论"就可以作为破除文化中心主义特别是欧洲文化中心主义所贡献的矫枉过正的一种学术智慧。这就是我在1993年的暑假那段时间内，在戈壁滩上，在新疆"地方文献中心"的资料室内，与其说是与别的学者思想的一种交流，不如说其实质是我对感性经验的领悟而达到的一次自我思想交锋。

十 三上戈壁滩：伏羲和女娲

到数千里之外去追寻数万年之前的文化事象，是我此次田野调查的主要目的。我要去吐鲁番博物馆看伏羲女娲绢画像。

吐鲁番是古代丝绸之路上的重镇，丝绸之路在进入新疆后分成南、北、中三条道路，无论走哪一条都要经过吐鲁番。因此，吐鲁番可以说是古代东亚、中亚、南亚、欧洲这四大文明体系的交汇点，是中心的中心了。在吐鲁番市东南大约45公里处有一座高昌故城，曾经诞生过一个以汉族为主体的高昌古国。高昌故城奠基于公元前1世纪，是西汉王朝在前车师国境内的屯田所建。高昌故城北边大约千米的地方，有着密密麻麻分布的数千座古墓，这就是阿斯塔那古墓群，这是西晋至唐代高昌城居民的公共墓地。在那些夫妻合葬的墓里有一个共同的东西，就是在对着男女主人头顶处几乎都挂有大幅伏羲女娲人首蛇身交尾图的绢画，而这里出土的绢画就保存在吐鲁番博物馆内。

我们天不亮就出发，司机说趁凉快。汽车在崎岖的山路上前行，爽人的晨风从窗外吹进来。到了达坂城，我们下车买了几个著名的西瓜。

太阳渐渐从地平线上钻出来，火火地燃烧着。司机已经光膀，肌肉油光发亮，对我们说："等会儿，你们都得学我。"九点钟的时候，车停下来休息，因为水箱的水已经沸腾了。司机打开车盖，一股浓雾般的水蒸气冒出来。等待冷却的时候，几个人便开始吃西瓜，果然如歌中所唱："达坂城的西瓜大又甜"。

歇了一会，车子便又上路。再歇下来的时候，西瓜已经吃完了。外边的温度是45度左右，车内更是闷热。他们都已经光背，我还在撑着。

"水！"忽然看到一道水渠在戈壁滩上淌过。小王斜我一眼，说："天山的雪水，前面多呢！"于是我盯着窗外；果然，汽车每开20分钟左右，就可以看到一条这样的水渠。远处的天山横亘在天际，高耸入云的峰顶上白雪皑皑，这些沟里的水便是那白雪化成的。水渠旁有一些汽车停着加水，我们的车子也停下来。这里是一个光背的世界。人们总是服从"多数原则"，课堂内的教授，光背是违纪的；而在游泳池中，穿戴整齐下水就成为怪物。我刚才还斯文，现在将湿透的衬衣朝空中一扔，随它飘落在戈壁滩，然后奔到水渠边，将手和脚一起浸泡在那清冽的雪水中。

中午12点，我已经站在吐鲁番博物馆那幅巨大的伏羲女娲绢画像（图3-2）旁边了。戈壁滩上竟有如此美丽的城市，如此迷人的博物馆，如此恢宏的画像！此处的伏羲女娲像也是人首蛇身，伏羲左手执矩，女娲右手执规，蛇身则是双螺旋形互相交缠。这个形象与山东武梁祠等地的画像是相同的，只不过戴着维吾尔人的帽子，穿着维吾尔人的衣服，且蛇身的后半变成了毛茸茸的尾巴。

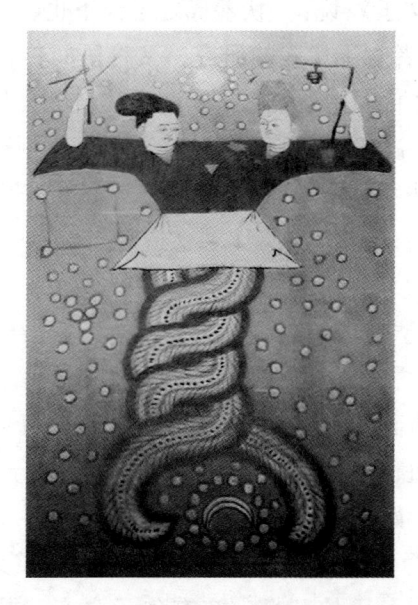

图3-2 吐鲁番博物馆伏羲女娲绢画像

我所研究的伏羲，是一个内容繁复的文化符号，也可以把他（它）看作是一个人，或者是一个神。粗算起来，他（它）活了几十万岁，从旧石器时代到新石器时代，又从新石器时代到文字产生和青铜器铸造的时代。人们把所有的文化创造都归之于"伏羲"的名下。前人对于伏羲的研究，最早是在战国时期。《易·系辞传》说："古者包牺氏之王天下也，仰则观象于天，俯则观法于地，观鸟兽之文，与地之宜，近取诸身，远取诸物，于是始作八卦，以通神明之德，以类万物之情。作结绳而为网罟，以畋以渔。"在这段记述中，伏羲是一位远古帝王，这位帝王为了统治天下，根据自己对天地万物的观察，将自然规律引申运用到社会管理上，最早创造了一套通神、治国、类物的法典，这就是八卦。同时，在物质生产领域中，又发明了网罟这一重要的生产工具，可见此时的社会经济是渔猎经济。先秦诸子对于伏羲的理解大都不越此模式。《管子·轻重》篇说："虑戏作造六峜，以迎阴阳，作九九之数，以合天道，而天下化之。"《尸子》说："伏羲始画八卦，列八节而化天下。""宓牺氏之世，天下多兽，故教民以猎。"《文子》说："伏羲氏之王天下也，枕石寝绳，杀秋约冬。"汉魏六朝学者对于伏羲的研究，又将民间传说中更多的人类社会的精神与物质文化创造搜集起来，归记其名下。且将伏羲作为一个人神混杂的人物。汉代学者所增加的伏羲的文化创造主要有三：一是作瑟造曲。王逸注《楚辞·大招》："伏戏，古王者也。始作瑟，驾辩、劳商皆曲名也，言伏戏氏作瑟，造驾辩之曲，楚人因之作劳商歌。"《孝经勾命诀》："伏羲乐曰立基。一曰扶来，亦曰立本。"《世本》："庖羲氏作瑟五十弦。瑟，洁也，使人清洁于心，淳一于行。"二是制人伦。《白虎通》："古之时，未有三纲六纪，民人但知其母，不知其父，能复前而不能复后。卧之法法，起之吁吁。饥即求食，饱即弃余，茹毛饮血，而衣皮韦。于是伏羲仰观象于天，俯察法于地，因夫妇，正五行，始定人道。画八卦，以治天下，天下伏而化之，故谓之伏羲也。"《绎史》引《新语》："先圣仰观天文，俯察地理，图画乾坤，以定人道，民始开悟，知有父子之亲，君臣之义，夫妇之道，长幼之序。于是百官立，王道乃生。"三是给事物取名称。《春秋命历序》："伏羲燧人始名物虫鸟兽。"其后，魏晋学者又进一步对此前学者的论述进行了补充、深化。《拾遗记》曰："（伏羲氏）和八风以画八卦，分六位而正六宗，于时未有书契，规天为图，矩地取法，视五星之文，分晷景之度，使鬼神以致群祠，审地势以定川岳。""礼义文物于兹始作，去巢穴之居，变茹腥之食，立礼教以导文，造干戈以饰武，丝桑为瑟，均土为埙，礼乐于是兴矣。"《古史考》曰："伏羲制嫁娶，以俪皮为礼。"汉魏学者又说伏羲是雷神的儿子《诗含神雾》说："大迹出雷泽，华胥履之，生宓牺。"又说伏羲是蛇神。当今的画像中有许多汉代人首蛇身画像出土。例如，四川简阳东汉墓石棺上的人首蛇身的交尾像刻有题榜文"伏希""女娃"字样；马王堆汉墓帛画中间的主神是人首蛇身的伏羲；东汉武梁祠石室画像之一的人首蛇身交尾像，左柱有隶书"伏戏仓精，初造工业，画卦结绳，以理海内"。《拾遗记》又说伏羲是其母华胥感虹而生："春皇者，庖牺之别号，所都之国有华胥之洲，神母游其上，有青虹绕神母，久而方灭，即觉有娠，历十二年而生庖牺。"而唐代司马贞的《补三皇本纪》以及宋代罗泌在《路史·大昊纪》，则用洋洋洒洒的文字把人类在整个原始社会与文明社会之初的文化创造几乎全部堆集到伏羲身上。

眼前，在吐鲁番博物馆里，我就站在这幅著名的伏羲女娲人首蛇身交尾像的前面。我时而惊叹伏羲天马行空，独往独来，他（它）跨越了千山万水，来到了西部边陲；时而又感慨于他（它）竟然有如此巨大而众多的文化创造，真是万古一人；时而又震撼于他（它）在世间各类物种之间穿梭，形态各样，变幻无穷：他（它）是人、是神、是蛇、是虹、是雷、是风……

从吐鲁番博物馆出来，车子又行驶在戈壁滩上了。

吐鲁番的戈壁滩（图3-3）又是别样景色；那边的戈壁尚有骆驼草相伴，而这里的戈壁却是如此单一，单一的是被太阳烤焦的黑色石头，找不到一寸土壤和半枝植物。这些黑色的石头被炽热的太阳不知

图3-3 吐鲁番的戈壁滩

道已经烧烤了多少世代，却依然坚忍不拔、不屈不挠。

当我第三次站在戈壁滩上的时候，我已经失去了那种"世界的中心"的感觉，而有了一种明确的方向感。人们已经在黑色的礁石上架起了电线杆，一根一根每隔相等的距离排列起来，延伸到远处。我们乘坐的汽车也就在不远处的公路上停着，它的前方是去高昌故城的方向，后方是来时的乌鲁木齐方向。这就像人类文化的最初发展一样，开头并没有路径，而由于某种偶然的环境条件或技术原因，他们中间有一个人朝着某一个方向前行，大家就跟着他，于是就踩出了一条道路。不同的民族可以向着不同的方向行进，每一个民族文化开头的起点都是从"自然"的某一点出发，选择了一个方向前行，不断地继续走下去，就创造了一种具有系统性的文化结构，而这种文化结构越到后来越变得复杂化，也就往而不返了。

伏羲就是带着部落群体走出路径的人物，于是成为华夏文化的人文始祖。本来伏羲到底是人还是神，是蛇还是虹，其性质并不确定；但当他（它）仰观俯察画出八卦，又结绳为网罟、作瑟造曲之后，特别是当他（它）与女娲结合成夫妇之后，他（它）所选择的道路和方向就被确定下来了。虽然他（它）的动物的尾巴依然存在，但他（它）已经处于从蛇到人的脱胎换骨之中，前行方向已经被确定。后人将无数的文化创造都归之于伏羲，因为伏羲就是"一"，从"一"出发创造和派生了"万物"，"万物"就必然归于"一"。这样一条"一生多"的路径逐渐生成了华夏文化中的"大一统"思想。第一部编年体史书《春秋·隐公元年》[①]第一句话"春，王正月"，虽然仅仅说的是时历问题，但是却被文化精英们发掘出"大一统"的"微言大义"。《公羊传》说："元年者何？君之始年也。春者何？岁之始也。王者孰谓？谓文王也。曷为先言王而后言正月？王正月也。何言乎王正月？大一统也。"《谷梁传》说："虽无事，必举正月，谨始也。"《左传》说："元年，春，王周正月。"在《春秋三传》的解释中，有三个关键词：一是"王"，二是"正月"，三是

---

① 鲁隐公元年为公元前722年。

"大一统"。这里的"王"指的是"文王",因为"文王周始受命之王,天之所命",所以他才有资格来制定历法,规定哪个月作为一年中的"正月"。"大一统"则是以历法的"大一统"来隐喻天下的"大一统"。唐代徐彦疏:"王者受命,制正月以统天下,令万物无不一一皆奉之以为始,故言大一统也。"后来两汉经学、魏晋玄学、宋明理学、清代朴学、现代新儒学等,都紧跟着、承续着这一主流传统,汇合成巨浪滔滔的大江大河,不可阻挡了!

接着准备去高昌故城,需要行车40公里。我很怕司机不愿意走这么远,当我委婉说明我的想望时,他却非常高兴,说他也是一个热衷于旅行的人,甚至兴奋地与我相约,等他有了钱买了车以后,我们一起去横穿塔克拉玛干大沙漠,去罗布泊探寻彭加木失踪之谜。我激动起来,向前探过身子兴致勃勃地和他聊天。……喔,我开头忘记介绍,车内还有两个搭便车的,是做珠宝生意的,他们却显示出不太愿意的表情。

司机在这里是权威,还是决定去高昌。忽然刮起大风来,像碎石猛砸在脸上,既辣且疼。不过,那是一种痛的舒适感,我们不愿意将车窗关上。风小下来的时候,便有一座山在左边伴着我们前行,那就是吴承恩笔下的火焰山(图3-4)。与吐鲁番被太阳烤焦了的黑色石头不同,这是一条通体燃烧着的巨型红色火龙。靠近山脚时,感觉四周火苗呼呼地窜动,整个躯体连着灵魂都被燃着了。

山脚有一小屋,屋内有水。一位维吾尔族长者说,这是神泉,源头在山上。我们心向往之,一道冒着烈日,顺着一条有时凹进去有时凸出来的曲折小路开始爬山。到了半山腰,忽然道路中断,许多游人折回来,说前面坡陡,是上不去的。他们对于道路的险峭既然已畏惧,对于神泉的向往也便淡然,寻找的意愿自然消失。两位珠宝商早已爬得气喘吁吁,听说前面上不去,很是高兴,终于找着了回程的借口,说:"再跟着你们,恐怕要变成烘干的鱼片了。下山歇凉,喝饮料去!"

剩下我与司机继续向上,果然到了陡坡,大约十几米高,光光的一片红土没有任何可以抓握的地方。中国西部的山与北部、南部不

图 3-4 火焰山（当地人摄）

同，北方的山多巨岩，南方的山多树木藤蔓，而这里只是碎石、流沙，踩上去很滑。我们很快研究出了应对策略：把自己变成四脚动物，先用左脚向前踢出一个尽可能深些的沙坑，然后小心翼翼地踩上去，再把左手指深深的抠进红土中，抠得越深越好，接着右脚与右手也学着此榜样。为了避免垂直上行的动作量过大，我们首先一点一点朝左上方挪动，然后改换方向再向右上方。这样的横行斜进，增大了保险系数。大约行进了半个多小时，终于爬上这一段陡坡，前面的路再无险阻。拍去手上身上的红土，继续前进。太阳已经把体内的水分烤干，头上身上已不再出汗，反倒感觉浑身渗出冷汗；双腿也打起颤来，两手更是连一根鸿毛也不愿去捡起了。不过，我们已到达山顶，向着蓝得出奇的天一声呼喊，直着身子躺倒在山巅，心里有的是愉快。

休息了一会儿，爬起身来找神泉。

我们互相呼应着分头寻找。找遍了周围，碰到一起的时候同时问对方:"你找到没有?"

再找,又碰到一起互问:"你找到没有?"

下山以后,又来到那间小屋,长者看着我们微笑不语,我们也对他微笑。

到了车上,两个珠宝商不停追问"神泉"之事,司机只顾开车不回答,我也故意岔开话题。

柏孜克里克千佛洞就在绵延的火焰山的那一端,我想先看千佛洞,再去高昌故城。珠宝商不愿意,说只是一些缺损的佛相,他们家乡庙里的菩萨比这漂亮多了。我说:"那可是孙猴子向铁扇公主借扇的地方。"他们一听说铁扇公主,而且司机在一旁助威,也就不再坚持己见。

看了千佛洞,继续驱车去高昌故城。停下来问路的时候,有一位老人将一个小孩交给我们(图3-5),说把他带到高昌。那孩子听不懂汉话,我们听不懂维语,只好用手势交流。问他几岁?他摇头。还

图3-5 老人将一个小孩交给我们(左三为该小孩)(当地人摄)

是珠宝商聪明，上上下下一比画，他听懂了，右手伸出一个食指，左手的拇指和食指弯曲成一个圆。后来，大家也就不再和他说话，但是不知道他家在什么地方，这如何是好？那位老人也过于信任我们了。汽车继续往前开，我就观察小孩的表情。

高昌故城是一片废墟，人世沧桑，城池也变得渺茫。两个珠宝商怨声不断，大呼上当。

现在的任务是要送这个小孩回家。我们比画着各种手势，他用摇头和点头两种方式进行回应。一个珠宝商已经很不耐烦，要司机停车，说将他放在路边就行了，他自己应该认识回家的路。我不让步，说服司机，一定要负责到底，坚持要将他送到家门口。汽车继续行进，那个小孩摆动着手，车子就按照手的方向转弯。两个珠宝商一路嘀咕着。

我想起一则关于珠宝商的故事。说是有一位老人他在要去世的时候，把四个儿子叫到跟前，说："我没有给你们留下什么遗产，我死了以后，你们各自去学一门谋生的手艺吧。"说完便去世了。四兄弟埋葬了老人就出发了，约定一年之后的这天同时回来。

一年很快就过去了。老大先回来，他学的是木匠，看到几个弟弟还没有回来，就砍了一棵树，雕刻成一个女子。老二学的是裁缝，当他回来看到这个女子赤裸着，就给她做了一身漂亮的衣服穿起来。老三是珠宝商，他看到这个女子非常漂亮，就用自己的珠宝将女子打扮起来。老四没有学到什么手艺，但却学会了与万物交谈。当他看到这个女子的时候，就和她交谈起来，顿时木头雕像被赋予了生命，活起来了，变成一位风姿绰约的少女。

这时他的三个哥哥一起扑过来，都想娶这个女子为妻。老大说："是我创造了你，你应该嫁给我。"老二说："是我把你从野蛮人变成了文明人，你应该嫁给我。"老三说："是我把你从穷人变成了富人，你应该嫁给我。"老四却走到远处林子旁的河边去了。这时姑娘开口说话了，她对老大说："是你创造了我，你就当我的父亲吧。"她又对老二、老三说："是你们把我变成了文明人，变成了富人，你们就当我的兄长吧。"接着，她来到河边找到老四，对他说："是你给了我灵魂,你就请当我的丈夫吧!"此时,林中的鸟儿、河里的鱼儿、树上的各种动物一齐为他们欢呼歌唱!

在一个村庄的路口,小孩示意车子停下。我本想趁着这个机会,跟着这个维吾尔族孩子去看看村庄,可珠宝商连声催促"走走走",他们的忍耐大概已经到了极限,这回再不肯让步,并且说"到葡萄沟吃葡萄要紧"。车子便又上了路。

十一 早期研究的自我批评

1987年确定了我的人类学研究道路,但此后的几年,我没有进行异文化的田野研究而依然进行着典籍研究,主要是由于专业的原因。我所学的中国语言文学专业使我对于古典文学特别是先秦文学和文化有着较浓烈的兴趣。心向人类学,但又被古代文学与文化拖住,此牵彼扯,于是我在二者的边缘处找到了一个交叉地带,这就是"中国原始文化史"或者叫"中国文化发生学"的研究课题。此阶段我在典籍中穿梭式地行走,这是一种室内的"田野工作",同时也辅之以短期的野外考察。早期研究的三部专著《伏羲与中国文化》[1]《中国诗歌发生史》[2]和《汉语言文字发生学》都属于这个总课题的分支研究。前两部著作分别出版于1997年和2000年,其研究时间则在1987年到1995年之间;《汉语言文字发生学》在1997年完成初稿以后,摩哈苴的田野工作已经开始,故而打印的书稿一直放在书柜内,至今20多年尚未修改出版。这三部著作对我来说,是学术研究的起步。

对于早期的研究成果,我有着强烈的反思与自我批评,以《伏羲与中国文化》的研究为例来说明。

对"伏羲"的研究,一般的传统学者所采用的方法是考证的方法,他们总是要探求出"伏羲是什么"的确定性。一旦这个"是什么"被考证出来,他们自我感觉良好,并以此为傲,进而否定所有的其他看法。然而,实际上这是一项无法完成的任务。我采用了一种与

---

[1] 朱炳祥:《伏羲与中国文化》,湖北教育出版社1997年版。
[2] 朱炳祥:《中国诗歌发生史》,武汉出版社2000年版。

传统的"单一物象探求法"和"综合意象研究法"不同的"历时性还原"的方法，希望以此解决研究上的困境。这种方法将共时性"叠合"在当下文化中的内涵"还原"到其最初出现的历史情境中去。"叠合"与"还原"是"一来一往"的过程。我认为，从一个符号的全部内涵发展来说，由于不同时期、不同地区的人类有着不同的实践内容与实践方式，所以在每一个时期的解释者那里，在每一个新的传播地区的解释者那里是不相同的；另一方面，就一个符号在同一个时代同一个地区，由于人们有着大致相同的实践内容与实践方式，所以人们的理解则具有大致相对的确定性。特别是在同一个解释者那里，这个符号的意义更具有确定性。这是文化符号意义的确定性与不确定性的关系。故而，原来的被约定的符号能够接受新的动机而对新的符号加以编码和吸收，而"伏羲"符号的无限丰富的内涵就是这样形成的。

于是，我就建立起了"伏羲"符号内涵的历史关系与逻辑关系的统一性。"伏羲"是一个具有极大繁衍能力的符号，它最初只是一种模仿果实滚动的声音"果裸"，其绝大部分意义是由实践发展不同水平上的不同时代的初民对其进行重新解释时提供的。"伏羲"就图腾而言，包含了葫芦图腾、蛇图腾、虎图腾、日图腾、风图腾、雷图腾、虹图腾等七种，各个不同时期对于伏羲图腾的不同解释，恰好构成了伏羲图腾的历时性内涵。七种图腾的衍变，也正反映了中国原始时代从采集文化到渔猎文化，又从渔猎文化到农牧文化的发展过程。"伏羲"符号的每一次变化，每一次内涵的更新，都是不同时代的人们不断实现自我、完善自我的逻辑过程。这个文化符号到了新石器时代末期与文明时代开端的接合处，中国文化几个最重要的符号"龙""八卦""方块汉字"都出现了。这都是伏羲的符号形式，是中国原始文化的历史延伸，也是其发展的内在逻辑。具有蛇躯、鹿角、马（或驼）头、鹰爪、鳞身、鱼尾等综合形象的"龙"，是中国原始文化纵向发展的凝聚和积淀以及横向传播和交融的象征物。它是一个多样统一体，这个统一体是一个融合的、中和的、有机的统一体。"八卦"是伏羲的创造物，它是一个对文明时代中国文化产生重大乃至决定性影响的文化符号，它简要地概括了天地万物的变化规律，反映了中华民族"凝聚式的整体思维"特点。八卦后来衍生出六十四卦，并附有卦爻辞，成为中华元典之首的《易经》。带有四声的汉语和方块汉字只是这种思想在语言文字领域中与八卦的一个异质同构的表现形式。汉语和汉字都具有三维性，这种三维性赋予汉语和汉字以特殊的生命力。总之，以"伏羲"符号所象征的中国原始文化的形式与内质奠定了"中华元典"的基本精神。在理性觉醒的"轴心时代"，思想家们又将葫芦转形为"道"，中国哲学的"第一概念"即已形成。"道"是伏羲符号系统的哲学化，它变成了宇宙生成的总根源与发展变化的总规律，其主要内涵都是伏羲所给予的。

这样一种研究，就传统观点看来能够"自圆其说"了，成果也得到一些哲学家和民族学家的首肯与鼓励，认为这是一项"探索中国古代文化的根源、研究中国文化发生学的可贵尝试"，此书具有"首创精神"，是闻一多、茅盾关于伏羲文化的研究之后的"重大进展"。

然而，我对于早期的这部著作的自我批评，最主要之点正在于对"自圆其说"研究理念的反思与批判。这种看起来无缝隙的、做"圆"了的研究，其实仅是作者的主观解释与建构，既非"事实"，也非"规律"。那种重视历史与逻辑的统一性、努力追求材料与观点的一致性的研究理念，以前曾被我看作是每个研究者都应该遵循的、不可动摇的"铁律"，后来却被我的另一种看法所取代：所谓做"圆"，其实就是拿着剪刀去剪辑古代的典籍，然后将剪辑得来的材料按照作者的主观意愿重新拼凑出新的图样来，《伏羲与中国文化》无疑就是这样的作品。

当然，我并非一概否定重视逻辑自洽性的作品，我只是认为它们只能作为学术研究的一种样式而被赋予其存在价值和理由，而决不能成为一种通则而被赋予普遍性价值。而且，这种研究的"自洽性"具有自我封闭的特征，排斥读者的批评，极易形成掌握笔杆子的人的话语霸权。

这种自我批评意识后来在田野工作中不断得到加强与发展，逐渐地，我与早期的研究方法分道扬镳了，并将这种"历史与逻辑统一"

的做"圆"了的研究，如果不是看作负面的研究理念而被彻底弃置，起码仅将其作为无限多的研究理念中并不突显的一种。后来，随着"主体民族志"理念的产生，我与这种研究理念越来越疏远了。《对蹠人》第一卷、第三卷、第四卷都舍弃了这种学术理念。当然，我有时也留恋地回头看看，它还在微笑着向我招手，我也偶尔受到它的诱惑，但是当我重新拾起"历史与逻辑统一性"的理念时，已经与《伏羲与中国文化》所构建的逻辑颇为不同了。《对蹠人》第五卷《知识人》虽然表面上看起来是在强调"生长的逻辑""存在的逻辑""追寻的逻辑"，但这里的"逻辑"概念已不是传统的含义，它彻底舍弃了封闭式的"圆"，而转换成为"呈现—解释—建构"的开放式的结构形式了。

　　对于早期的研究的反思与批评，并非现在才产生，在《伏羲与中国文化》书稿交出版社以后，随着摩哈苴田野工作的进行，我已经萌生了自我批判的意识。1997年当我拿到样书的时候，面对着我的第一本著作，虽然感到封面设计图案"伏羲"形象的新颖，而且新书纸张的油墨飘香也使我有一种特殊的感觉，但我却没有很兴奋，并且立即在一本样书的最后空白页写下了自我批评的诸要点。还记得书出版后不久，有一位编剧专门找到我，希望我与他合作将这本书改编成一个歌颂华夏文明始祖伏羲的电影剧本。他当时动情地说："伟大的'羲'啊！一轮骄阳，高悬天空！光芒万丈，灿烂辉煌！"他将"伏羲"亲切地称为"羲"，好像称呼他的亲兄弟一样，这给我留下了文学家们对于事物表述的情感性、生动性、鲜明性的深刻印象。看来他对"伏羲"的热爱比我要深得多，是一种发自内心的由衷热爱。这也使我看到，"理性"与"逻辑"的构建使我变成如此冷漠的人，将本来活生生的人物或文化符号弄得了无生趣。这种认识加强了我对完全不投入作者感情、只是让对象在思想逻辑中旋转的研究方式的怀疑。由于这个时候，我已经将注意力转向了田野研究，并且对于"小传统"与"大传统"的关系与雷德菲尔德有着完全相反的看法，对于典籍研究成果已经不再特别重视，故而对改编电影之事无法调动起兴趣来。

第四篇　摩哈苴彝族村

十二　摩哈苴之夜

在1987年思想觉醒之后，我虽然暂时还停留甚至沉浸在典籍研究之中，但我清晰地知道，我一定会走向田野，去寻找"心灵的土地"。我一定要到异地去，要到异文化当中去，要在寻觅的途中、在更为悠远的时间中与更为广阔的空间内，去追寻理想，并感受这种追寻的过程。1995年暑假，我背上背包，遵从心性的决定去了摩哈苴彝族村，由此开启了我到异文化当中去做长期田野工作的旅程。

很久以前，我就想知道我到底是不是一个具有胆量与勇气的人，但一直没有答案。原先我以为，少时敢于在暴风骤雨、雷鸣电闪中奔跑就是胆量，敢于不带救生器材横渡长江就是胆量，在国家被侵略的时候敢于投笔从戎不畏牺牲就是胆量；后来才认识到，真正的胆量和勇气，更体现在一个人能否放弃既得利益，按照个体心灵的取向勇敢地去探索新的未知事物。从书斋研究向田野研究作"战略"性转变，对我来说就是这样一种对于胆量的考验。只有坚定意志，将患得患失的心理彻底抛掷一边，毫无顾忌地前行，才能完成这种转变。

在武汉到昆明的飞机上，我是靠右窗的座位。向机舱外望去，西边地平线上空有一大片云霞停歇在那里。机身有时转动，方向有时改变，但是只要回到向南的方向，那片云霞就出现在我的窗口。我开始并不在意，后来发现云霞一直跟着飞机走，或者说飞机一直跟着云霞走，这才引起我的兴趣。我惊异竟然有如此巨大的扁平状云层：它从南到北、从北到南，横贯西方地平线上的整个天空。《庄子·逍遥游》记载北冥之鱼"鲲"化为"鹏"的时候，形容"其翼若垂天之云"，"不知其几千里也"，我原先以为这是文人的夸张，而现在看到的正是这种几千里的"垂天之云"！这只"鹏鸟"似乎的确正在从北冥迁徙到南冥，它也正好与我同行！直到飞机快到昆明巫家坝机场的时候，它才慢慢离去。我们各自都到达目的地。

到了楚雄，正赶上彝族火把节。楚雄彝族文化研究所的李世康陪我去看火把表演。等待了很久，那边突然一阵喊叫，一队青年男女举着火把奔出来。头一回看到火把，感觉新奇而神秘，急急上前去探究一番。它仅是一根长棍，上边扎着一点易燃物，那里边可能装着灯油，点着了可以燃烧。

这一队算是开场，很快就过去了。不一会儿，天空一声巨响，放起了烟花，在烟花中又冲出了一队举火把的青年。开头只是十几支，接着是几十支，再接着是几百支，几千支……呵——，真正的火把大军冲过来了，一支接一支，整个儿是火把的重复与闪动，似一条巨龙在身边遨游。正是这种单调的重复与闪动，形成了一种巨大的震撼力，激荡着我的心灵。想起我曾见过的西北黄土高原上的白杨树，几十公里、几百公里，公路两边全是单一的白杨树。一棵、十棵、一百棵、一千棵，成千上万棵，永远是白杨树，在汽车窗前重复着、闪动着。那既是一种庄严和崇高，又是一种平等与和谐！……而现在，眼前的一支、一支、又一支火把，它们燃烧着，跳跃着，前进着，绵延着，显示了一个火把的民族，他们从少到多，从小到大，聚拢起来，从彼处到此处，从历史到当下！

"要看火把节，还是到我家乡去看。"正在我看得入神的时候，不料，李世康却这样说。

"为什么？"

"我们那里的火把，不是这种表演，而是老百姓自己点起的火把。到了晚上，野山上、野地里都是火把，都是歌声。"

我想象着在他的家乡，也就在此时此刻，那无数条红色的长蛇，在原野上游动着，嬉闹着，伴随着"阿里里，阿里里……"的歌声。

我忽而又向往起那里的火把来！

第二天一早，我坐上开往兔街乡的汽车。先经五街，再到大蛇腰，过了红土坡以后，对面便是五顶山。汽车开始蜿蜒曲折下行，下到山谷的最深最低处过一条河，然后重新开始爬山。举目向窗外望去，我看到斜对面同样有一座大山。那山与红土坡、五顶山鼎足而立。接近山顶处有一块农田，隐约是庄稼的青绿颜色；农田的中央有一棵独立的大树，显得格外突出；大树旁边还有一块黑乎乎的巨石。开头我要仰着脖子从车窗的顶端才看到那块农田、那棵树和那块石，后来，汽车每盘旋一圈，回到同一方向的时候，我都可以看到它们。由仰视而平视，由平视而俯视，那田、那树、那石渐渐地低下去了。一共盘旋了16圈，汽车到达山顶。后来在多次往返摩哈苴的途中，我都会认真地数着盘绕的次数，这成为我的一种特别的圣仪。每当数到16次的时候，我就知道汽车已经到了顶峰，就要开始转弯下行了；但我还要勾着头向后看，有一种依依惜别之情。

傍晚时分，终于到了兔街乡。兔街乡的招待所非常简陋，土坯墙、麦草顶、木头柱子，进屋就能闻到一种古老的味道。兔街还有一条美丽的"兔街河"，就在房前流过。它不像小溪小泉叮叮咚咚缠绵低语，也不似大江大河滔滔滚滚宏论不止，它有着自己的中性腔调。水从山间缓缓流下来，到了兔街这个地方就奔腾起来，既如锣如鼓，又似瑟似琴。伴随着这种乐音，我很快就入睡了。

天明醒来的时候，告别兔街河继续行路。第三天不再坐车，是用自己的双脚登山。兴奋与激情带走了疲劳，将近傍晚，终于到了摩哈苴村（图4-1）。

欢迎外客的晚餐是小半盆鸡肉，大半盆土豆，一满盆青菜汤。没有凳子，村里的几个人和我蹲成一个圆圈吃饭，一边说着热情的欢迎话语。搪瓷杯里边是鸡血酒，轮流传着喝；喝了鸡血酒，就是一家人。

吃了晚饭，当地一位彝族青年说带着我出去转一转。我们随意漫步在山路上，晚风总比晨风好，一扫白天的炎热，送来清新与惬意，给人以慰藉与欢愉。走上了一道山梁，然后是下坡，坡底有一池塘，蛙声一片。我停下脚步细听，鸣叫声你来我往，相互呼应。当地人听

图 4-1　摩哈苴村

惯了，不以为奇，但也为一个外地人对本地事物的兴趣而感到愉悦。我开始以为整个池塘只有一个领唱者，就在近处，声音洪亮浑厚；走到另一边，又同样觉得那里也有一只领唱者。蛙鸣如鸡鸣，同样是悦耳的乐章，每一个段落之前略有停顿，然后第二个段落重又开始。

　　塘边的小路有一个很大的水缺，我们跳跃而过。接着又爬上一个上坡，坡顶是一片平地。这是一个小小的土坯场，一条条沟里的土都被挖出来，做成土坯，然后送到窑场去。我们站到一个略高一点的地方，看着这些土坯以及那一道道已经被挖出泥土的沟，那位彝族青年说些当地风俗。

　　旁边的缓缓的斜坡上是一片干净的草地，干脆躺到了草地上，感受着摩哈苴温暖而又清凉的乡土，一种书斋中从未体验过的美好在心中荡漾着、回旋着，并随着灵魂的节律转来转去。突然，一种陶醉感袭来！这种"醉"感使我瞬间甚至停止了思维，只是被一种既空无又充满的感觉占据着。它开头是一种愉悦感，细细地滋生，然后渐渐生长，又快速长大，倏忽之间，它弥漫与膨胀起来，一瞬间如千军万马从某一个方向突围而出，奔向群山之顶峰，奔向神秘之天穹！人与自然融为一体了！随后便是绵绵不绝的余波缭绕着，伴随着许多奇思妙想：风车、牛车、人力车，哲学、文学、人类学……

上面是璀璨的星空，下面是广袤的原野！

十三 神秘的"葫芦"

我到摩哈苴的第一个兴趣就是"葫芦"。摩哈苴人将"葫芦"这一种植物作为自己的图腾祖先，现在共有五家供奉着七个祖灵葫芦：干龙潭三户李姓村民各供置一个，皆为三代祖灵的合体葫芦；迤头下村一户李姓村民供置两个，一个是他的已故父母的合体祖灵，一个是他亡妻的祖灵；该村又一鲁姓村民供奉两个，分别为他的祖父母的合体祖灵和父母的合体祖灵。

第二天上午，我来到迤头下村的鲁家，实实在在地看到了祖灵葫芦（图4-2）！我久久凝视着供台上的两个葫芦，它们静静地、庄严地站立在我面前，虽伸手可及但却不能触摸。它们不久前长在藤上的时候，还是鲜嫩的蔬果，后来被人们摘下来，它们的同胞姐妹们有的被人们食用了，有的被制作成葫芦笙，吹奏出美好的音乐（图4-3），而它们则变成了神圣事物。

摩哈苴人说，他们制作祖灵葫芦，需经过一个仪式性的过程。先将葫芦的腹部凿通一个中指粗的小孔，放入少许碎银、米粒（男人放米七对，女人放米六对）、茶，这些都是给灵魂享用的。葫芦内的种子不挖出，代表祖先繁衍的后代。然后用粗糠树叶卷成一卷塞住葫芦上的那个小孔，粗糠树叶是祖先的衣服，每个人用七片叶子。寻找树叶要请朵西①打卦，判明树叶是否可用，长子则跪在旁边听着并回答朵西的问题。叶子卷好塞进小孔，平时不能拔去，只有一年一度除夕祭祖之前举行给祖先洗沐换衣的仪式时，才能拔去旧卷换上新叶。

---

① 摩哈苴人称巫师为"朵西"。

图4-2 祖灵葫芦

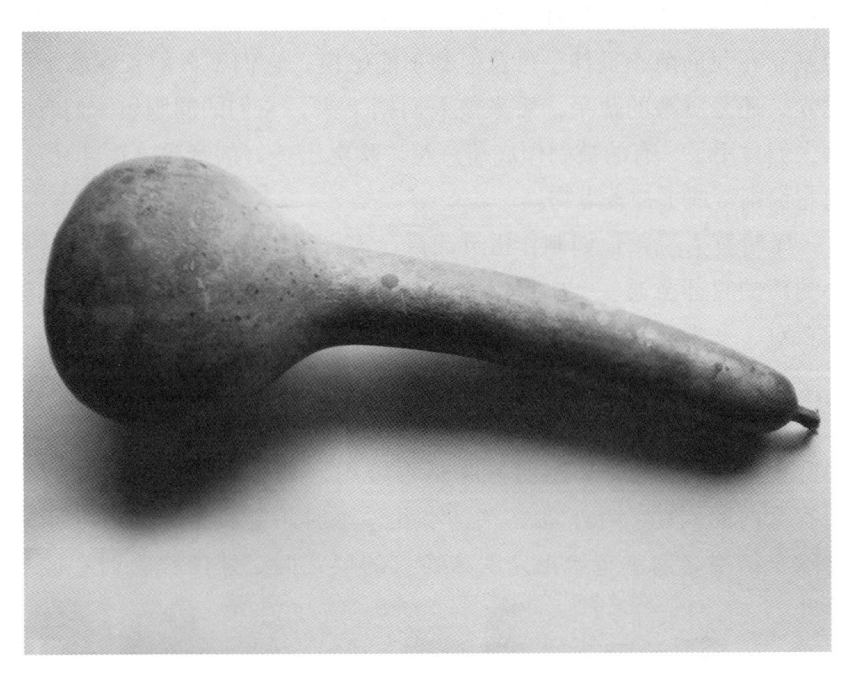

图4-3 准备用来制作葫芦笙的葫芦

我宁愿不知道葫芦的文化背景，以便可以让一种神秘感冲击我的情感，激发我的想象力；但知识人总是知道某个方面的知识，这些知识既成为他研究的最初起点，也成为他的沉重包袱。我已经知道，在中华文化中，葫芦就是祖先。《诗经·绵》中"绵绵瓜瓞，民之初生"语，说的是人类最初的祖先就是从葫芦里走出来的。"葫芦生人"也是著名的洪水造人神话的主题。中华大地 56 个民族都有洪水造人神话，各种讲述细节虽然有所差异，但兄妹成婚的主题相同。古代文献对此早有记载，唐代李冗《独异志》对此记载道："昔宇宙初开之时，有女娲兄妹二人，在昆仑山，而天下未有人民。议以为夫妻，又自羞耻。兄即与其妹上昆仑山，咒曰：'天若遣我二人为夫妻，而烟悉合；若不，使烟散。'于烟即合。其妹即来就兄，乃结草为扇，以障其面。"在彝族《创世纪》中"人祖的由来"的传说以及彝族史诗《梅葛》中也都说到葫芦是人类祖先。

摩哈苴几乎所有的成年人都知道并且能够讲述一个"葫芦漂江"的故事，它就是葫芦生人的故事。下面是我采录三位 60 岁以上的老人的口述。1995 年 7 月 27 日何家村朵西何永良讲：

发大水了，葫芦在江里漂着。葫芦里有人种，是兄妹两个。蜜蜂发现了葫芦，无法打开，兄妹出不来。葫芦漂到江边，老鼠发现了，用嘴啃通了葫芦，兄妹出来了，就做两口子，就有百家姓。兄妹传十弟兄，十弟兄变成百家姓。

人良心不好，天公发怒，就有葫芦漂江的故事。

1995 年 7 月 28 日迤头村鲁忠良讲：

几万年前，发洪水，人种没有了。江面上发现葫芦，葫芦里有兄妹两个。天上星宿下凡，叫兄妹两人滚磨盘，上磨下磨合拢，兄妹就可以开亲。后来合拢了，兄妹就结了婚。因为是葫芦救了命，就报本立灵牌。

葫芦漂江时，没有粮食，狗尾巴上粘着谷粒，后传下五谷。

所以每年 6 月 24 日和大年三十晚上，先喂狗饭，家家户户如此。

1995 年 7 月 29 日迤头村李发高讲：

葫芦漂江是说人的根源，要报本。

洪水淹天以前，有两兄妹开荒种葫芦。洪水淹天两兄妹在葫芦里躲着，在江里漂着。老鹰将葫芦叼出来，蜜蜂找着了葫芦，咬不通，是老鼠把它咬通的。兄妹俩出来，不肯开亲。天公说你们上山滚磨盘，磨盘合拢就开亲。磨盘合拢了，可是妹子还是不愿意。又滚簸箕，又合拢了，妹子还是不愿意。就向天空丢针线，线穿进针了，只好成婚。生下血包，遍地一撒，就有人烟。

老鼠为人立了功，要人分给它粮食吃。可是它恃功作恶，糟蹋粮食。人就向天公告状，天公老爷就派猫下来抓老鼠。把五只老鼠捉到天上，嘴里咬一只，四脚抓四只。在回答天公问话时嘴里的一只就丢下去了，这只又跑到地下，天公派猫重新下来。老鼠打个洞不出来，猫就一直留在地上了。

我在摩哈苴的田野考察中，还发现了许多与葫芦相关的文化事象。听当地人说，早先的时候还有一种"虎头葫芦瓢"，在家族祭祀的时候就将其挂在门前。这种"虎头葫芦瓢"现在已经无法找到，但我从彝族文化研究所的研究人员那里看到了照片（图4-4）。这是将"葫芦"与"虎"联系在一起的文化符号。而"虎"是哀牢山彝族一个标志性的文化符号，摩哈苴所属州府楚雄，其城市处处都用这种符号装饰着，表示彝族是虎的后代。彝族史诗《梅葛》中将葫芦与虎的创造功能融合为葫芦造天地、虎尸化万物的叙事，说格滋天神用代表葫芦的九个金果和七个银果造出了天地，又让金果兄弟去将老虎引下山，杀死老虎后，虎尸分解为宇宙万物：左眼作太阳，右眼作月亮，虎须作阳光，虎牙作星星，虎油作云彩，虎气成雾气，虎心作天心，虎胆作地胆，虎肚作大海，虎血作海水，大肠变大江，小肠变成河，排骨作道路……

图4-4　虎头葫芦瓢

在摩哈苴，还有一个文化符号也与葫芦相关，就是"山神"。这个"山神"同时也与"虎"相关。摩哈苴的山神就是山林中的土地神，一方山神管一方山林土地。该村地处高山深林，在农业传入之前，主要是采集狩猎生活，与山林关系密切；农业传入以后，家中的牲畜都是采取在群山间放养的方式，牲畜的兴旺与否亦与山林相关。而且村民的农用梯田亦为开垦山林所得。故而，山林之神具有相当的重要性。摩哈苴有几十座山神庙，每一座山都有几座庙，山神庙设置在村民放牧、割草、砍柴、狩猎①、采集山珍等生产劳动所及之地，不同的地带归属于不同的山神管辖。山神具有崇高的威严，摩哈苴人有一个著名的谚语："山神老爷不开口，老虎豹子不咬羊。"这是说

---

① 笔者1995年至摩哈苴做田野工作时，狩猎老虎、豹子、熊、野猪等大型野生动物的生产方式依然存在，且有自制猎枪的专业技术人员。自1998年国家下达收缴枪支的通令以后，摩哈苴禁猎。

老虎豹子受制于山神。摩哈苴人将祭祀山神的"出行"活动置于农历春节这一天，也可以看出他们对山神的敬畏。但摩哈苴的山神庙极为简朴，立一大石，前插三叉松毛①，再由朵西作一仪式，即已造成。一般的山神庙也只是用三块石头围起，内置三叉松毛，上盖一石板，大小及外形颇似农家的鸡窝状（图4-5）。最精致的山神庙则盖一间小小的房屋，前加木栅，内置或外插三叉松毛。

图4-5 摩哈苴的简易山神庙

1995年7月29日，我在村长王力保的陪同下，请时年70岁的村民李发高带领着去了一座较大型的山神庙。老人说庙内原来有一张画像，画的是山神老爷手里捧着一个葫芦，并且用绳子牵着老虎豹子（图4-6）。可是，我们去观看时，那幅画像已经不再存在。当我极为失望之时，随同上山的李发高的孙子李存金（时任兔街乡戈瓦村小学教师）说可以为我绘出。他按照约定的时间送来了画（图4-7），并且补充

---

① "三叉松毛"是指从马尾松上截取的三叉松枝。

说，他的曾祖父毕文陆（时年96岁）也见过庙内画像，并对这幅画的绘制提了参考意见。后来，我随身带着这幅画，在田野中询问过多位摩哈苴的老人，他们都认同这幅画的基本结构。

图4-6　李发高（中）讲述山神庙（李存金摄）

在山神庙画像中，也出现了葫芦，它被山神当作宝物在手中捧着，葫芦、老虎和山神重叠在同一个结构当中。虽然这幅画的主题可以概括为"老虎受制于山神"，但葫芦创世的原始功能仍然被保留着。

于是，在1995年暑假摩哈苴田野工作中，我看到了这个无处不在的"葫芦"，而在随后的1996年寒假、2001年暑假、2002年寒假、2003年寒假和2004年3月数次摩哈苴田野工作中，又发现了一些"葫芦"与摩哈苴其他文化混融在一起的现象。我不理解摩哈苴人为什么如此重视"葫芦"，反复请教了当地的多位长者，他们的回答很一致："报本"。在上面鲁忠良和李发高的讲述中，也都有"报本"这个词。"因为是葫芦救了命，就报本立灵牌。""葫芦漂江是说人的根源，要报本。"人从哪里来，就应该记住自己的来源，并且要

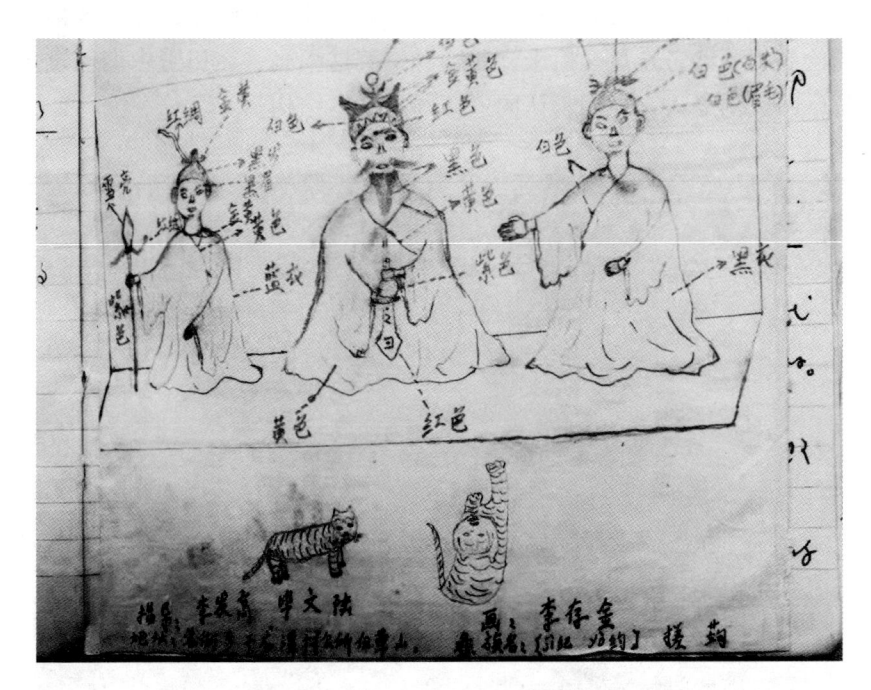

图4-7　李存金所画山神庙图像

有回报的行动。"葫芦"是人类的祖先,也是摩哈苴人的祖先,供奉"葫芦"也好,讲述"葫芦漂江"的神话也好,表达的都是人对自然物的"根本"。

摩哈苴人又将人对于自然的"报本"信念延伸到人与人的关系之中,对此,也有一些传说。

1. 葫芦笙的起源。传说原来有两兄弟,非常和睦,后来分离了。但哥被虎吃掉了,剩下了一个脑袋。兄弟拾到以后,为了纪念,报本,就做成乐器,用七孔代表人的五官,一吹就散心了,解忧愁。

2. 大灵牌①的来历。丁郎不敬父母。有一次丁郎犁地,他母

---

① "大灵牌"指摩哈苴居住的马姓汉族的祖先灵牌,这种灵牌与彝族的图腾祖灵不同。

亲给他送饭，丁郎走过来，他母亲以为又要打她，转头就跑，撞到一棵大树上，死了。儿子哭了，就把那棵树挖了背回来，刻了大灵牌。"丁郎刻木，孝心报本。"于是有了大灵牌。

3. 姐妹山的来历。天上的姐妹俩下凡来了解民情，一个在河这边，一个在河那边。本来天明之前就要赶回去，但她们只顾工作忘了时间，鸡叫了，她们就回不去了，就化成了两座山。人们就烧香纪念她们，报本。

4. 抽烟的来历。有一家夫妻感情很好，在家在外两人形影不离。可是女的得病去世了，男的吃不好睡不好，不成人样了。有一天夜里他婆娘的灵魂来托梦给他，说："你这么想我，长期下去伤身体。明天你来我的坟头，坟上有一棵大叶草，你拿去晒干，想我的时候，就吃一点。"第二天，男的果然在他婆娘的坟上看到有一颗大叶草（烟叶），就拿回来晒干，很好吃，就消除了一些烦恼。

总之，"报本"的观念或"信念"根植于摩哈苴的文化中，它隐喻人与自然、人与人之间"善的回报"的亲密关系与道德关系。

十四　男性的交换

摩哈苴是父系制社会，各家族以"灵牌"作为家族图腾祖先的象征，也作为个人家族身份的标志，同时，不同图腾的家族还是不同的婚姻集团。在摩哈苴，每个人的家族身份是由灵牌质料规定的：一个女子出嫁以后，她就背她的夫族的灵牌[①]，这表明她已经属于她丈夫家族的一名成员；而一个娶妻生子的男子则永远不更换他的灵牌。但是，摩哈苴存在着相当数量的"招郎"男子。当某一家族中某些家庭缺乏男性继嗣的时候，各家族之间就出现一种调节性的措施，即由女性完成继嗣任务，并接受招郎男子来繁衍后代。招郎就亲的男子，

[①] "背灵牌"是摩哈苴习语。"背夫族灵牌"，指这位女子去世以后，她的灵牌质料与她的丈夫家族的灵牌质料用同一种图腾植物制作。

则存在着两种情况：一种情况是，男子被"招"到妻族之后，他需要背他的妻族的灵牌，改为妻族的姓，他们的子女背母亲族的灵牌。这个男子在他的妻族繁衍三代以后，至第四代，除永久性留下一支在妻族外，其余各支皆回归他原先所属的家族。这一习俗被称为"三代还宗"。① 另一种情况是，这位男子被"招"给女方之后，只是改换了他的灵牌，归属于妻族，但是并没有改换他原先所属家族的姓氏，这种习俗被称为"改灵不改姓"。

在《对蹠人》第二卷中，我们已经对这一习俗有所分析。② 如果我们摆脱传统的"女性的交换"的思维模式来看待这种习俗，也许可以将其看作一种新的婚姻规则。原先规则是一种"男性的继嗣"与"女性的交换"的规则，那么新规则的基本内涵就是"女性的继嗣"与"男性的交换"。由于任何一个婚姻集团都无法在生物学上保证自己的家族中的每一个家庭永远都有男孩出生，所以无论从理论上还是从实践上，只要外婚制存在，那么，同"男性的继嗣"与"女性的交换"一样，"女性的继嗣"与"男性的交换"便是永远存在的，虽然数量上有多少之分，但二者的地位与功能则是相同的。在某一社区内，总是存在着双重交换而不是单一的交换。

在这里，我们关注这种习俗的道德意义。在"女性的交换"的模式中，传统的观点认为馈赠女子的目的是为了得到同样的回报；而在这种"男性的交换"中，虽然并不排斥功利性目的，因为当出具男性的继嗣群在未来的某个时候缺乏男性的时候，它同样可以得到另外的集团的赠予；但是，由于在"三代还宗"的习俗中，男子在帮助其他继嗣群完成繁衍的任务以后又回到了他原先的继嗣群，这说明了一个继嗣群为另一个继嗣群出具男子并不是因为这个继嗣群男子过剩，而是为了对方的需要而善意提供的。基于另一集团求助的"赠予"行为与纯粹为了功利性的"交换"行为具有不同的性质：前者

---

① 摩哈苴的"三代还宗"的代数规定不是十分严格，有的第二代还宗，有的第三代还宗，有的第四代还宗。这主要看两个婚姻集团的约定。而留哪一支（大支、二支、小支等）在妻族，也由双方商定。

② 朱炳祥：《地域社会的构成》，中国社会科学出版社2018年版，第96—99页。

更倾向于一种道德关系的"善的交换"模式,后者则是利益关系的"礼物交换"模式。

这种婚姻集团之间的"善的交换"带来了亲属集团的结构化运动,它使继嗣群分化为更多的继嗣群,这种多元化消解了某些大继嗣群的拓展,遏制了社区内继嗣群之间的竞争趋势。摩哈苴彝族原先只有六个家族,即竹根鲁、山白草杞、松树李、葫芦李、大白花何、大白花张,而现有家族近20个,新增加的家族大部分都是内生的。在"女性的交换"与"男性的继嗣"的婚姻规则下,家族的数量是固定不变的,它有时还因绝嗣而减少,但永远不能增多。而在"女性的继嗣"与"男性的交换"的婚姻规则中,"改灵不改姓"的习俗却可以派生出新的家族。上述迤头下村供奉葫芦祖灵的鲁家就属于新增的家族。这位鲁姓村民的祖父属葫芦李家族,因其没有子嗣,便招竹根鲁一男子为婿。由于这位男子只改了灵牌,没有改变姓氏,于是从他开始以及他的子辈姓氏为"鲁",灵牌为"葫芦",就衍化为一个新的"葫芦鲁"家族。这个新的家族既区别于"竹根鲁",又区别于"葫芦李"。又如,竹根鲁家族的另一位男子招郎麦地平掌松树李家族,也是"改灵不改姓",于是衍化出一个"松树鲁"家族,当时已发展到4户①。再如,竹根鲁还有一名男子招郎大白花何家族亦是"改灵不改姓",又衍生出了"大白花鲁"家族,当时虽然只有2户,但却是一个新的家族。这样,仅就竹根鲁三位男子被招入三个不同家族松树李、葫芦李、大白花何而"改灵不改姓",就衍生出大白花鲁、松树鲁、葫芦鲁三个新的家族,如图4-8所示。

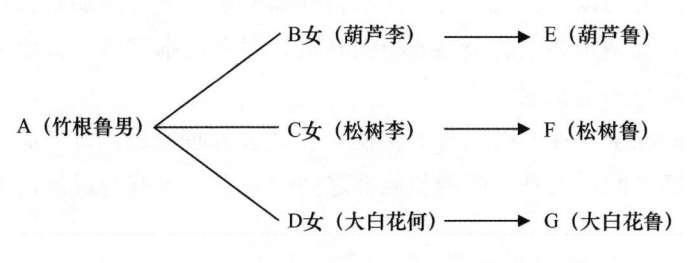

```
                    ┌─ B女(葫芦李) ──→ E(葫芦鲁)
                    │
A(竹根鲁男) ───────┼─ C女(松树李) ──→ F(松树鲁)
                    │
                    └─ D女(大白花何) ─→ G(大白花鲁)
```

图4-8 "改灵不改姓"衍生新的家族示意图

---

① 这4户"松树鲁"与原先居迤头上村的松树鲁不是一个家族。

图4-8中，原先的A、B、C、D四个家族，因为男子上门的"改灵不改姓"习俗，而衍化为A、B、C、D、E、F、G七个家族。

由不同继嗣群的外部联姻关系中的"善的交换"也同样体现在摩哈苴诸继嗣群内部的不同分支的关系之中。在普里查德所描述的努尔人那里，各个世系群之间是通过"世仇"的存在而达到均衡与控制的。一个"最小的世系群"裂变支会对抗同属一较小裂变支的另一个"最小世系群"；在另一种情况下，一个"较小世系群"所属的各最小世系群又会联合起来对抗另一"较小世系群"；"较大的世系群"与"最大的世系群"的情况也如此。通过政治制度中的这种结构运动，就可以达到"无国家社会"的政治控制，努尔人的政治制度的形式便通过这种结构运动而得到维持。要认识这种政治控制的本质，只要看其两端的状态。处于此端的"最小继嗣群"其常态也是"对抗"的，"联合"只是一种特殊情况的临时应对方式；而处于彼端的"最大继嗣群"由于没有居于其上的更大的继嗣群，它的常态也是"对抗"而非"联合"。所以普里查德笔下的这种制度的本质不是强调"联合"而是强调"对抗"。① 其后，弗里德曼在中国东南地区的福建、广东的宗族研究中，同样贯彻着这种"对抗—联合"模式。② 在他们那里无论是对抗还是联合，都是服从于利益关系的。摩哈苴的经验显示，无论是宗族的内部各分支之间的关系还是宗族与宗族之间的外部关系，重视的总是"联合"与"和谐"的一面。我在《地域社会的构成》中已经说过竹根鲁的两次搬迁的例证，显示了竹根鲁宗族（家族）在内部关系处理中扶持弱小的一支，即重视宗族内部各分支之间的均衡与和谐发展；在宗族外部关系中宁可削弱自己也要保持住与具有姻亲关系的宗族的稳固联盟，即重视本宗族与其他宗族之间的均衡与和谐发展。

我们说摩哈苴人用"善的交换"模式去处理家族内部的关系、家族与家族之间的关系、族群与族群之间的关系、民族与民族之间的关

---

① ［英］埃文思-普里查德：《努尔人》，褚建芳等译，华夏出版社2002年版。
② ［英］莫里斯·弗里德曼：《中国东南的宗族组织》，刘晓春译，上海人民出版社2000年版。

系，并不是说摩哈苴人完全没有竞争意识。但是，在他们的观念中，"竞争"的观念、"谋利"的观念、"权力"的观念相对较为淡薄，"团结""和谐""联合"的理念更为重要，前者服从后者。这些显示了摩哈苴人的人格特征与文化特征。在摩哈苴的田野工作中，我也用同样的方式与他们相处。我的田野工作从来不以金钱去交换当地人的讲述信息，他们也从来不因为向我提供了信息而向我索取金钱或财物。我与他们之间的交换不能用市场交换的"等价"原则来衡量。无论是我对他们超出付出的回报，还是他们对我超出付出的回报，都不是金钱问题，而是相互的善意表达。如果一定要在二者之间进行比较，那么可以肯定地说，我对他们出于救助穷困之心的那种情怀较之于他们对我出自人际和谐、相互尊重的那种情怀处于一个较低的位置。

十五　朵西的智慧与人格

在摩哈苴，我认识了两位朵西。一位是麦地平掌的朵西，年龄较我为小，我与他可以有平等的交流。另一位是龙树山的朵西，他是一位年逾六旬的长者，我需要仰视他。我跟随他们各参加了一场仪式。

第一场仪式是"行阴功"，是由龙树山的朵西主持的。所谓"行阴功"，是指某一个孩子在前世做了错事，到了今生就要受到报应，其特征就是生病。父母为他举行"行阴功"仪式，就是在做补救性工作，即用今生的"行善"来对消前世的"作恶"。

1995 年 8 月 7 日，我观看了龙树山的朵西给本村一对青年夫妇的两岁儿子行阴功的过程。这是在摩哈苴的山下一条峡谷的涧水上进行的。这条涧水上原先有一座"独木桥"，已经有一家在这里做了同样的仪式，加了一根木头成为"双木桥"，而这对夫妇要做的便是在上面再加一根木头成为"三木桥"，这样就更加方便行人，故而是"善事"。

主人家早早出发，从山上砍了一根木头已经放到了桥上。我首先从那座新桥上走了走，果然好了很多。朵西撒上一把三叉松毛，点燃三支香，烧一些纸钱。主人家杀一只鸡，把鸡毛撒些在三叉松毛上。

等到母亲抱着孩子磕了头,朵西就开始念经。这是仪式的第一阶段,称之为"先领生"(生祭)。然后将鸡肉煮熟,插一双筷子在上边,朵西再烧三支香,把鸡血倒在碗里放在桥头,并盛上一碗饭,接着又是念经。念完以后,朵西把一碗米、一碗茶叶、一碗鸡血、一盆鸡肉这四样东西分别双手端起来,朝天空祭拜四次。孩子的父亲和爷爷对着桥跪拜,孩子再次由他的母亲抱着磕了头。这是仪式的第二阶段,称之为"后回熟"(熟祭)。

这两个阶段完成以后,开始做饭,一边等待行人从这里经过。传统的规矩是:凡是第一个从这座新桥上走过去的男子,就是孩子的干爹,如果是女子,就是孩子的干妈;干爹或干妈要给孩子取一个名字。如果这一天等不到人,那么某些偶然现象所激发起来的想象,也可以进行象征性的释义而取名。大家在耐心地等待着,到了下午2点40分,有一男子背着一口袋粮食向这里走来。他不是从桥的那边来,而是从这边过到那边去。那男子在远处看到这里在进行着仪式,便绕道试图蹚水而过;但早已被孩子的爷爷看见,老人快步走过去紧紧抓住了他,将他的口袋放在地下,接着请他抽烟、喝酒。那男子也很快进入角色,接过酒来,朝头上举了举,再朝那座桥举了举,就开始畅饮,接着开始吃饭。席间男子给小孩取的名字叫"巧林";他说这个"巧"非常好,将来孩子的好运都应在这个"巧"字上,他的孩子都是以"巧"排名的(图4-9)。这里有一个风俗:做了小孩子的干爹就需要从自己的生命中分出一些年份来给这个孩子抵押他前世所犯下的错误,这个男子接受了命运的安排,也算是一件行善之事。

吃饭的时候,朵西仔细地看鸡嘴骨所显示的卦象,又在鸡的大腿骨的两个小孔内插入两根松针,这是一种"鸡卜",以验证这次仪式是否成功并且预示孩子的前途。朵西仔细研究了一番,说:"一切都好。"仪式便结束了。

我关注仪式中"生"与"死"之间、"前世"与"今生"之间的联系,趁着这个机会就向朵西请教。他告诉我,活着的人到一定时候死去,但并没有真正地死去,而是变成了"猫"。他说:

图4-9 路过的男子（右三）给孩子取名

  人死了以后人变不得、牛马变不得、猪羊变不得、老虎豹子变不得、豺狗变不得、狗变不得、鸡变不得、雀鸟变不得、蛇变不得、蚂蚁变不得、草根树皮变不得、山獐马鹿变不得、黄鼠狼变不得、野猪变不得。只能变猫，变猫守粮食。

  我不解为什么只能变"猫"而不能变其他事物，问朵西，他只说是上古传下来的。对这个问题，我也曾询问过其他朵西以及当地的老辈人和有文化的小学教师，他们都只说"人死后只能变猫，变猫守粮食"，没有理由。

  摩哈苴"猫"的故事含义丰富。在上述洪水神话中，它就出身不凡，生活在天上。当它被上天派下来为人类除害的时候，只因回答天公的问话时顾此失彼而被终生留在了地上。而在这个"人只能变猫"的故事中，猫的责任重大，又帮助人完成此世到彼世的过渡。在这种过渡中，人生并不是一个开端和结束的过程，而是一个"人—猫"的转换过程。这个模式可以将其抽象化：人作为一个物种，加入了宇宙大循环之中，"生"与"死"仅仅是同一本质的不同现象而已，生即死，死亦即生。经典物理学将事物区分为"存在"与"不存在"的分类方式在这里失效，"生"与"死"其实只是人的"存在"的两种不同的形式。正如一位诗人所言："死之隶属于生活，正如生一样。举足是走路，正如落足也是走路。"① 生命包括"生"与"死"两个方面，人类个体在自然界中进行生与死的交替，就是一种人与自然之间的和谐交换。在理性思维中，人总是将"死"作为"生"的对立面，"生"处于高位，是一种肯定的价值；"死"处于低位，是一种否定的价值。然而，如果人过于重视"生"的问题，将人的生存看得比别的物类的生存更为重要，忽略"死"的价值与意义，将会带来负面的发展效果，也就必然形成一种人高于万物的观念，形成人类永远统治自然界的人类中心主义。从这个角度上来看摩哈苴的"人"与"猫"之间的相互转换，我们又可以说，它不仅是一种解释智慧，更是我们"现代人"所缺乏的一种重要的生存智慧。

第二场仪式是"还阴账"，是由麦地平掌的朵西主持的。所谓"还阴账"，是指一个人在前世欠了别人的钱没有还，当他重新转世出生以后，那些鬼就会来找他还账，让他生病。他如果想要保住性命，免除病灾，就需要举行仪式把阴账还清。1995年8月11日我跟随麦地平掌朵西一起去老虎山观看仪式。

在老虎山的大庙旁有一块石头，这是大庙神位。先在这块神秘的石头前插上三叉松毛，点上三支香，放一碗米在中间，一碗酒在左边，一碗茶在右边。前面放一碗净水并点亮一盏灯，仪式开始。第一个程序同样是"先领生"。朵西将纸钱烧化在一碗净水中，吞入两口，第三口含在口中，然后抓一把米向周围撒一撒，就开始摇铃向四方叩拜。叩拜后将口中的水吞下去，此时祖师爷就附身了，朵西就开始"叫"（念咒）。据这位朵西事后说，如果不喝这三口纸钱水，就不能沟通阴阳，就"叫"不出来；喝了三口水就会进入迷狂状态，自动地"叫"起来，这时不"叫"反而会昏倒。"叫"

---

① [印度] 泰戈尔：《榕树》，冰心等译，人民文学出版社1987年版，第157页。

并非这位朵西在"叫",而是附身的祖师爷在"叫"。因此,如果祖师爷没有附身,也"叫"不出来。阴阳相隔一层纸,道理是一样的。朵西开始叫:

> 天公地母,太阴太阳,雷公大将,土地公公,观音老母,太上老君,龙王娘娘,阎王大将,牛王大将,马王大将,五方山神,灵魂娘娘,追魂童子,桥神路神,各路神仙,有灾化灾,有难化难,三灾八难,化向四方。

在等待做饭以及把鸡肉烧熟的间隙,朵西就在山上采药。他从杂草丛中识别出来几种草药,很快就采了一大把。这些草药的用途,他都能一一细分。草药是用于做完法事后给小孩服用的。既举行仪式求神保佑,也服用草药化解病痛,摩哈苴人将其称为"神药两解"。

半个多小时后,第二个程序"后回熟"开始了。他又喝了三口纸钱灰的水,将米饭与煮熟的鸡端起来,向四方举头叩拜请神。又将酒、茶、米同样向四方祭献,接着开始摇铃铛。但这一次他没有请到祖师爷,因为他"叫"不出来。仪式又从头开始,果然,第二次请来了祖师爷附身,他开始"叫"起来了,而且声音很大,有点异样,咒语与第一次相同。

第三个程序是"给魂",也称"叫魂"。咒语的前面依然是一大堆宗教神的称呼,然后说:"有灾化灾,有难化难,三灾八难,化向四方。魂回来了,魂回来了。"从山上引魂回家,小孩的祖父用一个簸箕端着,里面是小孩的魂魄;朵西一边走一边说:"顺顺溜溜进家来,顺顺溜溜进家来。"

此时,我走在朵西的身后,以为仪式已经结束,就和朵西说起话来。他没有回答我的问话。我以为他没有听见,继续问他,这时,他说:"现在我的祖师还在我身上,是不能回答你的问题的。"

进家以后,朵西打了三次卦,得到一反一正的吉卦,他就说:"天地三界保佑了。"然后,他给那个可怜的孩子戴上一顶帽子,口中说道："穿衣吃饭，快快长大，左手抓金，右手抓银。三灾八难消解，三魂七魄归身。千年大吉，万年大吉。"那孩子非常听话，就开始抓饭吃，喂他的酒也喝了，剥给他的鸡蛋也吃了。然后，大家也接着吃饭喝酒。

饭后，还有开彩门的"鸡卜"仪式：将那鸡的大腿骨上的两个孔插上松针，根据松针显示的形状看此次仪式效果。朵西反复察看，对主人家说："做得非常好，并且这个月有外财。"接着，他又反复观察那鸡骨的形状，兴奋地说："今天就有人来，我们吃完饭就有人来。"主人家问来人是干什么的，朵西回答说："是来谈生意的，你要发财了。"全家人既惊喜又疑虑，一直在等待着，看是否有人来，但是根本没有应验。

我对"还阴账"仪式中所显示的这位朵西的人性与神性的交织颇为感慨。他在第二次喝了纸钱水以后，没有"叫"出来，这就等于说，程序失败了。但他坦诚地说明了这一点。这也表明，"叫"得出来（祖师爷附身）与"叫"不出来（祖师爷没有附身）在朵西的感觉中是具有明显区别的，他服从了这种宗教感觉，没有欺骗自己，也没有欺骗别人。他这样做需要将现实的世俗利益完全丢弃在一边，因为这会引起村民对他的能力的怀疑，而他完全无视这一点。在"鸡卜"的问题上，表现得更为充分。当他看了鸡卜说出饭后就有人来谈生意的话，是极其冒险的；因为它会受到即时性检验，如果并未应验，那么村民们就会失去对他的信任。但是他丝毫不考虑这一后果，仍然按照他所理解的卦象这么说了。这里补叙一下他成为朵西的过程。在摩哈苴，一个人走上朵西道路有三种情况，一是祖传，二是阴传，三是学成。祖传最好，阴传次之，学成又次之。所谓"祖传"，是指父亲是巫师，在他年迈的时候就选定一个儿子当继承人。所谓"阴传"，是指如果一个人生病长期不愈，在一种询问神灵的仪式中得知神意是让他做朵西，那么他就必须担负起这个责任，而他的病也会随之痊愈。所谓"学成"，是指没有家庭背景和个人生病经历，由拜师学艺而成为朵西。这位朵西的道路是"阴传"，他原来生病，成为朵西以后病愈。

对于从山上归来途中没有回答我问话之事，这位朵西后来向我解释说，祖师爷附身的状态，不能回答世俗的问题，因为那时的他，代表的不是他自己，他处在神圣世界之中。不过，既然祖师爷附身，代表着神，他完全可以不理睬我，为什么当时又要说话呢？他似乎没有将一个外乡人完全当成一个世俗的人。一个外乡人，当地人并不知道他"是什么"，他身上同样存在着一些神秘的色彩，这种神秘的色彩，也成为"神"的构成要素。如果是这样，那么我与他又可以进行某种比较：我用一种"科学"的态度去观看他的仪式，就此而言，我对于他主持的宗教仪式采取的是一种俯视的态度。进一步说，我在进行着某种研究，但这种研究并不服务于当地人，而是服务于我的学科，有利于我作为人类学者的一种成长，我因此可以得到某种私利。而他，这位朵西，将一个并不熟悉的外地人，在祖师爷附体的状态中，抽身去和他说话，将他同样当作了某种类似于"神"的人。这就是说，我看低了他，他却看高了我，两相对比，这位朵西较之于作为"知识人"的我显然表现出了更高的人格美。

十六　生活等于生活

我在摩哈苴的田野工作中，几乎每天都有新的感触与感慨，感触最深、感慨最多的，是他们那种至简的物质生活。我既关注这种物质生活所达到的接近于当代一些哲学家所推崇的"极点生活方式"的程度，更关注他们对于这种至简生活的态度。

在《地域社会的构成》中，我曾经引述过 2002 年寒假我在摩哈苴田野工作期间，一位村民曾向我讲述的摩哈苴人的生活诉求：

> 一个人能够有一套有个客能够接待的衣服，有一套好一点的衣服，上街能够穿的。冬天有棉衣。纯收入一年个人平均 1000 元。菜就是多样了，两三天吃一顿肉。住上瓦房，不要漏雨。一家最少三间房，一般还要一间厨房，基本上四五个人才好住。老的在正堂里住，小的两边，讨媳妇也好，姑娘也好，就好住了。

达到这个标准基本上就可以了。①

我们也许会说，这些要求实在太低了。但在这种需求中，衣、食、住、行以及个人尊严都已经包括在内。我在摩哈苴常常路遇放牧老人，腰间挂着一个葫芦，披着棕衣，牛群里有几只羊和几头猪，或者猪群里有几只羊和几头牛。他们的家里还养着鸡、鸭、鹅。他的老伴、儿子、媳妇还在地里种苞谷、荞子、洋芋、小麦；有闲空的时候，家里的女人们也常到山上去采些蘑菇、木耳，或者自己食用，或者到市场上卖掉。而他和他的儿子有时拿上猎枪，到森林里去碰碰运气。这就是摩哈苴的生产方式和生活方式。下面是一组摩哈苴简单生活的图片（图 4-10 至图 4-22）。

图 4-10　生火做饭

---

① 朱炳祥：《地域社会的构成》，中国社会科学出版社 2018 年版，第 237 页。

图4-11 土墙外的蜂箱

图4-12 山上流下来的自然水

图4-13　自家蒸米酒

图4-14　乐观的赶驴人

图 4-15　青年男女的跳歌

图 4-16　水磨

图4-17 美味佳肴

图4-18 建在山坡上的房舍

第四篇　摩哈苴彝族村 | 89

图 4-19　羊圈

图 4-20　赶街归来的进山途中

图 4-21　背草的女子

图 4-22　"好一点的衣服"

下面，是摩哈苴几位村民关于家庭经济生活的直接陈述，都是2001年度数字。这些讲述内容全部是原话记录。材料是零散的，不完整的，计算也是不精确的，但他们的简单生活的基本状态可以很清晰地从中反映出来。

（一）2002年2月8日背阴地村民LGZ讲述

基本情况：家庭人口2人，户主LGZ，62岁，属蛇，初小四年；妻59岁，属羊。

（一）经济收入

1. 牲畜饲养：猪4头，鸡大小13只，狗1条。猪：杀一头，80斤，自食。鸡一年卖10只，100多元，6元一斤。原来赶马，现在不赶马了。

2. 经济林木：核桃2棵，100公斤，收入250元。茶叶10公斤，收入40多元。棕树30棵，剥棕自用，打棕衣3领。凤尾竹3棚。梨3棵，自吃。

3. 田地①农产：田地2亩1分。田：4分半，种苞谷，收100公斤。地：1亩7分，大春②300多公斤，小春200多公斤。山荒地不种了。自留地：种洋芋一亩，收100公斤，自食。菜地：7分，种青菜，葱、蒜等，自食。

4. 草席子自已打5床，草篮自编12个。

5. 儿子外援，每年200元。

（二）经济支出

1. 买米500斤，每斤9角。衣：自己不买，由儿子买，一年每人各一套，一套100元。盐：买50斤，每一公斤1元2角。

---

① 摩哈苴的田地分为三种："田"指山坡上被改造好的梯田，"地"指已被开垦可种庄稼的山坡地，"山荒地"指山上尚未开垦的、杂草灌木丛生的荒地。

② "大春作物"指春夏种植、当年收获的作物，"小春作物"指第一年播种、第二年初夏收获的作物。在云南，"大春作物"主要指稻谷和苞谷，"小春作物"主要指小麦和蚕豆。

酒：70多公斤，2001年办喜事，嫁女儿。烟：一年10条，每条5元。姜：3斤。白酒一年买10公斤。

2. 电费一个月平均5度，一度9角。不买电池，也不用蜡烛，停电就烧火照明。医药费：200元。香纸：30多元。年画15元。买了40个小碗（办喜事用）16元。打菜油20斤，一斤2元8角。

3. 生产费用：化肥尿素一袋，普钙2袋，复合肥1袋。农药：不用。健壮素：儿子买给一支。犁头一只20元，锄头一把，镰刀两把，帽子两顶。

4. 2001年嫁女儿花费2600元（借来），接礼钱1800元，差800元借款，办事后还完了。

（二）2002年2月8日马家村村民MCL讲述

基本情况：家庭人口4人，户主MCL，33岁，属猪，初中毕业；妻属鼠；长子4岁，属牛；次子1岁，属蛇。

（一）经济收入

1. 牲畜饲养：绵羊3只，猪6头，鸡10多只。杀猪：建房杀3头猪，一头120斤。

2. 经济林木：核桃没有，茶叶2亩地，收15斤，自吃。棕10棵，做棕衣5领。

3. 田地农产：2亩1分份地，大春300公斤，小春300公斤。自留地8分，换了建房地。菜地1分，种青菜、萝卜、葱。山地一亩，种洋芋100斤。

4. 打工：井下工，4个月收入1000元，每天得7—8元。

（二）经济支出

1. 衣：去年未买衣，省钱盖房子。盐：一年50公斤。酒：一年买200元，建房用，一斤1元7角。糖：一年40—50斤，每斤2元。姜：10斤。录音机：1995年买，开支200元。

2. 电费一个月3度，每度9角。不用蜡烛，停电就黑蒙蒙在家。电池一个月一对。医药费去年没有。兽医费一年两次，一次 10 元。碗买了 30 个，开支 30 元。锅 24 元。

3. 生产费用：尿素两袋，普钙 4 袋。农药：敌敌畏两瓶，一瓶 5 元。锄头一把，镰刀一把。

4. 专项支出：2001 年建房：建房要用 8000 元（讲述之时尚未完工），借款 2000 元，原有存款 2000 元，另外，原材料早先已经存有一些。

（三）2002 年 2 月 5 日何家村村民 HYL 讲述

基本情况：家庭人口 5 人，户主 HYL，67 岁，属猪，高小六年，1956 年参加工作，在兔街乡财政所，1982 年回村。妻子 66 岁，属鼠。长子 45 岁，属鸡，初中毕业，2001 年 8 月因心脏病去世。儿媳 44 岁，属狗，小学 4 年，生二女。大孙女 20 岁，属狗，小学毕业，未嫁，务农。二孙女 18 岁，属鼠，初中毕业，考上南华县高中，因贫困未读。去元谋县一公司做工 20 天，因老板不发工钱返乡。次子 38 岁，属兔，初中毕业，任兔街林业站站长。三子 29 岁，属鼠，初中毕业，未婚，现为南华县徐营电信所所长。

（一）经济收入

1. 牲畜饲养：牛 5 条，其中水牛 1 条，黄牛 4 条。猪 8 头，鸡 40 只。2001 年杀猪 2 头，500 斤，自食。卖架子猪一头 100 斤，一斤 2—3 元。粮：卖掉 400—500 斤，每 100 斤 50 元。鸡一年卖 40—50 元。茶叶一年收入 400—500 元。做豆腐卖一年收入 400 元。牛 2—3 年卖一条，600—700 元。

2. 经济林木：核桃 8 棵挂果，一年收入 500 元，每斤 4 元。茶叶地 4—5 亩，一年卖 100 斤，4—5 元一斤。李子：挂果一棵，收 20 斤。花红：原有 6 棵，产 10 多斤。梨 6—7 棵，产 300—400 斤，车路不通，卖不出去。堂梨：1 棵，结果 40—50 斤，自食。竹子：大龙竹 1 棚，吃笋子，凤尾竹 1 棚。棕树 20—30 棵，剥棕 40—50 斤，一斤 5 角。核桃一年收入 500—600 元。香菌、木耳20斤，自食。

3. 田地农产：份地11亩，现劳力缺，只种8亩，给别人种3亩5分。8亩地大春作物一亩400—500斤，小春一亩200斤。自留饲料地1亩，种蚕豆、豌豆、黄豆。自留菜地3分3，种青菜、白菜、辣子、葱等。有4—5亩山荒地，山荒地空着，劳力不足，不耕种。

4. 两个儿子扶持家用1300元。

（二）经济支出

1. 衣：全家一年一人一套，每套40—50元，加上鞋子，总支出300元。针线100元。食：每年买米200斤，酒一个月4斤，2元一斤。烟一个月一条，7元。盐一年100斤，56元。糖：一个月一公斤，4元。酒药：一年20元，一个月2包。姜：一年20斤，每斤3角，共6元。

2. 加工费（磨米磨面每100斤7元）共100元。电费，每个月5元，每度电5角8分。电池一年70元，一个月4对。医药费一年100元，畜医40—50元。一年香纸10元，年画10元。电视机：黑白机已买了五六年，是三儿子买的，600元；坏了，又换彩电（长虹牌20寸），用了两年，也是三儿子买的。大录音机，三儿子买的，用了六七年了。

3. 生产费用：化肥：尿素3袋，一袋70元，共210元。普钙一袋28元。农药：敌敌畏2瓶，3元一瓶，共6元。犁头一把20元。锄头一把12元。镰刀两把6元。斧子2—3把，每把4—5元。雨帽3顶，每顶2元，共6元。雨伞一把6—7元。

4. 红白喜事送礼200元，一般每次送10元。

作为一种"存在物"，人的生命的维持，其实并不需要过多的物质资料，衣食住行是有限的。与经济发达的城市生活相比，以及与发达国家人民的生活水准相比，摩哈苴人堪称贫穷。人类学者并不歌颂贫穷，贫穷也不产生高尚。在摩哈苴的田野工作中，同情是我最强烈的感情，我觉得没有什么能够比结束贫困更为重要的了，而且在力所能及的范围内也施以援手。在国家脱贫政策的影响下，摩哈苴也在快速改变。我在这里仅是将摩哈苴人的物质生活作为一个话题，来引发对于整体物质资源与人类物质消费水平如何达到平衡与协调的一般性思考；并以此作为一面镜子，来观照人类的物质生活状态与自然环境的一般性关系。

人类历史在大部分的时间内是一种"索取型"的经济，包括采集和狩猎活动。这是指从自然界直接取得生活资料的生产类型。自新石器时代以来，转换为"生产型"，包括农业、畜业、牧业、手工业，这是指通过人的创造性劳动"生产"出自然界不具备的生活资料的生产类型。在摩哈苴，这两种生产方式并存着，其生产活动方式有采集、狩猎、农业、畜业、牧业、手工业共六种，其中主要是农业生产的收入。在总体上，这些产出与消费大体上是平衡的，他们可以把自己的生活调配得很好。早上起来喝一碗甜麦酒，中午或者吃面果，或者吃苞谷洋芋，有时也吃白米饭，再炒上一盆蘑菇，煮一盆青菜南瓜汤，山里的菌子之类也都是饭桌上的常菜。青菜、南瓜、洋芋都有一种柔和的甜味，这是城市生活中吃不到的。一周内也可以吃上几次腊肉，遇上节日或其他什么事，还可以吃上鸡肉。他们的食物也是多样化的，这非常有益于健康。摩哈苴人的寿命普遍较长。我在摩哈苴的生活，与他们同吃同住，并没有不适应的感觉，更没有艰苦的感觉，反倒感觉这种食谱比城市生活要好些。那里的饭菜可口，以至于我回武汉时每次都带少许南瓜与土豆。他们可以吃得饱，吃得好。衣服虽然少一些，但基本可以穿得暖，并没有受冻馁而伤害身体事件发生。他们的衣服也许并不好看，例如棕衣，穿起来像一头大熊，这是我们的审美观所不喜欢的，但这是我们对于事物用了太多的"现代"观念去观察事物。在当地，棕衣有着多种功能，如避风避雨、抵御严寒；放牧时可以垫腰垫背，也可以当作移动床那样铺在山坡上睡觉；甚至可以阻吓野兽、起到自我保护的作用。

以上，就是摩哈苴人世世代代过着的适应自然的生活。列维-斯特劳斯曾经说过一种"手帕层次的生活"：要活着，所需也非常少。一点空间，一点食物，一点欢乐，几样用品和工具，这是手帕层次的生活。但另一方面这里也似乎不缺乏灵魂，人们有着宗教信仰，举头三尺有神明。① 在这种"自发的朴素"生活方式中，生态环境日益受到重视，人类与其他动物以及整个自然界和谐相处的思想取代了"征服"自然的观念。如同所有其他形式的生命一样，人类也是地球上的过客，所以有责任最大限度地保护自然。在这个基础之上建立起判别人类活动的善恶的道德标准，道德上的最高的"善"，就是尽量地减少能量耗费。我们将能够满足人类基本物质需要的简单生活看作是一种"生活等于生活"的模式，这里所说的"生活等于生活"，是与对于物质生活过度奢靡消费的生活相比较而言，也是与当代社会中将物质生活转换为符号的象征交换生活相比较而言。摩哈苴人的生活大体接近于这种生活模式。"生活等于生活"的模式的意义，在于支持环境系统的正常运行，从人类的终极前途出发节制个体的超限度的享受，满怀爱意地支持所有生命的继续发展。而当代消费社会则把消费作为目的，追求财产、纵情行乐、沉迷于享受，这极易造成对于人类生活本质的颠倒理解。

在"生活等于生活"的模式中，也发展了个体的自由。这里没有紧张的生活节奏，极少争权夺利的计谋。在摩哈苴，抱着一只鸡，甚至只是拿了自家生产的几个鸡蛋、一把青椒、一个自己编织的棕衣和一个自制的葫芦笙，花上一天的时间，走几十里山路，到寅街或兔街市场上去卖掉它们。时间在这里并没有特别的重要性，卖多少钱根本不重要。在这样一种市场交换中，没有尔虞我诈，没有你争我骗，很多时候都是由买者自愿出价，大家的心情是愉悦的。"自由"在摩哈苴人那里，是时间与空间之中个人意志的呈现，是人的物质需要和精神需要的平衡与和谐。

十七 "客观性"与"主观性"

我在摩哈苴田野工作的最大收获是感情的收获：我赞赏他们发自

---

① ［法］列维-斯特劳斯：《忧郁的热带》，王志明译，生活·读书·新知三联书店2000年版，第168页。

内心的善意，推崇他们无意识的真诚与直率，歌颂他们自我节制的崇高——虽然希望他们尽快改变贫困的处境。与此同时，我也收获了对于学科思想的一些理解。

我在进入摩哈苴的初期，是抱着寻找客观性的想法遵循着人类学教科书上所教导的"参与观察"与"访谈"的方法去工作，在意识中总是感觉到有一个"客观"的东西在那里，我们的"主观"只是去认识，并且要符合客观才是正确的、科学的。后来，我才逐渐感觉到根本就没有什么客观性，因为客观性总是与主观性纠缠在一起，无法分开。再后来，我进一步认为，将主观性作为田野工作与民族志写作的性质更为准确，因为客观性可以被包含于主观性之内，而主观性却无法被包含于客观性之内。人类是符号的动物，我们只能通过符号去把握事物、认识事物，当实际存在的事物进入我们头脑的时候，它经过了符号的折射，总是出现重叠、变形、抽象，进而成为一种主观的意象。

在这一过程中，我的观念发生了重大的变化。有一件简单的事情很具有启发性。1995年暑假在摩哈苴田野工作的日子里，我每天早晨都要拿着洗漱用具从村庄的一个池塘里舀一盆水，然后爬上一个高坡面对着东方的朝霞洗漱，这是我感受和体验田野情趣的一种方式。那高坡的视野非常开阔，我每天都看到朝霞非常美。有一天，东方的天空那一片朝霞灿烂辉煌，我立即照了一张相。回到武汉之后，我将几卷照片冲洗出来，摊在桌上仔细观赏，一边回忆和咀嚼照片所提供的田野工作记忆。忽然，我发现一张非常陌生的照片，一张类似火山喷发的照片（图4-23）。我十分奇怪，因为我从未见过火山，更不用说照相。我猜测是洗相馆将其他人的照片错放了。于是就将这一张照片抽出来放在了一边，准备退还给洗相馆。

隔了几天，当我再次拿出这张照片准备送回去的时候，我无意间转动了一下方向，原先的照片却奇迹地变幻成另一张照片：远处是黛色的群山，山峰上边是一片火红的朝霞。啊——，这正是我那天早上在高坡上洗脸时看到的东方天空中的景致（图4-24）！我重新转过来，它又变成了一座正在喷发的活火山。这使我马上想起一次相似的

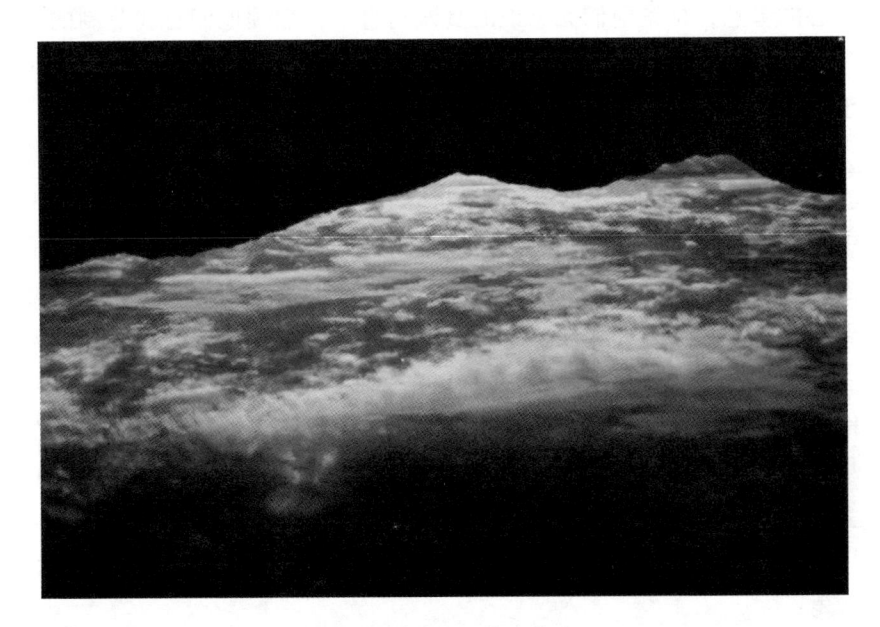

图 4-23 照片上的"火山"

图 4-24 摩哈苴晨光中的朝霞

经历：那是我在操场上跑步，看到有一个人用双脚勾住双杠倒挂着。我看到那张脸非常的奇怪，简直是好笑透顶。嘴在上边，露出一个大窟窿；眼睛在下边，一张一合地闪动着；中间那个鼻子是两个丑陋的小圆洞。我当时想，美学家们说人是最美的，难道就是这个样子吗？等我跑步歇下来的时候，那人已经翻坐在双杠上了。哦——，他原来是我认识的一个熟人！

"朝霞"变"火山"、"火山"变"朝霞"的启示使我不再绝对相信视觉"看"（观察）的功能：同一种事物或现象，在我们不同的视角下，变成了两种完全不同的表象，而这种不同的表象又被我们用于指称不同的事物。任何一个田野工作者切勿过于相信自己的眼睛，所谓"参与观察"，并不是一种真正达到"客观性"的方法。事物是多侧面的、多层次的，而我们的眼睛的视角只能看到一个侧面、并且也无法看到深处的东西。进一步说，我们的理性思维能力更是有限的，它只能凭借逻辑去推论、靠想象去猜测。从这个意义上说，"客观的"东西只能在我们的主观中存在。任何一个民族志者，都不能说他自己写出的文字代表了所谓的"异文化"本身。

我对于摩哈苴文化，的确也有所"发现"，我开头以为这些"发现"是客观的，因为它就在那里。比如，我在进入摩哈苴的第一天，就从当地人对外来人的欢迎态度以及那个彝族青年带领我去感受摩哈苴的夜色中领悟到他们对于外来人的善意，随后在对摩哈苴祖灵与神话的考察中发现了"葫芦"所包含的"报本"信念，接着又发现了"男性的交换"中所包含着的"善的交换"理念，发现了巫师单纯而坦诚的行事方式中所包含的人格善与人性美。我还发现了摩哈苴人与人相处、家族与家族相处的和谐态度，以及发现了他们对待人与动物相处、人与自然相处相互尊重的共生理念。这些"善"与"和谐"的文化现象，存在于摩哈苴文化之中，是区别于其他某些文化的不同的特征，我——作为一个田野工作者进入摩哈苴以后，凭着我的感觉器官听到、看到、触摸到这些文化事象。但是，彝族文化研究所的几位研究人员，在20世纪80年代，也曾在摩哈苴作过调查，我问他们有什么发现，他们关注的则是其他文化事象。我这才明白，我的"发现"，是我从摩哈苴文化中选择出来的"发现"；而别人则选择了别的文化现象。这种选择性"发现"是受到我们的主观性影响的，带有很强烈的个体禀赋与个性特征。我的理想主义情结促使我在田野工作中寻找理想的因素，于是在田野工作中就更多地看到这些"善"与"和谐"的文化事象。就像美国人类学家雷德菲尔德和刘易斯在墨西哥同一个泰普斯特朗村庄发现了相反的文化现象一样：雷德菲尔德带回来的，是村庄的和谐图景，而刘易斯带回来的是村庄的竞争图景。当然，我们不能否定客观事物本身的区别性，但对于田野工作者来说，同样不能否定的是，他们只选择他们所感兴趣的文化现象进行观察与倾听，他们的主观条件决定了他们的选择方向。

当田野材料被研究者的主观性选择出来以后，他们接着所进行的解释工作主观性就更强了。为了使这种解释能够圆通与透达，民族志者在进行着拼凑和串接的工作；甚至遇到"河流"挡路，也可以创造出"人工桥梁"来完成过渡。我当时就是这样思考问题的。上文所提到的"葫芦""虎""山神"等文化符号的选择与解释可以说明。

在摩哈苴的田野工作中，我最先接触到的文化符号就是"葫芦"。摩哈苴的"葫芦"具有创世与造人功能，而"虎"也有这种功能，在摩哈苴文化中，正好出现了"虎头葫芦瓢"这个文化符号，它将"葫芦"与"虎"自然地联系起来了。——请注意我这里的话语表述："它将'葫芦'与'虎'自然地联系起来了"，这看起来是一个客观现象，而实际上是一种主观的联结，最准确的表述应该是："我认为，它将'葫芦'与'虎'自然地联系起来了。"但我没有这么说。传统民族志就是这么表述问题的，所以我们看到的作者的表述就认为它就是当地文化的客观事实。接着，我又建构了"虎头葫芦瓢"和"山神"这两个文化符号之间的联系。我在摩哈苴每天在群山中各个村庄之间行走都会经过五六个甚至十几个山神庙，我就想："山神"能与"葫芦"及"虎"发生关联吗？于是，这个"头脑灵活的我"，就有意识地去寻找相关的文化事实。当听到李发高讲述山神庙中过去有一幅画，而且他的孙子为我画出这幅画的时候，我大喜过望，因为它在我看来既是从"虎"到"山神"的时间上的过渡，也是"葫芦""虎""山神"三个文化符号的空间上的重叠。而且，我认为当地的"山神老爷不开口，老虎豹子不咬羊"的谚语以及山神手中捧着的"葫芦"，都说明了我早些时候提出的"文化叠合论"具有普遍的解释力。这样，在一种主观意识之下，我将李存金所画"山神庙画像"这个共时性呈现在我们面前的文化符号，看作是"葫芦—虎头葫芦瓢—山神"这一历时性变迁过程的生动体现。

然而，"刨根问底的我"并不满足于此，我还在寻找其他证据，以便使这一链条的逻辑更加丰富与完整。在千寻百觅之中，不知什么时候，我的注意力凝视于摩哈苴的"家神"。摩哈苴每家每户在正堂的墙上贴着一张大红纸，中书"天地君亲师"位，这就是家神。"天"指天神，"地"指地祇，"君"指最高统治者，"亲"指家族祖先，"师"指老师。在家神位的两边，书写"招财童子，进宝郎君"两竖条幅，有的写作"招财童子，利市仙官"。这是第一部分内容。除此之外，在家神的左边，是祖先灵位，竖写一行小字："本音某氏堂上历代宗祖内外姻亲考妣香席位"。在祖先灵位的两边，亦写两竖条幅，分别为"宗功丕显"，"祖德流芳"。在家神的右边，是灶君位，书："九天东厨司命灶王府君之神位"，两边也有对联："上天做好事"，"下地降吉祥"。这个以摩哈苴的家神为主体的全部文化符号就贴在正墙上的那一张红纸上。这张红纸的下方则是供台，供台上放置葫芦、竹根、松树、粗糠木、大白花、山白草等制成的图腾祖先灵位（图4-25），进一步突出和强调了"家神"中的"亲"的民族文化来源。

这样，我就将"家神"看作是一个综合性的文化符号，它包含了多重文化内涵。我又想，如果能将"山神"与"家神"之间建立起联系那就更好了，这样，历时性发展的序列就可以扩展为四项而不是只有三项。这时，"聪明的我"很快就想到可以通过"天地君亲师"中的"地"的解释完成这个艰难的过渡。"地"就是"地祇"，"地祇"的含义广泛，它应该包括"山神"在内。于是，通过这种推测，我在摩哈苴实地看到的几个文化符号就被这个"智慧的我"在头脑中排列成"葫芦祖灵—虎头葫芦瓢—虎—山神庙画像—山神—地祇

图 4-25　摩哈苴的家神

（由'天地君亲师'中的'地'所显示）—家神"的发展顺序，它成为一个有意义的、整齐好看的形式。于是，通过我对摩哈苴文化事象进行选择、剪接、拼凑，"共时性呈现"的文化结构就被我"历时性还原"为一个完整的、具有历史与逻辑统一性的发展过程。

通过上面对"自我"的简要分析，可以看到，无论是"头脑灵活的我"和"刨根问底的我"，还是"聪明的我"和"智慧的我"，都说明我的研究的主观性质。我所建构的摩哈苴文化那个公式化的发展序列，正是主观对于客观的建构，是我对摩哈苴文化符号的主观性解释。

总之，经过了早期摩哈苴田野工作中的彷徨与反思，我已经认识到民族志所研究的"异文化"本身不是始源性存在，因为它对其本身不能有所察觉和揭示，"异文化"的概念只能在与民族志学者的联系中由其领悟和揭示，研究工作仅是一种主观对于客观的分析、解释与建构。在这里，我取得了个人的思想进展。

第五篇　捞车土家族村

十八　天浴

　　自1993年之后，田野考察成为我的一项自觉行动和重要习惯，成为我生活中不可或缺的组成部分。我每年的寒暑假全部用于田野工作，数十年中只有个别例外。而且，在教学工作可以调开的时候，我还可以争取到更多的田野考察时间。1997年寒假，湖北民族学院土家族研究所所长陈湘锋教授组织团队去湘西考察，邀约我与他们结伴同行。

　　从飞机上看长江，宛如一条狭窄的小河，弯弯曲曲伴绕着农田与村庄。到达鄂西山区上空时，峡谷山峦才渐渐显现出大写意气象。这几天下了一场雪，山头积雪未化，一缕一缕规则地排列着。雨、雪、冰、霜、雾、霰，本都是水汽在不同的温度和一些特殊条件下形成的，只是由于结构形式相异并在外表上呈现不同样貌，人们就将它们看成不同的事物。

　　从恩施机场乘车到市内舞阳坝，然后坐上一种被称为"麻木"的机动三轮车去湖北民族学院。车厢是一个方方正正的箱子，有红、黄、白三种颜色；人被塞进去以后，司机立即开动机器"轰轰轰"地狂奔。里面的人东倒西歪，麻木感即刻到来。因人的感觉而给事物命名，是一种很不错的方式。

　　到了陈湘锋老师的家，奶奶是一位79岁的老人，康健而热情。她让孙子给我削苹果，自己要去给我煮面条。我反复说明已经吃过饭了，她才坐下来和我聊天。她先是说她儿子这几天一直在念叨，说武汉的一位老师来，他要去接。"你今天怎么没有告诉他钟点就来了？"她责怪着我。接着，她说她没有文化，过去女孩都不许读书，她也没有读书。她又说她的父亲与贺龙关系很好，她就喊贺龙"叔叔"。"贺龙常来家里，我就给他做鞋子。国民党抓他，他在我们家躲了半个多月。贺龙一走，国民党就把我父亲抓去了，是村里人把他保回来的。抓了好几次呢，于是就躲到长沙去避难好多年。"她看到我拿着本子记录，就说："你喜欢听，我再讲。"后来他孙子来了，说人家有事你别讲啦，她就不讲了。

等着动身去湘西，可是下雨走不成，第二天陈老师说同我去看博物馆。恩施地区建始县高坪出土的有100多万年前的南方古猿化石，新石器时代有巴东城背溪出土的7000年前的城背溪文化遗存和5000年前的大溪文化遗存。城背溪文化最典型的特征是绳纹布满了器物外表，大溪文化的特点是光面器物，没有纹饰。王馆长介绍说，有南北两个文化圈，南为酉水流域，北为清江流域，此处的文化既有保持南北固定风格的器物遗存，又有南北交融而产生的新的文化现象。我听懂了他的意思：当两种文化交流时，是按照"1+1=3"的方式衍变的。

我对此地古代盛行的崖葬很感兴趣。王馆长介绍说，崖葬可以分为四种类型：一是插桩式，这是最典型的崖葬。最早是在战国时期出现。二是崖墩葬，自然的崖墩，将棺木放在上面。三是崖洞葬，葬在自然的崖洞中，有的洞中有十几具棺木，可能是一个家族世代传承下来的。年代是东汉到元、明。四是崖穴葬，是用人工的方式打出洞穴，从唐、宋时期起就有这种墓葬。土家先民让自己回归山崖，并不占地为坟，这是一种节约资源的方式。而现代社会有的人却要花费大量钱财去购买风水宝地，还要修建大型坟墓，想死后继续过那种荣华富贵的生活。人为何如此贪婪呢？特别是那些帝王，简直愚蠢之至，用数不清的宝贝陪葬，殊不知这葬品越多，后面的人越要挖他的墓，连嶙峋的枯骨也被身首分置扔在野外。作为人类学者，学术理念与个人实践应该是一致的，我已经写下了遗嘱："我死后，不告亲友，不举行任何仪式，骨灰撒入长江，流经长江下游我父母的坟墓旁，向双亲告别，然后回归大海。"

中午吃饭时有酒。陈老师喝了酒，话就多起来，他指着桌上的一碗萝卜羊肉说："土家人实在，把羊肉放在下边，萝卜放在上边；有些地方的人反过来放，看上去像是一满碗羊肉。"又对我说："平时奶奶在家说话，大家烦她。昨天她说：'你们烦我，可朱老师认真听，还记在本上呢。'"

晚饭吃合渣。到了一家"张官合渣店"，大家围着一张不到半米高的矮桌郑重其事地坐下来。我以为合渣就是豆腐渣，其实不然，它的俗号叫"懒豆腐"。发明者是一个懒汉，豆腐快成了，他懒了，说："就这样吃吧。"一吃，别有风味，于是沿袭下来，成为一道名菜。我第一次吃，的确很可口，感慨人其实不必过于忙碌，有时懒一点反倒能创造出好东西来。后来又有几次去土家族调查，途经恩施，务必要吃到懒豆腐。

仍然是冬雨不断，第三天还是等待。中午在门口的餐馆买了一盘土豆，一个汤，加一碗饭，共四块钱。第四天还是等待，中午吃的是鸡蛋面条，三块五。

连续几天进出学校的大门，门前等在那里的几位"麻木"司机也已经面熟。我问他们价钱，他们说，到舞阳坝一人三块，二人四块，三人五块。那天搭我来的司机也在这里，我说上次你可是收了我五块，他笑着说："那时我不认识你。你再坐，我只收三块。"认识和不认识，为什么有区别，而且区别还这么大呢？

陈老师终于下了决心："不等了！再大的雨也要出发！"第五天早上6点起床，6点半开车。司机也姓陈，车开得很快，8点40分到了宣恩一家小店吃早饭。问坐在门口的店主有什么吃的。

"没得。"店主回答。

"有豆浆油条吗？"

"没得。"

"有饼子吗？"

"没得。"

"那有什么吃的？"

"有稀饭。"店主用手一指,他坐在那里一直不动。

这时我发现食品柜中有面条,就说:

"鸡蛋下面条。"

"没得鸡蛋,要去买。"

"有白菜放一点也可以。"

"没得,今天赶场就去买。"

我们又看见篮子里有青菜。于是,每人要了一碗清汤面,上面漂着几片青青绿绿的菜叶,色味都好。

回到车上,大家议论说这个店主不会做生意,只会说"没得,没得",干脆改成"没得店"最好。

12点40分,从湖北来凤县过酉水去湖南龙山县。这一段正在修桥,临时开出一条土路供车辆通行。由于连日下雨,前面一段泥泞的道路上几十辆车子被胶住,扎成了堆。路面凹凸不平,陈师傅控制不了方向,车子几乎是斜横着前行,像螃蟹一样。

我们的右边已经有两只"螃蟹"了,其中一只陷在泥淖中动弹不得,发动机在哀号,一幅可怜的样子。可那驾驶室里的司机倒像是不着急,斜看过去,像是在笑。"笑什么呢?"我诧异;不过,瞬间我也莫名其妙地跟着笑起来。

左边又开过来一辆装满了货物的白色拖拉机,停在我们的旁边。过了一会儿,那个"笑"的司机从驾驶室里走出来,嘴里叼着烟,拿了一根钢钎,一上一下慢慢地捣着高低不平的道路。难道他要将这段道路整个捣平了不成?

有希望了,希望在左边,"突突突"的声音是那辆白色的拖拉机,它已经勇敢地前行了。陈师傅旋即驾车向左,跟了上去。不过,那拖拉机只前行了一两米,就陷入一低凹处,不能动了;机身斜倾着,与地面成45度的角,五六个汉子迅速用身子支撑起上面高耸的货物。

陈师傅终于做了一个决定:改走另一条狭窄的小路。不过有人提醒:"你们的车子宽,小路可能过不去。"陈师傅不理,退后掉转车头。车子终于从小路歪歪扭扭地开过去了。

傍晚的时候,我们到达了目的地,当地人称为"猫儿滩",转换成汉字就成了"苗儿滩",官方名称为"苗市乡",隶属于湖南省湘西土家族苗族自治州龙山县。

  湘鄂川黔交界地区的土家族,生存在一个多山的环境中。据相关材料介绍,这个地区处在我国三级阶梯状地形的第二阶梯东缘,武陵山、巫山、大娄山、大巴山交错相连。据一些方志和族谱记载,在群山之中,有虎、豹、熊、野猪、鹿、豺、狼等成群结队的大型野兽,还有各种鸟类如竹鸡、白雉鸡、毛野鸡、皇鲜鸡、上宿鸡、土香鸡等小型的可食动物。可见这一带山林是一个丰盛的狩猎资源。与群山相对应的是河流,土家族地区有清江、酉水、沅水、辰水、武水等出其间,这使得各种鱼类繁衍生存。在这样一种山川并存、群兽出没、果实香甜、野味鲜美的自然环境中,当然适合于采集渔猎生产方式。土家族的先民是巴人,巴人从事的就是一种渔猎经济。《永顺县志》卷十二记载龙山土家人猎虎的情况:"龙山深林密箐,每冬行猎,谓之'赶仗';先令舍把、头目等视虎所居,率数十百人用大网环之,旋砍其草,以犬惊兽,兽奔则鸟铳标枪立毙之,无一脱者。"随着巴人生存地域的扩大与迁徙,农耕生活也逐渐成为巴人渔猎与采集生活的补充。到了宋代,巴人与汉族发生了较多的接触与经济文化交流以后,农耕生产发展起来,并逐步占据主导地位。宋代中叶,土家地区农耕经济发展很快,据《宋史·食货志》记载,其时土家人中的"富豪之家"在汉族地区"多招佃户入山垦种,诱客户举室迁去"。元代统治者在土家地区设立土司,明清时期土司制度得到完善。在土司时期,农耕生产又得到进一步发展。元末农民起义战争以后,造成了人口的不平衡,朱元璋建立了明王朝以后,进行了大量的移民。清康熙年间,又从湖北的荆州、湖南洞庭湖滨各县迁入土家族居住区大批移民。

  我们的考察点捞车土家族村是一个行政村,它是苗市乡的一个河谷村庄,由两个隔河相对的惹巴拉自然村和捞车自然村组成。全村共有200多户,1000多人。其中彭姓占总户数的30%,主要居住在惹巴拉自然村;向姓占32%,主要居住在捞车自然村。其余29姓合在一起占全村的38%,分居于河两岸。1949年以前,龙山县交通闭塞,捞车河为重要的航路,这对捞车的传统经济有着很大的影响。"惹巴拉的船篙子"是出了名的,驾船的人多为彭姓,有 30 多条船;而捞车自然村那边出桐油。惹巴拉的人便用船将桐油、娃娃鱼等物产装运出村,交换盐巴、粮食、瓷器之类。龙山县通公路后,水路的重要性下降,不再从事船运。

雨天行路,人人弄得都很狼狈,当地人建议我们到村东的温泉去洗个澡。沿着山路走到那里,原来是一个天然浴池。一个姑娘正在池边洗头发,她见我们徘徊,知道我们是外地人,说:"等我走了以后,你们就在这里洗。"看我们没动,又说:"你们是上海的,还是广州的?到这里来旅游的吗?我们土家族全村的人都在这里洗。如果男的先来到这个池子,女的来了就到那个池子。没有人的时候,女的也可以在这里洗。你们现在可以去那个池子。"她用手一指旁边。两个池子中间是一个没有遮拦的堤岸。我们还在犹豫。"没有人看你!"她瞥了我们一眼,带着一种鄙夷不屑的神情走了。

是啊,土家风俗毫不雕琢,自然天成,没有儒家文化那种虚饰与伪善。人类学家所研究的非洲与南美洲那些不穿衣服的部落,他们并没有丝毫淫邪意识,反倒是那些自称"文明"的人实在是多想了。"文明人"以为穿上衣服才是一个正人君子,殊不知,如格罗塞所言,衣服的起源并非是为了遮羞或抵御寒冷,反倒是起源于某种邪念。①

十九　女人的泪水

当天晚上有"唱山歌""打溜子"和"哭嫁"表演,是陈老师请当地文化站安排的。当一种文化事实拉开与生活的距离当作节目表演的时候,我不知道怎样看待这种文化事实。

晚饭后,我抱着好玩的心态来到文化站。一位女山歌手已经来了,在那里烤火,周围几个妇女和一群小孩围着。开头,她推来推去

---

① [德] 格罗塞:《艺术的起源》,蔡慕晖译,商务印书馆 1984 年版,第 72—73 页。

说"不会唱",几个妇女七劝八说,她就唱了几首,这一个节目就结束了。接着的是"打溜子",我既听不懂土家语的内容,也不懂得音乐欣赏,但那个土家男子银铃一样的悦耳歌声以及那特有的土家调子使人着迷。我想世界上最好的音乐一定如天籁,是与人的灵魂旋律相一致,故而会引起所有人的共鸣。而现在这个"打溜子"正是如此,我第一次听到就被其深深吸引。间或那男子口中蹦跳出的几个土家语词触动了我的敏感点,引发了我的想象,便将许多不相关的意象代入其中,生成了一些奇异的情境,很有韵味。此时,只感觉清风拂面,晨光初照,如观远山烟霞锁腰,神清气爽,如闻近村牧童吹笛,心旷神怡。

"哭嫁"(图5-1)是这天晚上最重要的节目。扮演出嫁的女子是一个33岁的年轻媳妇,山歌手这回扮演"母亲",另两个女子一位扮演新娘的嫂子,一位扮演新娘的妹妹。开头大家都在笑,过了一会儿,那个"出嫁女子"强逼着自己进入角色,但才"啊——"了一声便轰然一笑,她的七八岁的儿子在她背后跟着"哈哈哈"大笑起来,一群孩子"哗——"一声哄起来闹成一片,屋内充满了欢乐的气氛。

第一次就这样失败了。那女子将自己的儿子赶去一边,文化站长则训斥孩子们,威胁说谁再笑就要将他赶出去。女子稳定一下情绪,十多个小孩肃静下来,大家等待着,空气似乎已经凝固。

演出重新开始,只见那"出嫁女子"忽然一下子倒在"母亲"的怀里,开始哭起来,而"母亲"也顺势将"女儿"揽过来,二人抱成一团,对哭开了。很快,一切都真真切切起来了,哭声变成了哀号,泪水很快流淌出来。还没有等"出嫁女子"叫一声"嫂嫂",那"嫂嫂"已经放声,于是三个女子抱头痛哭。那个"妹妹"则在旁边暗自垂泪。

她们越哭越伤心,低声哀号又变成了高声号啕。一边哭,一边似念似唱说一些断断续续的词。出嫁女子的哭词大体意思是:

女儿我伤心,

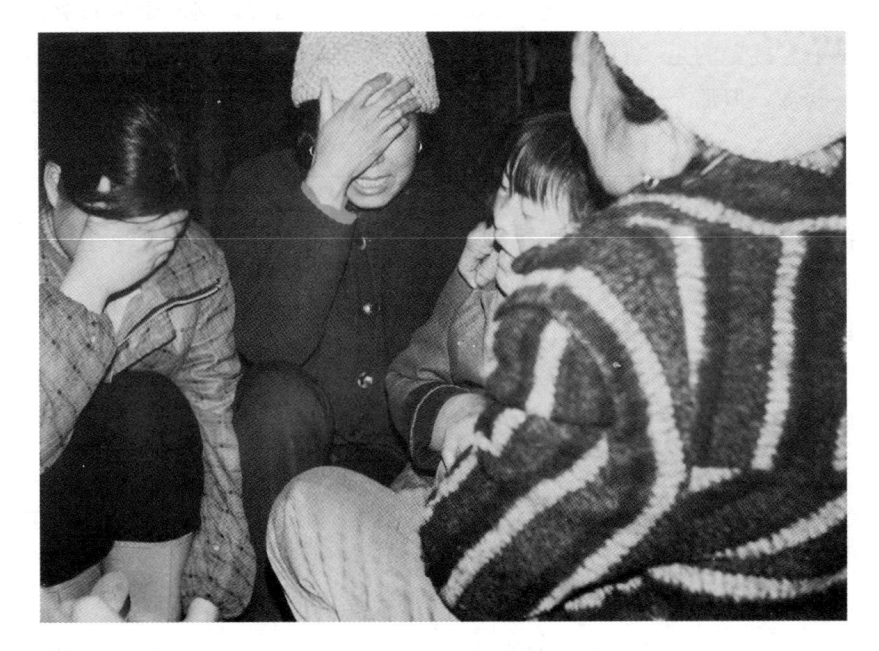

图 5-1　哭嫁

舍不下我母亲，
长大累了爹与娘，
现在又要离家门。
丢了自己的娘，
苦了女儿的心。
……

母亲对女儿的哭词是：

小妮子莫流泪，
这是女人的命。
后园有棵离娘的树，
离娘的女儿不是你一处；
后园有根离娘的藤，

离娘的女儿不是你一人。
你生错了自己的身，
你就认了自己的命。
……

小姑（出嫁女子）对嫂子的哭词是：

嫂嫂啊——，
千斤的担子留给你，
你要照看娘和爹。
妹妹去到别人家，
十天半月不得回。
端了人家的碗，
要受人家的管，
人家老少不开口，
我有脚不敢回家走。
……

嫂嫂的哭词是：

千斤担子我来挑，
千斤担子我来扛。
妹妹能干又聪明，
可惜不是男儿命。
到了人家要听话，
高声喊来低声应。
你十天半月回一回，
不叫嫂嫂多担心。
……

"哭嫁"有着一股魔力，旁观的人都被感动得流泪了。站长夫妇在流泪，考察组的人也在流泪，孩子们木呆呆地站着，整个场面凄凄惨惨戚戚……

后来的许多天，"哭嫁"的场景始终萦绕在我的脑际。我想，她们之所以在表演中哭得那样真切，并非演技的高超，而是由于作为"个体"的她们有着个人切身的经历，作为"群体"的她们有着苦痛的集体记忆。在几千年的男权社会当中，妇女受到了整体性的压迫，她们的婚姻是不自由的。这种压迫和不自由形成了她们的集体心理，一旦有了一个迸发的出口，被压抑的情绪就会像潮水般奔涌出来。"哭嫁"，是真实的女性社会地位的展演，是真实的女性生命历史的表达。它不仅是出嫁女子对传统婚姻中个体不幸的情感倾诉与悲苦控诉，而且是女子群体对她们在男权社会中整体命运的理性叙事与思想批判。

在对当地"婚礼"的考察中，我又体验到了同样的情感。1997年2月3日当地的一位尚姓村民（时年60多岁）讲当地的婚俗。

到了结婚前两天，男方给女方送礼：肉、酒、衣服、被盖。结婚前女子要"开脸"，就是把脸上的汗毛扯了，变得净白，再把眉毛整修了，头发也要抹上去，后面弄一个髻髻。

结婚前一天男方派人来接亲。女方要"拦门"：问从哪里来的，走旱路来的，还是走水路来的？如果讲不清楚不准进门。如果接亲的不讲礼节，就会受到全村人反对。一般男方要输，要让女方占上风。男方输了以后就给礼品，多少不计。放进门来以后，女方将接亲的当贵客对待，来人多少不计。

结婚当天新郎身上要捆红棱子，帽子上插花。女方要穿红衣服，身上穿"大露水衣"，前面吊铜盘，头上蒙红布。

轿子到了男家以后，男家杀一只鸡，滴血围轿子打一个圈子。两个妇女——要夫妻双全、儿女双全的妇女，把新娘从轿子里拖出来，这叫"拖亲"。拖出来后，一个小孩拿着火炮和茅竹在新娘的前面和后面烧，一边放鞭炮。新娘走到大门下，大门下有七星灯，七根灯草的灯，一个妇女手托着，新娘不能踩。

1997年2月6日除夕晚，我与陈湘锋老师在另一位尚姓村民（时年44岁）家守岁，他也给我们讲起了当地婚俗。

（结婚前一天）男方发轿后一路吹吹打打。走到女家朝门①边，女方摆了八仙桌"拦门"。有拦门词，男方讲赢了才能进去。但如果男方讲不赢，女方也会礼让。

这边一拦门，女方就"哭嫁"。哭嫁骂媒人，骂媒人在中间牵线了这一桩婚姻，骂媒人要当牛当马。第一个哭的是新娘的娘，第二个哭的是新娘，接着是七父八母哭。母亲哭嫁时一句一句地教女儿，怎样敬公婆，怎样对邻里，等等，用哭嫁来教育女儿，传授经验。女儿就说阿娘你讲的我都听到，我照你的办。一直哭到天亮。

发轿的时间，是寅时发轿还是卯时发轿由女方定。男方接亲的人女方是不给住的，给一捆草睡。所以说"好儿不接亲，好女不看灯"。你睡就睡在草上，不睡只能一夜熬着。

发轿时敬祖先，敬轿神。女方家用两个妇女去拖新娘上轿，这要儿女双全的妇女。拖出来时在大门上蹬三脚，就把新娘往轿子里塞。新娘出门哭哭啼啼。

到了夫家也有一套仪式，如抢床等，就不多讲了。快天亮了，要准备拜年了。

在人们的印象或观念中，婚嫁仪式总是喜庆的，那种以红色为主调的色彩激发起人们热烈的感情。通过这次哭嫁的感受与体验以及倾听当地人对仪式的讲述，我理解到这种热烈仅仅在于冲淡与掩盖女性的苦难。哭嫁仪式中的"骂媒人"，那是一种真正的痛恨；母亲教女儿那些新的规矩，则是可怕的、阴森森的，具有囚笼意味。出嫁的姑娘需要"开脸"，使女子变得净白；又把眉毛整修了，变得更为美

---

① "朝门"为土家族院落的外门。

丽,这是男权社会中女性被迫取悦于男性并甘当男性附庸的表达。这里要问的是:为什么男人不要"开脸"?不要整修眉毛?不要把头发"弄一个髻髻"?为什么男人头上不蒙红布?为什么不把男人拖进去又拖出来?女性在仪式中为何如此屈辱?仪式为何如此不公平?"拖亲"——无论是新娘上轿时被"拖"还是下轿时被"拖",都是以暴力强迫婚姻的隐喻。仪式中的"拦门",是女方唯一具有情绪发泄和反抗意味的程序,但只是摆摆样子而已,形式上的戏谑好玩显示的是实质上的愤怒与无力。当新娘来到夫家以后,随着一道一道的紧箍咒,各种折磨便开始了。仪式中有许多让新娘受辱受虐的环节。在大门口有七星灯的设置,不准女子踩踏,这是男子要给女子立规矩,而且将这种规矩神圣化。杀鸡滴血的程序更是充满着恐怖的气氛与血腥的味道。小孩拿鞭炮在女子的前后燃放,又拿着燃烧的火炮和茅竹在女子前后绕来绕去的环节,都构成种种警示与威胁,给她当头棒喝,让新娘产生恐惧感,告诫她到了夫家就必须接受男人严厉的夫权。整个仪式过程"以乐景写哀,倍增其哀",其主调是极度悲凄的,无一丝欢乐。

"哭嫁"不仅是男权社会女性现实生活的写照,更是历史积淀的女性苦难的喷发。只要将这种婚嫁习俗放到几千年的文化传统中去观察,更能看到其本质。先秦典籍《三礼》就有着许多婚嫁习俗的规定,都是对女性束缚的表述。而这一习俗传统更有力的说明,则可以在神话中找到。土家族《摆手歌》中记载的补所、冗比兄妹成婚过程,明确地显示了父系对于母系斗争中男性的残酷及女性的无奈。当神话中的"士义图介"(土家族传说中主管婚姻的神)走过来劝告补所、冗比兄妹成婚时,神话这样记载道:

> 补所低头不答,冗比脸上飞起害羞的红霞:"同一个娘生下的,同一个爹养大的,酸牙齿的话你莫讲,酸牙齿的事怎能做哩?""酸牙齿的话要讲,酸牙齿的事要做,凡间绝了人种,不肯也要肯哩。滚个磨岩看看,看看天意怎样?"补所爬上这边高坡,冗比爬上那边高坡。补所放下公磨岩,冗比放下母磨岩,"稀里哗啦"滚下来。七滚八滚哩,公磨重叠在母磨上,两扇合成一扇

了。图介公公见了笑,笑着笑着开了口:"不是我多嘴,天意巧安排。两扇磨合在一堆,两个人合在一起。"补所低头不答话,冗比羞得红了脸:"同一个娘生下的,同一个爹养大的,酸牙齿的话你莫讲,酸牙齿的事难做哩。"[1]

神话语境所设置的"兄妹婚",是将一般性的婚姻问题的说明放到一个极为狭窄的空间里来处理的"典型化"手法。妹妹对于这场婚姻是竭力反对的,但命运枷锁(天意)使女子无法摆脱。

另一则土家族神话《开天辟地与伏羲姊妹》中也说到妹妹同样的态度,可是这个"士乂图介"却反复逼婚。

"酸牙齿的话要讲,酸牙齿的事要做。凡间绝了人种,不肯也要肯哩。栽两蔸葫芦看看,看看天意怎样?"补所在这边种了一蔸葫芦,冗比在那边种了一蔸葫芦。葫芦生了,藤藤牵了,这两处的葫芦藤藤缠在一起了,两根绞成一根了。图介公公看了笑,笑着笑着开了口:"不是我多嘴,天意作安排。两根藤在一起,两个人绞在一起。"补所低头不答话,冗比羞得红了脸:"同一个爹娘养大的,酸牙齿的话你莫讲,酸牙齿的事难做哩。""酸牙齿的话要讲,酸牙齿的事要做。凡间绝了人种,不肯也要肯哩。烧两堆火看看,看看天意怎样?"补所在这边烧了一堆大火,冗比在那边烧了一堆大火,两堆火烧得旺,火焰冲上了天。吹起一阵大风,火焰绞在一起,两堆成了一堆。图介公公看了笑,笑着笑着开了口:"不是我多嘴,天意作安排,两堆火合在一起,两个人合在一起。"补所低头不答话,冗比羞得红了脸。[2]

当第二次"天意"和第三次"天意"又要他们成婚时,套在女子脖颈上的绞索越勒越紧,可妹妹还是不同意。在《摆手歌》中,妹妹冗比第三次拒绝了婚姻以后,就开始逃跑;但这个男人补所在后

---

[1] 取自《中国故事集成湖南卷龙山县资料本》(内部资料)。
[2] 取自《中国故事集成湖南卷龙山县资料本》(内部资料)。

面紧追不放,追了三天三夜都没有追上。他求助于野猫、熊、黄牛、麂子、喜鹊、乌鸦、野鸡,没有一个愿意帮助它。最后,补所在可厌的"乌龟"的帮助下才达到了目的。

无论在神话中还是在当下的社会生活中,男人总是较之女人具有更大的力量,更主动的地位,这到底是为什么?布尔迪厄在《男性统治》[①] 一书中认为,在男性统治的社会中,由于男性主导着话语权,这种统治被竭力赋予一种自然的、生物的特征。自新石器时代后期的男权社会以来,特别是当男性占有了文字的主导权以后,家庭、家族、地域社会、民族、国家都在致力于再生产这种构造,再生产男性中心观念,人们就以认识和评价的无意识模式,接纳了男性秩序的历史结构,使得男性统治永久性存在,甚至不需要辩护,男性中心观念被当成中性的东西接受下来,自然地使自己合法化。在这种社会中,男性统治将女人置于一种永久的身体不安全状态,或者更确切地说,一种永久的象征性依赖状态。男性统治到底有没有被女性统治替换位置的可能性?这是看了"哭嫁"回来后心情久久不能平复时所想到的问题,这也是我多年反复想过的问题。男性对女性的优势从新石器时代后期即已开始。那时,人类的一部分社会就进入了父权社会;自此,男性统治成为一种超稳定的社会结构。不过,既然男性统治并不是人类社会一开始就存在,那么它就一定不是一个"自然事实",而仅仅是一个"社会事实",并且并非永恒不变。

一般认为,无论在古代社会还是在当代社会中,"爱情"被认为是解构男权统治的路径之一,是不受男性统治法则支配的一个例外。爱情的力量,使男人忘记了与他们的社会尊严相关的义务,引起了统治关系的一种颠覆。在这种神奇的休止中,性别统治被消除了,男性暴力被平息了。妇女清除了社会关系中的粗暴和野蛮之后,使社会关系变得文明了。于是一向以猎取和好战为特征的男性观念结束了,统治策略也同时结束了。这种状态被布尔迪厄喻为男性统治之外的"迷人岛",是一个封闭的、脱离算计、暴力或利益的、完全自给自足的

---

① [法] 皮埃尔·布尔迪厄:《男性统治》,刘晖译,海天出版社2002年版。

世界。然而,布尔迪厄过于理想化了。不仅以最完美的形式出现的纯粹爱情非常罕见,而且即使这种纯粹的爱情出现了,在男权社会中也总是以失败而告终。《诗经》中记载了不少爱情的诗篇都因遭遇社会的压制而夭折。再如像《罗密欧与朱丽叶》《梁山伯与祝英台》这一类作品中,主人公的爱情也都是在严酷的社会现实面前以悲剧的命运而结束。还有,在爱情中,男性总是处于优势地位,情深意切的是女性而不是男性。下一节中引述的当地人所唱《送郎歌》便显示了这一点:在经过短暂的情爱之后,男人对于情感总是漫不经心的、瞬间即忘的,留下的是女子绵绵不绝的思念与痛楚。

人类学者面对持续了数千年的女性的窘迫之境,他们在"人的研究"中应该呼唤些什么呢?

二十　毛古斯:祖先的故事

去贾市兔吐坪看"毛古斯"。

早上6点半出发,租了一辆车,加上陈师傅的一辆,共两辆车。行车三个小时,一行人下车开始爬山。中午1点钟的时候,我们到达山顶,那边已经围了一群人。我们刚到,广播里就叫大家静下来,接着开始讲述摆手舞的来历:一天,一只白虎来到现在的摆手堂这个地方,坐在那里。村民们围拢来,问它:"你是神还是兽?是神就点头三下,是兽就摇头三下。"那白虎就点头三下,于是大家就敬它为神,设摆手堂,跳摆手舞。

摆手舞完全是模仿生产劳动的几个基本动作。

　　莫鹰展翅,
　　莫鹰打鸡,
　　砍火畲(披荆斩棘,清除灌木丛,用刀砍树之类),
　　漂火畲(烧山),
　　撒小米,
　　扯草,

摘小米（穗子），
纺棉花。①

在这些劳动动作中，刀耕火种的农事劳作占主要地位，也包含了狩猎经济时代的叙事，"莫鹰展翅""莫鹰打鸡"就是两个驯鹰捕猎的动作。

"毛古斯"土家语的意思是祖先的故事。"毛古斯"被认为是一群浑身长毛的裸体人，为首者叫"拔步长"。他们在远古的时候从外地一路用野果、松子、棕树籽、兽肉充饥，夜间住在崖洞、树丛中，用树皮、野草、兽皮御寒，一路不畏艰难，终于到达武陵山腹地定居。它表现的是土家族一个部落的先民在一位首领带领下开辟生存空间的征路。

那边的毛古斯舞蹈开始了，他们一边跳，一边有对话：

领：你们从哪里来的呀？
合：我们从西米山上来的哟。
领：你们在哪里过年呀？
合：我们在棕树底下过的年哟。
领：你们吃的是什么呀？
合：我们吃的是棕树籽哟。
领：你们喝的是什么呀？
合：我们喝的是凉水哟。
领：你们穿的是什么呀？
合：我们穿的是棕树叶叶哟。

毛古斯舞蹈的主要动作有：砍火畲、漂火畲、撒小米、扯草、摘小米、舂小米、打粑粑、讨媳妇等。其中大部分动作与摆手舞相同。据跳毛古斯的带头人彭昌凤介绍说，当时他们的祖先的生活是上无衣、下无裳，用稻草裹起身体，因此传统跳毛古斯，都需要赤身裸

---

① 这几个动作是当地人的口述。

体。跳毛古斯一共九个人，我们这次看到的只有八个人。一人扛着犁（农业劳动的象征），一人拿着筛子，两人拿着打粑粑的工具，还有几个人背着背篓（采集劳动的象征）。在八个人中间，有两个人扮演一对夫妻，女的用黑花布蒙着头。

现在，请允许我暂时离开一下兔吐坪，抽身回到书斋中去，翻一翻书，看看前人和当地人关于土家族祖先的研究成果。

当地的土家族研究者一般都认为毛古斯是用舞蹈形式演绎着土家族祖先廪君的故事。关于廪君的神话，《世本》秦嘉谟辑补本记载：

> 巴郡南郡蛮，本有五姓：巴氏，樊氏，瞫氏，相氏，郑氏。皆出于武落钟离山。其山有赤黑二穴，巴氏之子生于赤穴，四姓之子皆生于黑穴。未有君长，俱事鬼神。
>
> 廪君名曰务相，姓巴氏，与樊氏、瞫氏、相氏、郑氏凡五姓，俱出皆争神。乃共掷剑于石，约能中者，奉以为君。巴氏子务相，乃独中之，众皆叹。又令各乘土船，雕文画之，而浮水中，约能浮者，当以为君。余姓悉沉，惟务相独浮。因共立之，是为廪君。

土家族先民巴郡南郡蛮五姓中，存在着两个来源，即两个文化传统：一个是出自黑穴的樊、瞫、相、郑四姓，他们崇拜黑色；另一个是出自赤穴的巴氏，他们崇拜赤色。"尚黑"（崇尚黑色）似乎是更为古老的传统。《山海经·海内经》记载巴地之蛇是"黑蛇"。《山海经·大荒南经》记载的是"玄蛇"，黑而带赤谓之玄，玄蛇也是黑蛇。《山海经·海内南经》记载的也是"黑蛇"。如果"尚黑"是务相立为廪君之前的五姓共同的传统文化，这种传统文化由黑穴四姓代表着，那么，务相一姓"尚赤"的传统就很可能是新起的一支，他们摆脱了旧的传统建立了新的文化传统。然而，当务相与四姓用和平的方式而不是用武力的方式争夺君位取得胜利以后，廪君既没有选择本部族的"红色"，但也没有选择其他四个部族的"黑色"，而是选择了"白色"作为五部族统一后的共同标志。他的魂魄后来化为白虎，表明他是以白虎作为图腾物的，崇尚白色。

这样，在土家族先民的文化传统中，排除了"二元对立"，而存在着三种不同的颜色崇拜，其所显示的是一种包容性的精神内涵。对这三种颜色的崇拜可能是一个历史过程，即先是黑色，再是赤色，后是白色；但也同时呈现在现实生活中。土家族的最高的宗教神"白帝天王"，就是三色同时存在。杨昌鑫先生的《土家族风俗志》载，土家族地区过去的白帝天王庙里供奉白面、红面、黑面三尊天王神像，白面居中，其左是红脸，其右为黑脸。清严如熤《苗防备鉴》卷二二载："五溪蛮所祀白帝天王，神三人，而白、红、黑各异。"又有传说，白帝天王的母亲蒙易神婆，从小喝虎奶长大，后感白龙而孕，生下三兄弟。三兄弟成人后勇猛威武，死后化成三只白虎，被封为白帝天王。[①] 土家族的远祖神，也是以"白"脸神为主的"三位一体"。土家族巫师梯玛悬挂吊屏式的神画像，画像神灵众多，在画像中段略下，是土家族三位远祖，正中的神像是白脸，其左为红脸神像，其右为黑脸神像。

这种三元一体的结构在土司时期则由彭公爵主、向老官人、田好汉三位土王扮演。据捞车当地人说，捞车一带的土王庙过去供奉的就是三位土王，中位是"彭公爵主"，白脸；左位是"向老官人"，红脸；右位是"田好汉"，黑脸。在这个结构中，彭公爵主是主导性人物，向老官人、田老汉为文武协理。捞车村各姓氏不重视自家的血缘祖先，而共同将这三位土王当作各宗族共同的祖先神。于是，地域领袖取代了宗族祖先的位置，即使是某位土王的直系后代，也必须同时将另两位并无血缘关系的土王当作本家族血亲祖先一并供奉。这与汉人社会只敬血缘祖先很不一样。其结构如图5-2所示。

在图5-2中，"A—Z"是宗族轴，"1、2、3、4"代表宗族的数量，"甲"代表彭公爵主、向老官人、田好汉三位一体土王。无论捞车的宗族增加多少数量，它们并不崇拜自己的家族祖先，而共同崇拜"甲"。当地文献资料也是这样记载的。乾隆《永顺府志》卷十一载：

---

① 杨昌鑫：《土家族风俗志》，中央民族学院出版社1989年版，第196页。

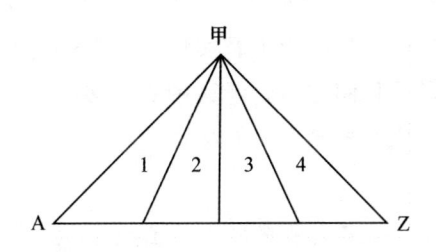

图 5-2　捞车村宗族祖先示意图

在"改土归流"以前，土家族"并不供奉祖先"；卷十二载："土人度岁，先于屋正面供已故土司神位。"嘉庆《龙山县志》卷七亦对此有所记载："现土风是日供已故土司神位于屋正面，荐以酒醴鱼肉，其本家祖先设于门后。"在"改土归流"的过程中，清代政府训令当地百姓悬挂"天地君亲师"位，然而，儒家文化对土家族文化的改造并不成功，直到我们去土家族考察之时，当地人仍然将"本家祖先"都供奉在门后，有的甚至根本连门后也不供奉自家祖先。

那么，土王崇拜中的彭公爵主、向老官人、田好汉到底是什么样的人呢？彭公爵主，据很多研究者的看法，就是溪州①铜柱上所记载的"溪州彭士愁"，为溪州刺史。溪州铜柱是五代十国时楚王马希范和溪州"蛮酋"彭士愁于后晋天福五年（940 年）所立的记事铜柱，在今湘西古丈县境内。当时为争夺领土而发生战争，最后双方言和立盟，并铸铜柱，刻记其事。彭士愁是当时湘西地区的一位著名的少数民族酋领。因传说彭士愁被楚王封了爵位，故土家族人又尊称之为彭公爵主。田好汉有说是清初不愿纳土归顺，举族抗清，后又抗拒改土归流的湘西田姓土司田二耕。向老官人，据说也是明末清初时地方土司，名字叫向宗彦。从彭武一先生所解释的溪州铜柱镌文看，向宗彦是彭士愁下属，其官衔是武安军节度衙前兵马使、前溪州左厢都、衙银青光禄大夫、检校太子宾客兼御史大夫、上柱国。②

---

① 包括今湘西永顺、古丈、龙山、保靖等县。
② 彭武一：《湘西溪州铜柱与土家族历史源流》，中央民族学院出版社 1989 年版，第 29 页。

可是，民间传说总是与典籍记载有所不同。关于彭士愁的离奇传说不多，可能由于过于具有历史真实性了。但向老官人和田好汉的口头传说则丰富多彩，我们在田野考察中听过多位村民讲述，比较详细的记载被录于《龙山县资料本》（内部资料）中。

向老官人，本名叫业哭耐。他能说会道，还能呼风唤雨。有一身了不起的本事。有一年，龙马嘴一带出了一个怪物，兴风作浪，危害地方。当地群众请来一个又一个土老司，都降服不了这个怪物。土王发了榜文：谁能降妖、封官赐爵。业哭耐法术高强，降了此妖。此妖原是一匹日行千里，夜行八百的飞飞白龙马。土王因他降妖有功，封他为军师，统领上八府地方。业哭耐为民除了害，又做了大官，人们敬佩他，再不喊他"业哭耐"，都称他为向老官人。

向老官人出了名，连皇帝也知道了，想见见他，命土王进贡时要他去。向老官人带着虎皮、蜂糖、药材等龙山的土货产，骑着龙马到了京城。皇帝设宴招待他。酒席上，皇帝问向老官人："听说上八府很穷，没有金银财宝，所以拿这些土货来进贡，是也不是？"向老官人笑着说："陛下呀，不是我们那里没有金银财宝，这些东西吃了不生病，穿了能延寿，有钱难买，比金银财宝贵重得多哩！要说金银财宝嘛，我们那里八府、六洞，洞洞满金银，还有龙和凤，富足得很啰！"皇帝又问："向爱卿家里呢？"向老官人回答："禀陛下，臣的家里嘛算不得什么，不过是八十人背柴，七十人挑水，千根柱头落地，万个门户出入，风扫地，月点灯，猪弹琴，狗拉弓；三只盐船下河，老鹰滩打丢一只，缺三天盐吃。"皇帝暗暗吃惊。又问："你家有那么多人，有饭吃吧？"向老官人回答说："吃的要什么紧，东有葛仓、西蕨仓，仓仓积粮如山。三斤半钥匙开仓，要粮只管借，不管还。"其实，向老官人家里穷得要命，八十岁的父亲每天背柴，七十岁的母亲每天挑水，一间烂茅屋天通地漏。有只狗瘦得像弯弓，一头猪饿得天天喊，喂的三只鸭，被老鹰抓去一只，没有蛋卖，家里三天没吃上盐。靠三斤半的挖锄，东挖葛、西挖蕨度日。皇帝不懂向老官人的哑谜，见他对答如流，信以为真。又问："你们那里虽然富足，都是土蛮子，没有人才也是空的。"向老官人更神气地说："人才嘛，上八府，下七府，府府有能人，能文又能武，下海搏蛟龙，上山捉老虎，呼得风唤得雨，神仙都服输。"他们正谈得起劲，突然宫女飞奔来报，后宫失火。皇帝惊慌失措，向老官人说："陛下休慌，这是小事。"他站起来向后宫喷了三口茶水，坐下来说："无事了，请陛下安心喝酒。"皇帝哪里肯信，只见宫女又跑来禀报："刚才下了一阵大雨，火被淋熄了。"皇帝听了，惊得伸着舌头，好一阵缩不进去。皇帝见向老官人有了不起的本事，想留他在朝保江山、安社稷，诚恳地对向老官人说："我这次要你来，就是要你在朝为官，和我同享荣华富贵，你看如何？"向老官人摇头不肯。皇帝又说："难道我这金銮宝殿还比不上你那里好吗？"向老官人说："你这金銮宝殿再好，也不如我那里的万宝山好。你这里的人，只会吃饭，做不来事，是一些饭桶。我们那里人，勤劳勇敢，天天挖金挖银，生活才有意义呢。"皇帝再三挽留，向老官人只是不肯。皇帝见他有本事，怕他将来成为和自己争江山、夺社稷的后患，决定把他除掉。向老官人离开京城那天，皇帝亲自到武朝门外送行。皇帝手捧一瓶御酒，装着十分诚恳的样子对向老官人说："这是外国进贡的御酒，你带回去，让你们那里的人一起尝尝。"向老官人是个直心肠，又爱喝酒，一点也没推辞，接过御酒，揣在怀里，跃上白龙马，双手一拱离了京城。

　　向老官人骑着龙马，来到沅陵白马渡，当时正值烈日炎炎的六月，他渴得嘴里冒出了青烟，闻到怀中御酒的喷喷香味，再也挨不住了，从怀中取御酒，揭开盖子，就在马上咕噜噜喝了两口。酒一下喉，就感到天旋地转，肚痛难熬，走不上一里路，七窍流血，死在马上。

　　向老官人惨遭皇帝的毒手，死而不服，要到皇帝那里去问罪，尸体伏在马上不倒下来。他的马很懂人性，就带着向老官人的尸体，眼泪滔滔地跑到京城。皇帝做贼心虚，见白龙马驮着向老官人回来，骇得要死，对向老官人说："给你做七七四十九天超度道场，满朝文武披麻戴孝为你送葬。"他见向老官人尸体不倒，又说："你管阴，我管阳，封你为八部大神。你管阴享受万代香火，与天同寿，日月同明。我管阳就是这一代的事。"这样，向老官人才点了点头，他的白龙马长嘶一声，把他驮回到水八洞。传说现在水八洞的白岩，就是向老官人的飞飞白龙马，他的一只腿还跨在龙马上。皇帝怕他复活，每年在上面淋一次生水（铁水），现在还看得到痕迹。

关于田好汉的传说，《龙山县资料本》载：

田好汉是个个子高、力气大、有本事的人。他原来在家种地，耕田回家时嫌牛走得慢，就用肩扛着牛，手提着犁走。田好汉是贯打抱不平的。他到汉口卖木材，有个老板在大门上挂了一块匾，写着"打得赢的有钱，打不赢的无钱"。好多人卖了木材不得钱。田好汉一次卖了木材，把老板打败，叫所有卖木材的向老板要钱，把老板的家产全都算光了。

那时，土王到永顺修老司城，田好汉从王村放排回来，路过老司城，看到几十个民工，抬一个岩头抬不起，汗流满面。他就把一千多斤重的一个岩，一肩搬到工地。大家都找他帮忙，他搬了几十块大岩头，几十根大柱头，民工要干几个月的工夫，他一天就干完了。这个消息，传到土司王那里去了。于是，土王便请他去，并设宴款待他，田好汉便每天和民工一起修老司城，有很大的功劳。

后来，土王、向老官人、田好汉三人，统治了湘西土家族居住的这一块地方。土王是爵主，向老官人是军师，田好汉是大将（元帅）。原来这里是八蛮之地，被老蛮头吴著（冲）统治着。他们把吴著（冲）从永顺赶到洛塔吴著厅。吴著在那里修了金銮宝殿，自称吴王。吴王和他的结拜弟兄——惹巴冲、春巴冲，分管龙山南北两半县。吴王也是个了不起的人物,有一双肉翅膀,能腾云驾雾,有撒豆成兵、滴水成河的法术。吴王还有几件宝贝,"千人甑"、"宝锅"、"宝猎糟"。土王派大将田好汉来打他。田好汉和吴王打了九九八十一仗,不分胜败。结果又调来湖北漫水土官之弟向伯林来协助。向用九节钢炮,一炮把吴王的金銮宝殿轰丢半边。吴大败,在吴著厅蹲不住了,便展开肉翅膀腾云飞去。吴王在半天云里被田好汉翻腰一箭,射伤了肉翅膀,跌落下来。吴王带领残兵败将走到西吴坪就死了。惹巴冲、春巴冲也依次平定。从此上八府地方都归土王彭公爵主了。

土王对田好汉说:"好兄弟,江山是你打出来的,这个地方地广人稀,我们分管吧。你要管哪些地方,由你选择。"田好汉说:"大哥,我是个做阳春的人,又喜欢赶山打猎,你把山区地方送给我管吧。"土王说:"那好吧,你骑马跑一路,跑到哪里,就管到哪里。"田好汉就骑马跑了起来。他跑了六六三十六天,全跑的偏僻山坡、深山老林和野兽多的地方。所以湘西偏僻山多的地方都是田好汉管的。田好汉是湘西姓田的祖宗,现在姓田的人多半住在山坡上,就是这个原因。

土家族这种"三位一体"式的重地缘而轻血缘的文化传统,也影响着现实社会生活。2002 年我第三次去捞车村调查,发现即使在新近的政治生活村民自治的选举中,也可以发现这种思维模式的影响。捞车村从 1987 年开始实行村民自治制度至 2005 年,已经选举过七届村民委员会(每三年一届),而在村委会人员构成上形成了一个反映地域关系的超稳定性结构。2002 年为第六届村委会任期,成员共 4 人(村委会主任、文书、治保委员和妇女委员),其中有 3 人六届一贯制连任,村委会主任、文书和治保委员从第一届起,一直在村委会班子内;有 1 人任职五届,即妇女委员从第一届至第四届一直连任,第五届(1999—2001 年)只是因为上级要求干部年轻化而变换,第六届她又重新被村民选为妇女委员。而在 2005 年初捞车村第七届村委会的换届选举中,由于党支部书记被乡里调任他地,上级任命书记职务由文书接任；而由村民选举的村民委员会主任、治保委员、妇女委员三人，依然被选上连任。同时，村委会成员的年龄结构亦被村民忽视，三人的年龄分别为：村委会主任68岁，治保委员61岁，妇女委员60岁，而且三人都是小学文化。上级强调的年轻化和文化程度要求，并没有成为村民们的选择。而从村委会成员的宗族身份看，七届村委会成员只涉及彭、向、郭三个宗族，显示了惹巴拉和捞车两个自然村之间的地域平衡，其余近30个宗族在七届村委会中竟无一人参与。尽管捞车村近二十年内有数十名中学毕业生，且一部分年轻人通过在外打工或其他方式具有一定的社会阅历和工作能力，但各宗族并无参与意识，也不推选出自己的精英人物在村治权力平台上进行角逐。

  我感慨：汉人将血缘祖先看得那么重要，年年岁岁祭祀祖先以求得福佑，又拼死拼活地争名争利以求光宗耀祖；摩哈苴彝族人只将祖先看成一个葫芦，或者一根草、一棵树、一朵花，他们与大自然亲近，将自然物作为自己的祖先；而土家族人的祖先不上台面，完全不把祖先当回事。文化竟会如此不同。或许它们的出发点是相同的，都是那个原始的"一"，然后向着不同方向走过去，随着时间越来越长，它们之间的距离也就越来越远了。

  现在，我再从书斋返回兔吐坪。那边的仪式已经结束，我们该回苗儿滩捞车村了。

  下山的时候，兔吐坪的一对男女歌手彭昌凤和梁玉翠唱起了《送郎歌》。这首歌是以女性口吻来倾诉，深含着缠绵悱恻的爱情意蕴。

    送郎送到床铺头，打破灯盏倒泼油哦；打破灯盏不要紧，倒泼桐油是兆头哟。

    送郎送到房门边，摸不到门闩你喊了天哦；叫声情郎不要急，门闩就在那边边哟。

    送郎送到火塘边，火坑圆圆四块砖哦；火坑圆圆砖四块，少了一块不圆环哟。

    送郎送到堂屋里，脚重千斤实难移哦；大风吹散同林鸟，一个东来一个西哟。

送郎送到天井中，石榴开花红彤彤哦；石榴开花结果子，映山花开一场空哟。

送郎送到屋檐角，风也吹来雨也落哦；我左手为郎撑把伞，右手为郎扎裤脚哟。

《送郎歌》与《哭嫁歌》形成了对比，它突出了女性情感自由的、主动的表达。我听得入神，不停地速记着歌词，先是站在那里，同伴不断催着，我只好慢慢向前移动，不慎踔了一跤，那歌声也越来越远了。后来就只能听到男歌手一人高亢的歌声：

送郎送到朝门外，郎送帕子姐送鞋哦；郎的帕子街上买，姐的鞋儿手中来哟。

送郎送到村口头，郎上马来姐上驴哦；郎上马儿笑嘻嘻，姐上驴儿泪淋淋哟。

送郎送到梨子坪，掉了梨子打了人哦；打了我身不要紧，打了小郎我伤心哟。

送郎送到桃树林，一个桃子有半斤哦；我左手给郎摘桃子，右手给郎指路程哟。

…………

一阵风吹过来，后面的句子就听不清了。我推想，送得越远，离分别越近，越是情深意切。隔了一会，隐隐约约又听到已经送到一个水塘边：

送郎送到清水塘，我双手捧水请郎喝哦；□□□□□□，□□□□□□。

这是惊心动魄的诗句，可惜最后两句未听清，实在太遗憾了。后来，声音则如细丝一般了。不过我不甘心，又重新站下来，凝神细听，一阵清风飘过，又听到了两句：

送郎送到五里坡，再送五里不嫌多哟；□□□□□□，□□□□□□□。

但是，后两句无论如何也听不清了。漏掉的这两句一定无限精妙，我希望补充完整，打算回过头去重新上山，但是看到大家都在前面停下来等着我，只好继续下山。问了其他人，也都不知道。

在回苗儿滩途中经过一个村庄时，一群舞龙灯的小孩嬉笑着拦车。那辆汽车刹车失灵，向前冲出了十多米才停下来。小孩们虽然已经躲闪开，但"龙"的身躯却套在车头上，而且被撞破了。一群村民怒冲冲地围上来，斥责司机不刹车。坐在副驾上的妇人是司机的妻子，她申辩说："没有刹车么，刹车不灵么，叫我们怎么刹车？"刹车失灵成为这位妇人无法停车的堂而皇之的理由。村民们似乎并没有抓住带故障行车这一要害，只是说交50块钱私了。司机说没有钱，那妇人还在反复强调说"没有刹车"的话。争论没有停止。接着来了一个人，看起来像是干部，神情很严肃，问车是哪里的。司机说是苗儿滩的，来人紧绷的脸一下松弛下来，说他的姑母就嫁到了苗儿滩，恰好是司机的邻居。于是两边成了熟人，事情就此了结。

二十一 多松涅的恐惧

过年啦，陈老师说今天不安排工作，大家自由活动。我决定独自去一个叫"多松涅"的土家寨子。

下午1点钟出发，路遇补洲村的一位22岁青年尚天文同行，今天他要去未婚妻家拜年。小伙子背了一个背篓，里边放着一只猪头、28个糍粑、16个团子、3瓶酒、一条烟、一包面、一包糖。

我们先是沿着一条山泉走，很快告别泉水开始登山。昨天下了雪，积雪盖了一层。走了近三个小时的路程，穿越了许多小山头，看到对面一座稍高一点的雪山，尚天文说翻过这座山以后再翻过另一座更高的山就可以走平路了。我已经热得满头大汗，只穿一件衬衣加外套。坐下来休息的时候，顺便把带着的萝卜二人分吃了。

4点多钟的时候，我们从那座稍高的雪山上走下来。下山的途中，我摔了好几跤，变成了一个泥人，只是脸部还清晰。我满不在乎，管他呢，等会儿一总清洗。再说，衣服上黏着的泥巴多了就会自动脱落，一匹奔驰的马从来也不会去擦拭脚蹄上的浮尘。但每摔一跤，他就要取笑我一回，说我很笨，不会走山路。我也就跟着他傻笑。

不过很快，就轮到他倒霉了：像坐滑梯一般，他一下在雪坡上滑出好远，爬起来的时候，半边衣服沾满了雪泥，漂亮的裤子上也有一大片黄泥巴。走到一处略微平坦的地方，他开始认真清理衣服。

"清什么呀？等会儿还要摔的。"我幸灾乐祸。

他不说话，只是低着头做自己的事。但他始终擦不干净，衣服留下了斑斑点点。我建议等会儿到村庄的井边再去洗，他说：

"有人看见不好呢。"

5点半的时候，我们登上了那座更高的山。

这里是真正的冰天雪地啊！感觉气温有零下几十度，我从来没有感受过如此寒冷的天气。山间的梯田已是一片雪封的世界。我把所有的衣服全部穿了起来，羽绒服的帽子也罩到头上。风在耳边"嗖嗖"地吹，很轻的声音。我忽然想到"寒风刺骨"这个词，只有在这种场合才感到它是多么贴切。那风透过了肌肤，像是夹带着冰块塞进了骨髓深处，并且冻结在那里。

下山以后，我们就分别了，他的女朋友家在另一个村庄。我按照他指示的方向继续前行。

天渐渐黑下来，刚才山上"嗖嗖"的无声冷风此时换成了"呼呼"作响的北风，树枝在不停地晃动着。我想，今天找不到住家那就惨了，我会不会被冻死在野外？忽然生出些恐惧来。

天彻底黑下来，很快进入了暗夜，我终于到达多松涅村。

村子阴森森的，房舍一片静寂。费了一番工夫，我进到一户人家。屋内黑黢黢的，一盏油灯晃动着幽光，幽光中一个汉子的脸突然迎上来，盯着我看。恐惧感重新袭来，可能联想到"野店"这一类的词汇。

那汉子让我留在屋内，他出去找人。我心生疑窦，快步退至屋外，背着背包立在大门前，随时准备逃离的样子。

很快，一位老人回来了，我的心情平和了些；但老人跟我打了一声招呼后，立即折身走了。我重生疑惑。

不过，即使我此时离开，能到什么地方去呢？外面是漆黑的一片，冰天雪地，静寂的大山……

大约过了不到半小时，老人回来了，并且叫来了四个人。我被推进屋内坐着，不知道他们到底要做什么。

来不及经过大脑的思考，在极快的时间内，我的感觉神奇地发生了根本性的逆转！我已经知道，他们是出于极其友好的善意。这个老人名叫田永和，请来的是他的四个叔叔田德锋、田德来、田德明、田顺德。接下来的时间里，几个人很快地忙碌起来准备酒菜。刚才那个幽暗油灯光下盯着我看的汉子是田永和的儿子，也在那里帮忙，这时我看到他面带笑容，很亲切的样子。

酒菜做好了，田永和又点起好几盏油灯，屋内通明透亮。

仪式开始，先是互相敬酒；几杯酒下肚，仪式逐渐走向高潮，接着便如火如荼了。说话的声音已经转为当地的山歌调子。他们开头唱了些亲情、祝贺、歌颂时政的话以后，接下来的咏唱就是专门为我这个外来客了。

先由田永和领唱：

　　正月里来是新春，贵客来到我们村；
　　贵客辛辛苦苦来，我代表全村来感谢。

接着是他的叔叔们一个接一个的和唱：

　　贵客来到我们村，我拍手欢迎贵客来；
　　不是我们太客气，拍手欢迎本应该。

　　土家山寨来了客，应该准备马来接；

可恨山中没有马，贵客自己走路来。

贵客来了我欢迎，我心中快乐又高兴；
我本该赶马去接你，我牛都没赶不像话。

他们山歌的开唱、承续以及收尾似乎存在着一套规范与程序，欢迎曲唱完以后，接下来便是歌功颂德：

贵客从这里过一过，太阳再不会落下山；
贵客从这里过一过，太阳不落天不黑。

翻山过水到村里，你来了我心十分欢；
山也为你变得高，路也为你变得宽。

一边唱，一边劝我喝酒、吃菜，我沉浸在一种温情的愉悦之中。
忽而觉得，对面坐着的并非我刚刚认识的土家人，而是我早已熟悉的长辈。听着那山歌的曲调和即兴编写的唱词，感觉到节奏中所包含的动人的力量，韵律中所蕴藏的无限的深情。
夜已经深了，歌声还在屋内回旋。
终于到了最后的乐章：

这一天来这一夜，今晚只恨时间短；
今晚只恨时间短，难表心中情意长。

贵客来到我们村，今晚共同交友谊；
已经过了大半夜，我想回家转心中舍不得。

看你年轻又有力，刚刚接触就舍不得你；
你是国家大拇指，还要锦上添颜色。

田永和的几位叔叔走后,已是子夜一点多了,我没有一点倦意,又与田永和聊了很久。

第二天,我就要离开多松涅了。田永和又叫了两个叔叔,与我话别。我背上背包出发时,他们一同向我挥手(图5-3)。直到我走出了很远,他们还站在那里。多么亲切的几张面庞啊!我不断地转身向他们致意,直到走出视线之外。田永和的儿子则坚持送我,一直送到昨天我感觉"寒风刺骨"的那个山顶。此时此刻,我又新生出另一种恐惧:当地人如此盛情,我怕无以为报。

图5-3　多松涅田永和(左一)等人送行

现在,我开始了独自行路回苗儿滩。由于昨日途中劳累并挨冻,夜间忽然发起了高烧。

人体发烧,竟然一下子将身躯中的全部力量抽空。我浑身酸软,头也晕得厉害,每走几分钟就要停下来歇一歇,两腿像绑了铅一样提不动。

有个过路人见我如此模样,将他手中的一根木棒送给我,说拄着它行走略略可以节省一点体力。

走到一个陌生村庄的时候,见一位老婆婆背着一个草筐迎面走过来,她看了我一下,直接对我说:"路走错了,你是到苗儿滩去吧?"我正在惊奇,她告诉我应该走另外的一条路。我顺着她指引的方向退回去,拐上了正确的道路。

不久,前面出现一个岔口,我站在那里徘徊不前,依稀记得昨天是往右拐的,那么今天就是往左。隐隐地听得后面有喊叫声,回头一看,见那位老婆婆站立在远处,招着手,高声说:"又走错了。"原来她一直在看着我。

我又退回去重新走。转过一道山梁,前面又是一个岔口,回头看,老婆婆已经不见了。我于是沿着那比较宽一点的路朝前走,越走越深的时候,觉出很不像昨天的路,又折回到那个岔口站着。这时见那位老婆婆在不远处正向我走来,啊——,原来她估计我还会走错,于是跟上山来,见了我说:"你走得太快,我赶不上。要往这边走。"

我感动不已,按照她指点的方向前行。走了几步,听见她在后面叮嘱我说:"前面还有岔口,遇到人再问问。"

我正发高烧,头重脚轻,只想快点赶到目的地休息。可身不由心,走着走着,终于再也走不动了,几乎没有一点力量能支撑住我的身体向前。我便将木棒丢在一边,坐下来休息,前面的山路怎么走姑且不操心,而且操心也没有用,这里是密密的树林,找不到一个问路的人。

很快,觉得连坐着的力气也没有了,找到一块略略平一些的林间草地躺下去。

晕晕乎乎听到天上一只鸟在叫,近处林中有一只鸟回应着;接着又听到近处与远处的鸟你一声我一声连着叫起来。

这时,我多么希望有一种超自然的冥冥之力能够注入我的身体啊!

迷迷糊糊在树林里睡了一觉,醒来时,阳光从疏疏朗朗的树林间透进来，温暖地洒在我的脸上身上。我不想起身，闭上眼睛对着太阳，红彤彤的一片。

"哞——"，忽然听到牛的叫声。我睁开眼睛一看，有一条小牛，脖子上挂着铃铛，"叮叮"作响，正站立在不远处凝视着我。

"它一定是在呼唤我！"我产生了某种神秘的希望："它一定能帮助我，带领我走出这山林。"

我挣扎着站起来向那牛走去，那牛也开始向前走，我便跟着它。不管遇到怎样的岔口，我都紧跟着它。

终于出了山林。对面来了两位路过的村民，他们告诉我去苗儿滩顺着下边大路一直走就行了。很快就走到前面更为开阔的地方，我已经辨识出这是昨天我与尚天文来的那条大路……

终于走回了苗儿滩！昨天用了不到5个小时的路程，今天却用了十几个小时。已经入夜了，我叫开了门，倒头便睡。第二天，一量体温，超过了39度，立即去打吊针。加大剂量，从上午到下午，从下午到傍晚，终于退了烧。

这是一次奇特的经历。

二十二　渡人自渡

惹巴拉自然村与捞车自然村之间，隔着一条捞车河。村民们乘坐一条"拉拉船"往返。

所谓"拉拉船"（图5-4），是在一个渡口，用一根粗铁丝从此岸连接到彼岸，然后将一叶小舟用绳索系在这铁丝上。平常是一幅"野渡无人舟自横"的画面，有人想渡河的时候，人就站在这船上自己拉着绳索向前。

登上此舟，便觉自己成了画中人。水清如明镜，明镜的上边和下边都是一条船、一重天，从此岸到彼岸，就这样轻轻松松地渡过去。过了河，那边的人又要到这边来，站在那里看，看到的是上下两只船齐头并行，水中与水面都是红红绿绿的衣服，分不清哪是真景，哪是倒影。在我以往的观念中，野渡之所以无人，是因为没有渡人；渡人

图 5-4　拉拉船

出现，船夫就会出现。而捞车村的拉拉船，永远没有船夫，渡人需要靠自己的力量渡河。

在捞车村的日子里，我们经常看到村民们坐着这条拉拉船来来回回。拉拉船可以装载 10 人左右，村民们背着背篓，里面装着各种各样的物品，或者是准备出售的，或者是刚从集市上买回的。小孩子也挤上来，随意地坐来坐去玩耍。如果遇着下雨，他们就撑起雨伞，也有人愿意让雨淋着。这就是"同舟共济"的本义（图 5-5）。在这条拉拉船上，没有人会故意捣乱，也不会发生你抢我夺的争斗，更没有人在这里发动战争，因为他们要共同防止可能翻船的风险。如果有人真正地违背众人意志，执意要将船弄翻，那么其他人一定会联合起来将他制服。

其实整个人类，又何尝不是这样。他们同样乘坐着地球这条大船，在浩瀚无垠的宇宙中遨游。大船的逻辑与小船的逻辑本来是相同的，但是，在人类的船上，却总是有些恶类要发动战争，侵吞他族财

图 5-5　风雨同舟

产，占领别国领土，弄得这条大船颠三倒四，充满了倾覆的危险。

拉拉船是那样的诗情画意，且具有象征性，我想起它来就觉得神清气爽。

一天中午，天气不太冷，和风吹拂，我来到渡口，准备到对岸去。刚走到堤岸，一幅曼妙的图画呈现在眼前。一个小女孩，很小，很小，我说不上她的年龄，三四岁或者四五岁，穿着红色的衣裙，独自拉动着渡船向此岸驶来（图 5-6）。

这幅画给我极大的震撼！现代城市处处充满着风险与陷阱，孩童的出行，无论是去游乐场，还是去商店购买玩具，父母总是陪伴在身旁，生怕他们丢失或者发生不安全的事故，那些人贩子也躲藏在黑暗中正窥视着。而在捞车村，孩童们可以独自开动拉拉船，他们或者是受了父母的吩咐到对岸去买盐买醋，或者去给一位亲戚传话，或者只是为了去找同伴玩耍。这里没有风险，没有陷阱，孩童走到哪里都是安全的，都可以像在自己的家中一样得到同等的爱护与关怀。而且，

图 5-6　小女孩自渡

一个三四岁的小孩，已经开始参与家务劳动，懂得分担父母的辛劳，不似城市中的孩子那样的娇生惯养。顿时，我觉得眼前这个孩童正是一种"渡人自渡"的景象。

我注视着小女孩的每一个拉绳的动作，——是那样的稚拙，那样的可爱。上岸的时候，她又用那小手将绳索很熟练地套在木桩上。

河水复归平静。此时，我开始"自渡"了。

我庄严地解下了系船的绳索，正式地启动了这次不平凡的航程。

我已经多次坐过了这条拉拉船，也与考察组的同事们一起好奇地、兴致勃勃地轮流地拉动着绳索，大家分享着奇特的感受与快乐；而今天，只我独自一人郑重而严肃地开动着拉拉船。船在潺潺的河水中缓缓行进，我尽情地体验着人在自然中的那种自由与舒适！

不知不觉，渡船已到对岸。我也像小孩那样将船拴在河边的木桩上，又站在那里，久久凝视着河面。忽而看到一圈涟漪，注目再看，水清见底，浅水处有几条游鱼，逍遥自在。鱼儿的嘴巴一张一合，时而这里那里啄一下。当它们发现了我以后，就迅捷地扭转了身躯，摆动着尾巴，消失在深水处。

"渡人自渡"是佛教的一个经典命题，也可以成为一个人类学的经典命题。在佛教和人类学中，它既是一种济世情怀，但也是一种自济之道。拉拉船的"渡人自渡"所包含的是一种对于"自我"与"他者"关系的认识智慧，这种智慧浸润和弥漫在土家族文化事象之中，而当我在田野中行走到此处的时候，正好与它相遇了。

二十三 "第一主体"的发现

捞车村的考察对于我来说，有一个重要的特点：我没有什么任务需要完成，具体工作都是陈湘锋老师安排的，除了大年初一和初二那两天之外，其余的时间我都没有主动性。每天我跟着他们去倾听当地人的讲述，了解当地人的生活，接触当地的一些事物，观察当地的一些仪式展演。当地人说什么，我就听什么；听到什么我就记什么，至于这些材料有什么用，我从来不考虑。这种被动状态，带给了我一种有益的逆向思考：在摩哈苴的田野工作中，我虽然对于"客观性"与"主观性"的问题有所领悟，但是对于"自我"与"他者"的关系处理上，更重视"自我"。我关心的是作为主体的"自我"的意识与作为客体的"他者"的关系，自我是作为"认识者"出现的，而他者是作为"被认识对象"出现的。在这种关系中，主客体是分裂和对立的。"主体"处在一个相对于"客体"更高的、更为主动的位置上，"自我"是一个"中心"。这种只是将民族志者作为"主体"，而将当地人、当地文化作为"客体"来看待的观念在这次捞车村的田野工作中发生了变化。

在被动的"倾听""观看""接触""体验"过程中，我听到的是当地人在讲述，看到的是当地人在行动，接触到的是当地人在表演，有时会产生一种"代入感"，想到自己就是他们中的一员，也在讲述、行动与表演，在体验着他们的情感与生活。于是，感觉就在瞬间完成了转变：那些讲述者、行动者、表演者与我一样，同样是鲜活的"主体"。这样,就产生了"当地人"和"田野工作者"两个"主体"的概念。

对于这两个"主体",我不仅在理性上知道他们是不同的,感性上也能感觉出他们是不同的。那次从兔吐坪归来以后,我对《送郎歌》的不完整心有不甘。在多方询问与求教都没有得到满意的答案后,遗憾之余,我就试图以我自己的智慧尝试着对缺损的地方进行补充。先试着补写了最后一段的最后两句:

送郎送到五里坡,再送五里不嫌多哟;*有心跟郎一起走,又怕爹娘要伤心哟。*

我反复看着、读着并且学唱着我补充的句子,总觉得与原歌有一种疏离感:语意承接不当,文化背景也不合。我又试着修改了几次,但无论怎样殚精竭虑,总觉得达不到原歌的意境。这才使我领悟到:我是没有能力来完成这项任务的,只好留下这首不完整的诗歌,任其如断臂的维纳斯保持残缺美。

从这一点拓展开去,再联想到其他的文化事象,我生出了一种强烈的自嘲感。例如"天浴",本地人看来是极为自然的,同时也是自觉与自律的,而我们以高人一等的姿态,自以为"文明",其实反倒是低俗的。"萝卜羊肉"是本地人一种放低自我身价的表达,显示了谦虚的品格;而我们所生活的现代城市中的高档餐厅却显示一种矫饰与伪装,二者相较,后者仍然处于劣势。多松涅的村民将陌生人当作高于自己的贵客来看待,就像新疆乌鲁木齐图书馆里的那两个管理者一样,显示了对"他者"的关怀;而我,却对他们处处存有戒心,着实是可悲可叹。如此等等。列维-斯特劳斯曾将印第安人与白人进行了对比,他说白人相信社会科学,印第安人只相信自然科学。白人认为印第安人是野兽,印第安人怀疑白人可能是神。这两种态度所表现的无知程度大致相等,不过印第安人的行为显然表现了更高的人性尊严。[①] 我们在田

---

① [法]列维-斯特劳斯:《忧郁的热带》,王志明译,生活·读书·新知三联书店2000年版,第81—82页。

野工作中，多少总是带有当地人和当地文化是比较落后的这样一种观念，而他们则反过来，抱着看我们总是比他们更为先进的观念。也就是说，我们看我们自己处在高位，他们看他们自己处于低位，如在摩哈苴我与朵西的比较相似，在人格精神和人性尊严上，"我们"又远逊于"他们"。

　　如果从人格精神再说到生存智慧，我们也不一定占优。就说那个"没得店"的店主吧，他完全是一个哲学家。他坐在那里，给来他店里就餐的人们出了一道答题，需要回答正确才能吃上东西。他的"没得"理念正是限制了人们的贪欲，因为这里的确"没得"山珍海味。然而，看似"无"，却生出"有"，有了"青菜面条"，即粗茶淡饭。我们嘲笑这位店主不会做生意，不会赚钱；他也许更在嘲笑我们仅是追求口腹私欲之辈。如此看来，我们似乎又低了一等，又有什么资格去嘲笑他？

　　忽然想起很久以前，不知从哪一本书上读到一个类似的故事，说的是一个当地渔夫正在海边晒太阳，一个"到此一游"的欧洲白人遇见了他，便有了如下一段对话。

　　　　白人：你干吗这么懒洋洋的，不努力工作？
　　　　当地人：我已经够吃了。
　　　　白人：这里的鱼那么多、那么大，可以把它们全捞上来，你就可以发大财了。
　　　　当地人：我发财干什么呢？
　　　　白人：你可以盖一幢漂亮的别墅，住得更舒适一点。
　　　　当地人：我那边有一间草房，已经很好了。
　　　　白人：不盖房也罢，那就买一辆汽车，豪华一些的。
　　　　当地人：买汽车又干什么？
　　　　白人：开着兜风，到世界各地旅游呀，像我这样。
　　　　当地人：到世界旅游又干什么？
　　　　白人：你可以去看大海，还可以在海边美美地享受日光浴。
　　　　当地人：什么叫日光浴？

白人：就是晒太阳。

当地人：那我现在不就在晒太阳么？

  白人语塞，以一种轻蔑的眼光走开了；他慨然：这个本地人简直就是不可理喻，不求进取到如此难以忍受的地步！当地人以更加轻蔑的眼光看着白人走开；他陶然：这个外地人简直就是白痴，想尽办法发财，绕来绕去浪费了不知多少资源只是为了晒太阳，而这种乐天适性的日子他早就得到了。就两种生存智慧的比较而言，到底孰优孰劣呢？

  我在上面几行文字中所进行的比较，既是为了说明我们与他们的不同，也是为了打破我们总觉得处于优势地位的观念。既然我们与他们是不同的，其感觉、思维与表述都是不同的，故而，我们没有理由用我们的感觉、思维去替代他们的感觉、思维，也不能用我们的笔去替代他们说话，我们就应该尊重他们的讲述，将他们的讲述系统地写入民族志之中。在两个"主体"中，他们更为重要，应该处于"第一主体"的位置，我们应该是"第二主体"。又，既然我们在与他们的相较中，并不处于优势地位，而且很多时候还处于相对劣势的地位，他们更应该居于首位而得到特别尊重。

  "第一主体"的发现，是我在土家族文化考察期间的重要收获。

第六篇　走过青藏高原

二十四　"印象树"

　　人类学者既向"远处"去，也往"高处"走。远处的意义不在于较之近处更显优越，高处的意义也并不在于它较之低处更胜一筹，而在于远近高低各不相同。在近处、低处，我平视，我能看到具体的、细微的世界；在远处、高处，我俯视，我能看到宏大的、辽阔的世界。具体的、细微的世界与宏大的、辽阔的世界对于人类学研究具有同等重要的地位。

　　1999年暑假，我去了青藏高原。

　　只背一个包，坚决打倒两个包，——无论是去什么地方，待多长时间，都是同样，这已经成为我的田野守则。非洲大陆上的角马迁徙数千公里只带走它自己，也是一种过日子的方式；它们轻装前进的精神及个中智慧，是值得我们人类学习的。

　　说走就走！我足不践土，登上了去西藏的飞机；飞机已经降落在拉萨机场，我又坐在了航班车内；航班车行驶一个多小时就到了市内。

　　车在林荫道上穿行，我看着窗外的街道景色，目光穿过闪动着的白杨树的叶缝，不经意间看到不远处有一座建筑物，白色的墙壁。

　　"那就是布达拉宫！"

　　前座的一个援藏大学生转过头来说。

　　"哦……"

　　我下意识地应了一句，但很快就惊醒过来，急问道：

　　"你说什么？那就是布达拉宫吗？难道那真是布达拉宫吗？"

这座神奇的宫殿，怎么能以这么平淡的方式出现在我的眼前呢？我原先想过很多次，到了拉萨，我一定是以最郑重的态度、最庄严的心情去瞻仰这座闻名世界的宫殿，而现在，就这么随随便便、这么寻寻常常被我看到了么？这算怎么回事？

而且，我只是在几片树叶的缝隙中看到它！

我再次看过去，它仍然在那儿，在闪动着的白杨树的树叶间……

这带给我的感悟是：一些被认为巨大的、了不起的事物，往往也只是以一种平凡的面貌出现在你的面前。或者它本来就是一种平凡的事物，只是由于被人们在某个时间、某个地点、某种条件上赋予了一种特殊的意义之后，它就成了巨大的、了不起的事物。人们的想象是神奇的，想象出来的事物也是神奇的。又如，这里的"天珠"，本是一种矿石，但当地传说它是一种灵物，是"活"着的。人们只能"活捉"而不能"拾取"，当它在地上快速地跳跃着的时候，你需要脱下帽子去罩住它，它在你的帽子里就变成了一种美丽的宝石。

从拉萨乘车，到了堆龙德庆县的东嘎镇加卢三村，我在达瓦家住了下来。

藏区有农区和牧区之分，堆龙德庆属于农区。达瓦家有 17 亩承包地，每年可以收 3600 斤青稞，还有 6 头奶牛，2 头牦牛，9 只鸡。全家的年收入有 2000 元。原来他父亲在世的时候，达瓦就到外边去打工，一天可以得 20—30 元；后来父亲去世了，他就不再打工了。达瓦说，这个村子共 63 户人家，平均每家五六个人。村里有手扶拖拉机 11 台，还有一台货车。

我到达的那一天是 7 月 16 日，达瓦说藏历是六月初四，正是个吉祥的日子。接下来他又说我来得不巧，前三天全村刚刚跳完藏戏；不过，8 月份还要演戏，是庆祝丰收的藏戏，外加赛马更加好看，要我一定等着。达瓦很快教会了我一些当地的亲属称谓，以便遇人可以打招呼。爷爷称"波拉"，奶奶称"姆拉"，外公外婆也称"波拉"和"姆拉"。父亲称"阿爸"，母亲称"阿妈"。还有舅姑叔伯、哥姐弟妹，等等，一共有十多个。称呼爷爷奶奶的时候，为了表示亲密，往往在前面加上一个"阿"字。我问"阿姆拉"（达瓦的母亲）在不在家，达瓦说她今天一早就出门去参加一个重要的宗教仪式，要走很远的路。次吉卓玛是达瓦的女儿，还有他的内侄女措姆也与他们同住。

傍晚的时候，措姆和次吉这一对小姐妹带我到周围熟悉环境。踏上青藏高原，就有一种身体飘飘然的感觉，脚踩在云朵上似的，好像不是在人间。思绪也像是飘在空中，此此彼彼，无边无际。我们漫步走在河滩上，那山、那水、那一抹晚霞，我向它们致意、问好。西边的太阳照在远远近近的山上，先是一片金黄，转而一片红褐。那些山有的像金字塔，棱角鲜明，坡度不甚陡峭；有的则是险峻诡谲，岩石直上直下。周围的一切事物都是宁静的，只是伴在我们旁边的那条堆龙河，发出些微声细语。它在这片神秘的土地上慢慢流淌着，前面的流水过去了，后边的流水又跟着。

河边是一些奇异的树木，婀娜多姿。我从来没有见过这种树，更叫不出它的名字。它的叶、它的枝、它的干，都是那么的异样。它们在河滩上自由自在地生长着，这边是一片小林子；那边一丛一丛的几株攒三聚五地挤在一起，与小林子相隔一段距离；再远一些的地方还有一些单独的树，一棵、两棵……散落在周边，像是出门玩耍乐而忘返的孩子。

我站立着，轻轻抚摸着那树的叶片，叶片是柔和的；接着又蹲下去，仔细观察它的枝干，那枝干曲直有致。我希望能够与它们交谈，就问了一些问题。虽然我没有听到回答的声音，但我知道，它们已经认了我这个朋友，并且用在微风中轻摇的枝叶对我说它们欢迎我的到来，就像达瓦一家接受我一样。措姆说了它的名字，我没有听得很清。不过，我不知道名字更好一些，有了名字，就有了一个概念的束缚，某种具体内涵也就被规定了；而我，却要有意地保持它的模糊性、奇异性、内涵的多重性、开放性。既然这种树是青藏高原上给予我强烈印象的树，我就叫它"印象树"好了。

我坐到河滩边的一块石头上，痴痴地观察着我的"印象树"，忽然有一种微醺的幸福感，就像摩哈茸那个夜晚一样。幸福是什么？说不出来，因为它是"无名"的。幸福有其自身的韵律。幸福是和谐的，幸福是朴素的，幸福是简单的。幸福有时会同我们开一个玩笑，乔装打扮得一本正经向我们走来，——机遇、成功、名望、地位、优裕的物质生活，它们貌似幸福，但它们是喧哗与骚动，与幸福的本性不同。如果一定要我说出在田野工作中这种幸福感是什么，那么我想，是因为我进入到一种又一种新的文化之中、一群又一群新的人群之中，总是能很快被这种文化、被这里的人们接纳；而我，也能很快地接受这种文化，并进入到这里的人群之中，与他们相通、相知、相融。在青藏高原，在堆龙河畔，在"印象树"前，自然的美妙与人情的良善兼备，我与眼前的此山、此水、此树、此河滩、此二位孩童以及达瓦一家，是如此的浑然一体，和谐相处。于是，我感到了幸福！

在这种微醺之中，我的感觉系统也起了变化。从沙漠到河谷，从平原到高山，我积累了不同的感觉经验。这种感觉上的不同，在孩童时代我就已经意识到了。回想起来，跟着母亲去外祖母家，也是离开"本文化"去到"异文化"中，那里总是有一些不同的事情。外祖母每次都要给我煮"汤饼"，那是我在自己家里从来没有吃过的，有一种异样的口感：甜中有香味，香中又有甜味。正在院子里坐着吃的时候，太阳升得高高的，照在白色的墙壁上，那颜色似乎也带有汤饼的香甜之味。我的那些表弟们已经围拢来，讲述着各种新鲜的故事。外祖母又总要留宿几晚。晚上打地铺睡觉，柔软的稻草垫铺在下面。我躺在舒适的地铺上，好奇地望着房顶的那个小窗户。母亲告诉我，那叫"天窗"，——是可以看见"天"的窗户。当从外祖母家回来的时候，我就可以向别的孩童讲述那些我对汤饼、天窗以及稻草地铺的不同感受。这些都是"异文化"中的故事。我的田野工作也是一样，我每走过一处，感觉都是新奇的。人类学者所谓的"文化震惊"，首先出自感觉。戈壁滩、火焰山、祖灵葫芦、山神庙、毛古斯、拉拉船……每一件新事物都是不同的新感觉。而现在，我来到世界屋脊的青藏高原之上，我的整个感觉系统被再一次重置了。开始我感到生疏，感到新奇；但很快我就感到熟悉，感到亲切。我甚至觉得这片土地我早已来过，面前的印象树我也早已知晓，现在与它们是久别重逢。

措姆和次吉就站在不远处，这对小姐妹的脸上因为在高原紫外线的暴晒下裂了口，双颊上有鸡蛋大小的破裂不愈的伤痕（图6-1）。当我将目光从小树林转向她们这一边的时候，我也同样感觉这两个孩童，还有达瓦，都是我的"旧友"，我早就与他们相识、相熟。我好像就出生在这里，生长在这里，只是出了远门，到几千里之外去从军、去求学、去教书，这个时间长度有几十年，现在终于又回来了。而且我还感到，我的脸上也像措姆和次吉一样被骄阳晒裂了口子，火辣辣地疼。在理性上，我知道我不是当地人，而且不久即将离开；但是在感觉上，我已经变成了当地人，变成了达瓦一家的朋友，乃至家人。

图6-1 措姆与次吉

我仍然坐在那块石头上，许久，才恋恋不舍地离开。

晚上9点的时候，天还很亮。在归来的路上，我走过了家门而未入。措姆和次吉一直跟着我走。当我知道错了回头时，我问她们为什么不提醒我，她们笑着说：

"以为你还要去散步呢。"

到家的时候，阿姆拉已经回来。她说今天整整走了一天，大概有四五十里路呢，她们三个年长者一起去的。阿姆拉慈祥热忱，拉着我的手说话，很像我的外祖母。但我不懂藏语，阿姆拉不懂汉语，次吉卓玛就给我们翻译。过了一会儿，次吉又带我去参观她家的所有房间，还看了院子里的压水井和太阳能热水器。晚饭是 10 点钟吃的，是米饭与土豆，一人加一个鸡蛋。

在达瓦家的日子里，他每天都要带我去新鲜的地方，去体验新鲜的事物。他还带我去了他的几位亲戚家。有一次我们各骑一辆自行车，措姆也跟我们一起去，坐在后座。其中一家较为贫困，只有三间房。一间是敬神的，但里面也放有三张床；一间是厨房，里面有两张床；一间堆放杂物。我们进门时，那家请了一位女僧正在念经。那女僧面目姣好，见我们来，招呼我们坐，然后热情地和我们说话。不与我们说话的时候，她就念经。在她的面前有一大堆经文，她今天的任务可能是要将它们全部念完。与内地的一些老和尚的一本正经不同，她念经时的姿态并不庄严，有时歪坐着，有时用手摸一摸头，有时又将手指放到嘴里。从达瓦与她交谈中得知，她 21 岁时入佛门，在村庄的寺庙里修行，今年 25 岁。寺庙里只有她一个女僧，出去做法事，她就将寺庙的门锁起来。

归途中，达瓦又告诉我，当女僧要不抽烟，不喝青稞酒，不结婚。即使以后不做女僧了，可以种地，可以做生意，但是不能喝青稞酒，不能结婚。

"以后她如果爱上什么人了，能不能结婚？"措姆插嘴问道。

"那也不能。她出家时就把头发剃掉了，立誓不结婚，也不喝酒的。"达瓦严肃地说。

措姆一脸错愕。

二十五　三个牧童

跟着茨利波①上山放牛，我欣然！

---

① 高原三牧童用的是化名。

茨利波 14 岁，考上了初中，没有去上，辍学在家；他的同伴奚洛，12 岁，也辍学；只一个桑布，在读初中，今天是星期天，他才有时间来放牛。他们共赶了 57 头牛。茨利波赶 35 头，其中只有一头是自家的；奚洛赶 15 头，有 4 头是自家的；桑布赶 7 头，都是自家的。三牧童要翻山越岭，将牛群赶到有牧草的地方去。

茨利波边赶牛边听耳机，一副严肃认真的表情。桑布背了书包，奚洛两手空着。三牧童潇潇洒洒，自得其乐。牛群走偏时，孩子们用石头掷过去，将牛约束在一条正道上。但到过山坳或险坡时，三牧童便不敢怠慢：奚洛在前面导引，桑布在中间吆喝，茨利波担任押后，这时他才把耳机收起来。

前面就是两山之间的一个山坳口，三个孩子费了很大的劲，将牛群依次赶上去。只有一条小牛，几次努力都没有过去，"力不足兮，中道而废"，它在困难面前终于退缩，朝山下走去，想打道回府。茨利波吆喝着逼那小牛回来，又重新上山。那小牛数次奋斗，均告失败，双腿跪下了，且沿着陡坡滑下去。茨利波从后面大步冲上来，迅速顶住牛身，死命朝上推。牛力加人力，挣扎上去了。

出了山坳口，那坡仍然很陡，牛们却走得很稳。为防止脚下滑动，我弯下腰来手与脚一起爬行。这么一体验，方知四脚动物之优势。人类向动植物学习，可以学到很多处事智慧。

牛群与三个少年走得很快，我在记着日记，不久，就被落在后面了。朝山下一看便发抖，前面又没有了路。只好扯着嗓子喊：

"茨利波——"

没有回答的声音。再叫，依然没有回答的声音。

太阳升得老高了。昨天晚上在堆龙河边漫步时，面对着这座山，我欣赏、我赞叹，那险峻的山峰使我惊奇，那褐色的山坡给我迷幻。而现在，站立在这山峰之上，面对着它的陡峭，我不再赞叹，而是想着怎么应对眼下的危险。

忽然听到一丝声音，伴随着一缕清风飘过来，我循声望去，一无所见。

"哞——"

原来是牛的叫声！我仔细地寻找，才发现极远处有小小的人与小小的牛，虫蚁般在蠕动。

当我来到孩子们和牛们中间的时候，三牧童已在烈日下铺了一块大塑料布，将带来的午餐全部拿出来，轮流吃，又邀我也吃他们的东西。聚餐后，孩子们各做各的事，茨利波专心致志地听耳机，还从口袋里摸出一个本子写着什么。桑布画画，奚洛在旁边憨憨地看得出神。

桑布画好一幅，便要送给我，同时要我给他照一张相，作为交换。

"以后你有什么麻烦，就来我家。我爸爸是书记。"桑布说。

"我有什么麻烦可以找你呢？"

"渴了，饿了，困了，累了，有人欺侮你了，就来我家。"

"好的。"我应着。

"你来找我时就叫我的小名，小加其，这是我爷爷给我起的，我还有一个名字叫朗吉，是进寺庙用的。"

"你不是叫桑布吗？"

于是他讲出关于他的名字的一段故事来。原来这个名字是他的一位同学的，因为那位同学的成绩好，考取了拉萨市的重点中学，而他只考上了县中学。桑布的父亲是书记，就与那家商量，让两家的孩子换学校读书，于是名字也就要换过来。

孩子在陈述自己经历时很自豪。

这时的茨利波，不知什么时候走开了。他脱了衣服，跳到傍山的一条小溪中游泳去了（图 6-2）。

我看看溪水中自由天真的茨利波，又看看旁边憨态可掬的奚洛。

青藏高原火辣辣的太阳光下，我愕然！

以上这一段，是当时跟着三个牧童放牛时记下的田野日记，主题很明确：救救孩子！

三个孩子都需要救赎，而他们自己是没有力量完成这种救赎的。其中茨利波与奚洛，需要从外部施以援手。他们正是接受中小学教育

图 6-2　茨利波在山溪中游泳

的阶段，却辍学放牛，社会应该施以援手，可社会却没有这样做。另一个孩子桑布则亟须灵魂救赎。桑布并不知道权力是何物，当他炫耀他父亲的权力的时候，他已经受到了严重的精神污染而不自知。他的画阐释了这种意识。这是一幅铅笔画（图 6-3）。高山放牧，牛是劳动对象，是最生动的事实，但他没有画牛。他画了一条溪水，溪水的这边是草地，那边除了草地以外，还有远处的高山。他将画的重点放在那边，表示他向往着高山。溪水的这边通向那边有一座桥，由三根木头组成。这座桥和线条被桑布加粗、加黑，表示一种强调，说明了这座桥作为通道的重要性。

在巍巍青藏高原，在这样一个具有美好人情关系的社会中，同样存在着权力的恶性运作。低处的社会存在着杂质，高处的社会也存在着杂质。每每遇到这些丑恶，我就非常憎恶与痛恨。我总是觉得人类社会本不应该是这样，应该好一些，再好一些，更好一些。我感慨这个世界上魔怪竟是如此之多，希望具有孙猴子除妖捉怪的本领。可是我无法获得此超自然的力量，只指望能用自己的笔写出些文字去呼唤美好社会。

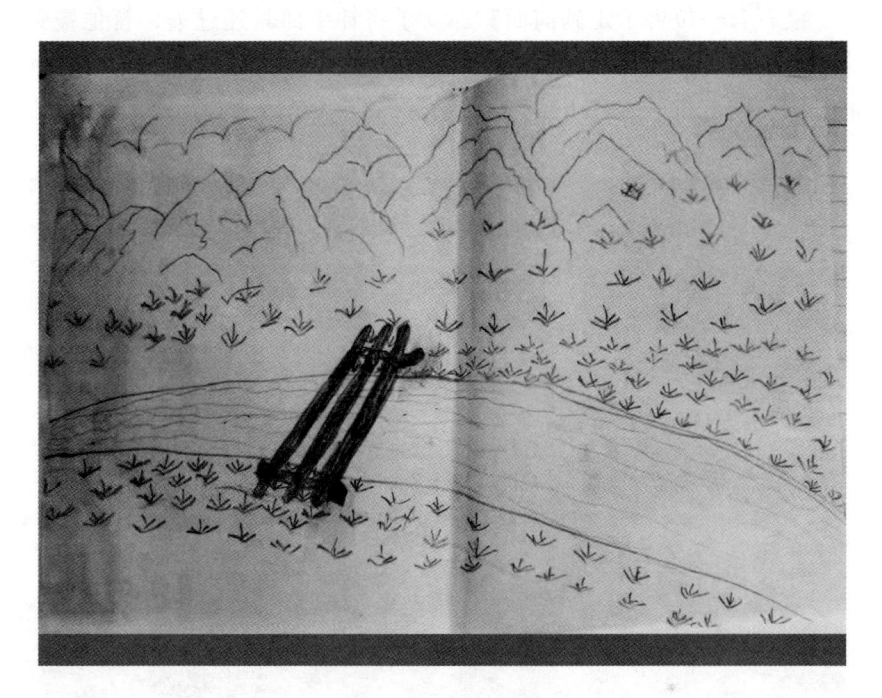

图 6-3 桑布的画

二十六 牦牛舞

　　放牛归来回到村庄的时候，忽然听到节奏分明的鼓声，达瓦说那边在演藏戏了。我很高兴，劳累已无踪影，立即赶过去看戏。

　　舞台设置在一个牛圈里，牛圈里有一些稻草。一个老人和几个青年蹲在一角，敲着鼓、打着锣。我也就蹲到了他们的旁边，一边看一边笑。他们说前几天村里已经演了几天了，现在不演了。今天只是几个人有兴致，就凑在一起随便跳跳。

　　我先是看到一个黑衣女子戴着牦牛面具在那里跳着，慢悠悠地。后来她的兴致越来越高，合着鼓点夸张地左右扭摆着牛头，且不时地用牛角朝上一挑，再一挑。此时就有一个青年向"牦牛"献了一条哈达，那"牛"更是高兴，将哈达顶起来，头翘得最高处，露出了那女子的笑脸。

接着有一位男子走到前面,那女子将牦牛面具递过去,替他戴到头上,二人替换了角色。当男子跳起来的时候,那位黑衣女子牵着他的衣服一同起舞(见图6-4)。

图6-4 牦牛舞

这是一种模拟牦牛动作的舞蹈。两位舞者踩着节奏,开头很平和,随着鼓点的急骤,他们的动作也随之加快,且越来越快。有时前面的舞者突然跳起来,后面牵扯着他衣服的女子几次脱手。周围的孩子们跳着、叫着,年轻女子们则不断爆出朗朗的笑声。后来,那女子终于跟不上鼓点,退下场来,男子就一个人自由地独舞。那"牦牛"时而向前驰骋,时而又向上跳跃,野性大发。观舞者的情绪也越来越激奋,乐器打击得已如急雷闪电一般。

突然,那男子一个斜刺腾跃,跌倒在地,牛头离开了人身,滚到几米开外,歪躺在那里了。场下一阵哄然,那男子自己也笑起来。

可是,那鼓声并未因此而停歇,依然急促有致。只见旁边又冲出来一个青年,从地上拾起面具,迅速戴上,踏着鼓点继续腾挪跳跃……

　　演出在继续进行着，又有一两个小伙子加入扮演牦牛。可是只有一副面具，他们只好左右晃着自己的头。

　　几番过后，锣鼓声渐渐缓和下来，小伙子们也都累了。这回轮到两三个年轻女子上场，其中一个戴上牛头面具，柔柔地摆动身躯跳，嘴里还哼出一些快乐的调子。

　　一群孩子挤到我的身边，也蹲着。我想起挎包里还有一些水果糖，就掏出来分发给他们。许多小手伸过来，我掏了一次又一次。已经没有了，还有一些小手不断伸过来。我搜索着，又从挎包的皱折里寻出几颗。一位中年妇女也学着小孩的模样向我伸出手来，然后又迅速地缩回去，想笑又憋着的样子。措姆和次吉也夹在中间闹。我身旁的那位老人一直在看着我们笑。

　　归来以后，我将观舞之感说与阿姆拉，措姆翻译时又添油加醋，阿姆拉听得很高兴。

　　大家说笑了一阵后，措姆就去做暑假作业。书中有一篇课文，题目是《美丽的藏北草原》，措姆见我喜欢这篇课文，就高声朗诵起来：

　　　　藏北草原美，最美是八月。

　　　　八月的藏北草原，就像一块绿色的大地毯，一望无际。草原上五颜六色的野花，争芳斗艳。天空中白云朵朵，百灵歌唱。草地上帐篷点点，羊群飘动。花丛间蜜蜂彩蝶飞来飞去，空气中弥漫着花香。泉边、河畔、湖旁，羊羔像轻轻滚动的绒团，牛犊似颗颗玛瑙，活泼的小马驹跟随着妈妈学步，帐篷顶上飘着缕缕炊烟。

　　　　八月的藏北草原，如花似锦。面对这个美丽的世界，你一定想生出一双巨大无比的臂膀，紧紧地拥抱着它，高声大喊："美丽的藏北草原，我热爱你。"

　　是的，我也就要到藏北草原去，并且把我的"高声大喊"带到那里去!

几天后,我告别东嘎,离开农区去牧区。

措姆和次吉专门为我做了几个菜。看着这些离别的菜,我生出许多惆怅与不舍。堆龙德庆之行,我与达瓦一家的相遇,看过来好像极为偶然,看过去又好像被注定的。

阿姆拉和达瓦一早就出门了,我还没有跟他们说辞别的话。我会再来吗?再来的时候应该多住些日子,不要这么急急匆匆地走。

我在默默中与二位小姐妹告别!

二十七　我在高原

牧区与农区又有不同,那山坡上自由浮动的羊群、那不紧不慢穿越公路的牦牛,那夏日远山的雪峰,那黑色的帐篷,那人与羊的亲密,那打酥油茶的劳作,那公路上出售自家物产的人(图6-5至图6-11),都使我疏离了当下的现实,产生了极为强烈的超越当下环境的时空奇幻感。

图6-5　藏北高原

图 6-6 穿越公路的牦牛群

图 6-7 夏日远山的雪峰

图 6-8　藏民的帐篷

图 6-9　人与羊的亲密

图6-10　打酥油茶的劳作　　图6-11　公路边最简单的交易

　　在古代人的心目中，高处可以与天相通，巍峨的昆仑山就是神仙居住的地方。现在，我来到了那曲，我就站在藏北高原上，也有一种"天上人间"的感觉。"天"离我的确很近很近，云朵是"天"的使者，伸手便可抓到。极目远眺，真像歌中所唱的"一座座山，一座座山川相连"，没有穷尽之处。古代人想象过从高处向低处看的情景，哲学家说："天之苍苍，其正色邪？其远而无所至极邪？其视下也，亦若是则已矣。"① 文学家说："遥望齐州九点烟，一泓海水杯中泻。"②

　　我站在青藏高原，先从近处向远处看，再从高处向低处看。我看到了些什么呢？早先的近处，远在云雾之中；现在的远处，却就在眼前。远远近近、近近远远不断地转换着、交替着、游动着、比较着。我从摩哈苴彝族村走到捞车土家族村，从千里戈壁走到青藏高原；我

---

①《庄子·逍遥游》。
②（唐）李贺：《梦天》。

又从东北边境走到西南国界，从东海之滨走到内蒙古草原；我还从晋南走到了黔东，从鄂中走到了湘西，从苏南走到了鲁北……在这样一个纵横交错的大空间内，我沿着各种不同的道路行进，乘坐各种不同的交通工具前行。在我的足迹所到之处，如在火车的车厢里，在飞机的机舱内，在候车室的长凳上，在路旁桥侧，在田边地头，我总是会碰上这些人与那些人，遇到这些事与那些事，这时我都会停下来看一看、听一听、想一想。这些那些人与事，有的是那样的美善，有的又是那样的丑恶，我有时会赞叹一番、感慨一番，有时则会怒斥一番、痛骂一番。我也会走到没有路桥舟车通过的地方，如在芦花浅水边、杂草丛生处、山林荒郊外，我也会停留下来、观察一回、倾听一回。我看到小山羊在匆匆赶路，好奇它们到哪里去；看到骆驼草在风中飘摇，思索着它们要求些什么。我听到大河的滔滔之声，慨叹"逝者如斯，不舍昼夜"；听到小溪的叮咚之语，感悟"往者不谏，来者可追"。我还会用自己的双脚踩出几行新鲜的脚印，迈开两腿走出一条属于我自己的新的小径，去观看与探索新的事物。这些经过路桥、乘坐舟车或者用自己的双脚踩出的长长短短、宽宽窄窄的路径，犹如一重又一重密密麻麻的网络，将各式各样的生活连接在一起、编织在一起。而现在，当我站立在地球上海拔最高的地区，许许多多的人物与事件在我的感觉中闪电般地涌现出来，流动起来。这种"感觉流"忽远忽近、忽高忽低，它郁郁葱葱、纷纷扬扬……

那一年，我感怀于船上的亲人送别的一幕：

船停靠在码头，等待到点开船。

舱内进来一位40多岁的妇女，送行的全都是女人，十几个人挤在小小的船舱内。先进来的是几个年轻姑娘，接着又挤进几个中年女人，后面跟着一个白发老太太，后来又从人缝中钻进几个小女孩。我很快弄清楚了主要人物关系：那个白发老太太就是她的母亲，几个中年女子则是她的姐妹们。她排行老三。那几个年轻姑娘和小女孩有的是表妹，有的是下一辈的。她嫁出去14年后第一次回娘家探亲。

一个年龄略比她大些的妇女先是靠着她坐，说了很多劝慰的话，是她的长姐；后来，她把那位置让出来，扶她的母亲坐下。她们刚说了几句话，那女的便哭起来，眼睛红红的，不断地用皱皱折折的手帕擦着泪水。

过了一会，她的母亲说："我们走吧，要开船了。"

"早呢，还有 30 分钟。"一个说。

"你过四年再回来。"大姐说着，也哭起来，用手擦着眼泪。

"你不要想，你不要怕，我过几年好一点，我到你那儿去养老，帮你。"二姐说。

"我过几年境遇好了，也去。反正现在'文化大革命'过去了，探亲假也有了，你过四年再回来。不要怕路费，我们姊妹多，给你凑。国务院规定四年一次探亲假，你还回来，你不要难过。"四妹说。

"你去洗洗脸，要开船了。"又一个说。

一位年轻的姑娘又去给她洗手帕。

临别的时间终于到了。先是那姑娘哭，接着姊妹几个都哭。母亲像是要哭，但没哭出来。我看到她将三女儿往门里一推，把其他几个人一一拉出来。

这位三姑娘又跟着出去回送她的亲人。

很久，她才回来，又去洗了一遍脸。离开船还有五分钟的时候，她的姐姐又送来一包蛋糕饼干，让她路上吃。

亲人们走了，她一直不说话，只是默默地在洗手帕，擦眼泪，再洗手帕，再擦眼泪。

那一年，我苦闷于一位老人的生计：

老人丧妻无子，独身一人。

还未进门，老人热情地招呼着"坐，坐"。但他并未进屋，反转身向外，向他的侄子借得一张小竹凳，放在门外。

我还是想进屋里去看看。

那门只能容一人进出，门楣低得要弓着背才能进去。

这本是一间房子，中间用墙隔成了两间。外间进门右边是一口水缸连着灶，一顶碗柜半躺着。左边是鸡窝，鸡窝上放了一双破旧的胶鞋，被泥土染得已经看不出本色。鞋旁是一把小铲子，一只草帽斜搁在上边。鸡窝上还有其他一些杂物如土块、朽了的小木板等。在鸡窝和水缸的中间只容一人能过。外屋就这么大了。

里屋则要宽大些，能放得下一张双人床，一个装粮食用的木箱子。这里唯一有生气的是那房头墙上的两张年历，一张是去年的，一张是今年的。两张年历都是老人的侄子送的，上面分别有一位年轻的姑娘，去年的姑娘脸上已有蜘蛛网，像半年没洗脸，模糊不清，衣服也旧了；今年的那张要干净些。

"到外头来坐坐，里面不成个样子。"老人在外面招呼着。

我低着头走出来。

"不要嫌凳子脏，坐！坐！"

我坐下去。看那晒衣服的麻绳上晾了一床草席，中间破的。

我们沉默着，没有话说。

当我向他告别时，他抱歉地说：

"空坐了，空坐了。"

那一年，我惋惜于一个土家族儿童的失学：

三鬼

爬山爬得筋疲力尽，坐到一块大石头上休息。隐隐看到树丛深处有些黑影在蠕动；靠近了，便见到三个土家汉子肩扛着新砍的树木。同行人说那中间的一个便是我们要找的村长。村长见了我们，笑容堆满了脸，又溢出到脖子上。

"不是封山了嘛？"

"如果有一点办法，我都会模范执行国家政策的，可是四鬼和烂屋下学期的学费没着落。"

他是晚上偷偷把树砍倒，白天却大大方方地扛出来。他希望乡干部看到，在受到批评的时候，他便可以把家庭困难宣传一番。

终于攀登到山顶，来到村长家里。那是土家族的吊脚楼，一边壁没有墙，用塑料布简单地遮挡着。屋子里空荡荡的，有几只矮凳、短桌。

村长有五个孩子。老大是个妮子，名叫大妹，12岁。再生一个还是妮子，虽然已经很讨厌，但还有希望。名字也起得不错：二妹。第三个无论如何必须是男孩，可又是一个妮子。她似乎本来应该留在另外的世界里的，但却来到人间，于是，便有了一个闻名全村的名字：三鬼。当四鬼来到世界的时候，夫妇俩都已麻木，今生注定只能生女孩了。谁知道在希望变成绝望的时候，一个伟大的男孩终于从天而降。夫妇俩高兴的情状我们无从得知，请人给他起了什么伟大的名字也并不被人记起，村里人只叫他"烂屋"，原因是交不起罚款，房子被拆去了一堵墙。"烂屋"与"三鬼"一样的著名。

为了这个烂屋，他的三个姐姐都失了学。二妹是这个家庭中学历最高的，小学二年级。二妹休学后接替大妹放牛，大妹做农活。等到8岁的三鬼终于也读完一年级辍学时，她的工作是接替二妹放牛，二妹也去做农活。

头一天，我们没有见着三鬼。

第二天直到傍晚，依然没有见着三鬼。

当夜幕降临的时候，村长家的破壁前，有一个披着长发的小女孩正在与烂屋耍闹。烂屋爬树如猴子般迅捷，小女孩追他时，也跟着上了树。她快要够着她的兄弟时，那男孩猛地一跳，从数米高的空中跃出，返回地面。小女孩滑下树时，烂屋又上了另一棵树。

这么闹了很久，她总是追不上他。小女孩终于丧气，烂屋则胜利地笑着。

她就是三鬼！

在村子里的那些日子，我们只是晚上才能见着三鬼，她每天在山上放牛。

离开村子的那天早晨，我早早起床，想赶在三鬼放牛之前，让她带我到村里的小学去看看。天上的星星还闪闪发亮，可三鬼早已出门了。

我只好让大妹和二妹领着，那小学也曾是她们读过书的地方。在晨光中，姐妹俩笑着，跳着；走一段路，等一等我。那是一所祠堂小学，木板楼梯晃晃的，她们轻捷地飘上去了。已经来了一个学生，朗朗的童声透过古老的宗教祭祀祠堂的土墙，又透过山村的薄雾，向着远方传去。大妹与二妹隔着墙壁从木板缝隙朝里看，里边读书的孩子专心致志。

"你想不想上学？"我郑重其事地问大妹。

"不想。"大妹也郑重其事地回答我。

我又问二妹：

"你说真话，你想不想上学呢？"

"不想。"二妹天真地笑着说。

"为什么？"

"老师太狠，迟到了要罚站马步。"

"那么三鬼呢？"

"她更不想。"

返回的路上，姐妹俩默默地看着我。

在村长家吃过早饭，准备好行装。到了告别的时候，我还是想见一见三鬼再走，可她的母亲说："不知道在哪个山上呢。"

等到离开村子有一段路程的时候，我看到对面的一座山巅上，有一个小女孩伫立着，被塑在蓝蓝的天空中，在她的旁边，几头牛儿在吃草。那一定是三鬼了！

我们向她招手，她没有回应，好像在看着什么。她是在看我们呢，还是在看她的牛呢？我猜不出来。

那一年，因受不了当地人过度热情的接待，以至于 10 天的考察安排只过了 3 天我就中途逃离了：

听了一位当文学教授的朋友提议，我去了晋东南。据他的研究，在晋东南地区有一个大的神话群，我想对于这个神话群的考察将是极有意义的。

第一天上午，机场有人接。车到县城以后，当地的一位作家来接，并且说县宣传部副部长马上就到。我要去另一个县，换乘的车已经在等了，作家一同前往，当地的电视台也跟着，于是二车前后相随。

到了县里吃饭，文化局局长，宣传部副部长、当地尧文化研究会会长作陪。席间介绍说："这些都是县里的名人。"

下午会长与部长陪着我们去房头村，内有一庙，灵湫庙。传说是宋代徽宗用瘦金体题名。门没有钥匙，因为守庙人去世了。我们等着，河边有个洗萝卜的妇女，我走过去随便问问，记者却跟上来不断地照相。后来进了一户农家，女主人不习惯拍照，躲掉了，男主人出来，跟我们讲了三奶奶庙的故事。有三个奶奶都要到这里来。大奶奶骑着骡子，骡子很有耐力；二奶奶骑着马，马跑得很快；三奶奶骑着驴，驴走得又慢，力气也不大。后来在半途中，大奶奶的骡子生了气，走路慢下来，耽误了时间。二奶奶的马跑得飞快，但却被路旁的枣树挂了衣服，又耽误了时间。唯独三奶奶骑驴慢慢走，却第一个到达，占了这里的神位。因为这个原因，大奶奶让那倒霉的骡子从此永远没有生育；二奶奶让这个村庄不再长枣树，而周围的村庄都是枣林茂密，硕果累累。不过当地人并没有亏待她们，还是把大奶奶和二奶奶塑在三奶奶的旁边。

第二天早晨，部长、局长又来陪吃早饭。8点出发去发鸠山，研究会会长又来陪同。会长很健谈，他是1971年的工农兵大学生，学的专业是化学，毕业后当教师，到这个县工作已经三十年了。他说他对古代文化、官方文化、民间文化都很熟悉。发鸠山的主峰1664米，汽车开到离主峰不远的地方，我们就步行上山。山上的庙宇类似于武当山的风格。庙前有一巨石，局长说，这就是精卫衔来的填海之石。《山海经》上说精卫是只小鸟，"常衔西山之木石，以堙于东海"。他有怀疑，他说这块石头也太大了，小鸟未必衔得动。往前走，便是"九公十八洞"。会长说，这是材料上写错了，应该是"九殿三八洞"，"三八洞"就是上八洞、中八洞、下八洞；"九殿"是三官殿、太阳殿、太阴殿、桃花殿等。再往前，就是药王庙，这是发鸠山的最高峰。传说尧王从平遥来看他的儿子丹朱，走到这里病了，彭祖就为他治病。彭祖是长寿人，活了840岁，因而是药王。

下午又换了一位会长陪同。先去陶唐村。陶唐氏乃是尧的称号，黄帝、颛顼、帝喾、尧、舜。尧被古代的文人视为最理想的君王。史书评价他"钦，明，文，思，安安。允恭克让，光被四表，格于上下。克明俊德，以亲九族。九族既睦，平章百姓。百姓昭明，协和万邦，黎民于变时雍"。孔子赞叹尧之所以成功，是因为他能够"则天"："大哉尧之为君也！巍巍乎！唯天为大，唯尧则之。"不过他的最显赫的名声，治世功绩固然重要，但人们更称颂他的禅让品质。因为他受封于陶地，后又改封于唐国，故称为陶唐氏。

陶唐村有"三圣庙"遗址，供奉着尧舜禹三尊像，但传说清代道光年间被毁，后又重建，重建后又被毁。现在建的一庙，农民只把它叫土地庙。二月初二，村民们去庙里祭土地神。陶唐村270户，1200多人。我们去的时候村里空空落落，介绍人说，现在村里每家只有一两个人在家，其他人都出去打工了。陶唐村人与其他地方一样，种玉米、种小麦，也有人家种大棚菜。人均一亩五分地。玉米每亩1500斤，每斤7角5分。眼前的事物都是实实在在的现实中的事物，进村的路是由石子铺成的，村庄的房屋是砖瓦盖成的，房屋前的鸡舍也是几块砖搭建，我们已经无法从中追寻古风了。

不过，在另一个村庄，也总算找到了以"尧"命名的"尧庙"，在一座小山上。但是这个庙已经很少有人去了。

中午吃饭的时候，县长、宣传部部长来陪。

第三天上午，部长、会长又来陪，同去一座山。汽车途中经过一位地方官的家乡。会长说这位地方官很像刁德一,他就讲起了老刁和他的儿子小刁发迹的故事……

那一年,我去内蒙古参观王昭君墓,有感于一些颂诗总是臆测昭君胸怀,就以昭君的口吻,随口吟诵了一首诗:

我本乡溪一山民,只为家国任生平;
词客年年裁新句,未识寻常女儿心。

那一年,我去摩梭人中作短期考察,似乎完全进入了一个非现实世界,处在一种"奇幻"与"魔幻"的感觉之中。我无法将这种感觉诉诸文字,只能展示几幅照片,再抄录几个当地的传说。

图 6-12 狮子山

狮子山(图 6-12)有一个传说。格姆山下的者波村,有一个美丽勤劳的姑娘。天上的一个男神看中了她,用一阵狂风把她卷上了天，整个永宁坝的男女老少都惊叫起来，天神慌了，放了姑娘。可姑娘已入仙境，不再回到人间，她就附在格姆山上，成为女神，穿着白衣白裙，从此守护着永宁坝的人们的福祉。于是这座山就叫格姆女神山，也叫狮子山。

图 6-13 泸沽湖

泸沽湖（图 6-13）也有一个奇幻的传说。相传很久很久以前，有一对少年情侣得道成仙，但他们只有乘坐一匹神马才能上天。这对仙侣同乘神马来到滇北高原，被这里的风光所迷，决定在这里生活下去。美丽的姑娘心地十分善良，她见到当地穷人非常可怜，就伸出手来帮助他们，而且不避男女嫌疑。结果她的情郎生气了，几次争吵后，情郎独自骑马飞上了天空离她而去。在神马升空的一刹那间，马蹄把高原踏出了一个大坑。想不到的是，青年竟无法回到人间，少女因为没有神马无法上天。于是少女悲痛欲绝，泪水长流，流满了马蹄坑，便形成了今天的泸沽湖。后来，少女的泪水流干了，她发誓，今生只和有情人来往，一旦情断意绝就分手重找阿夏（情人）——走婚习俗就这样出现了——这少女就是摩梭人的祖先。

又有一则不同的传说。在遥远的年代，这里曾是一片村庄。村里有个哑巴放猪娃，人们只要把猪交给他，他总是把猪放得肥肥壮壮的。有一天，他在山上一棵树下睡着了，梦见一条大鱼对他说："善良的孩子，你可怜了，从今往后，你不必带午饭了，就割我身上的肉吃吧。"小孩醒来后，就到山上找啊找，终于在一个山洞里发现那条大鱼，他就割下一块烧着吃，鱼肉香喷喷的。第二天，他又去了，昨天割过的地方又长满了肉，伤口不见了。这下孩子放心了，从此后，每天都以鱼肉为食。这事被村里一个贪心的人知道了，他要把大鱼占为己有，就约了一些贪财之徒，用绳索拴住鱼，让九匹马九头牛一齐使劲拉。鱼被拉出洞，灾难也就降临了。从那个洞里，洪水喷涌而出，顷刻间淹没了村庄。那时，有一个摩梭女人正在喂猪，两个年幼的孩子在旁边玩耍，母亲见洪水冲来，急中生智，把两个孩子抱进猪槽，自己却葬身水底。两个孩子坐在猪槽里顺水漂流，后来，他们成了这个地方的祖先。人们为了纪念那个伟大的母亲，就拿整段木头做成"猪槽船"，泸沽湖也称为母亲湖。

图 6-14 奇幻的树

图 6-14 是一棵奇幻的树,当我来到这棵树下的时候,当地人说这是众神集合的场所,是一棵神树。我在傍晚时分看到了这棵树,似乎真的感觉到诸神就在树上树下。

也是在那天傍晚,当我走向这片田野的时候,当地人说这片田野是摩梭人与他们的神共有的家园(图 6-15)。我问神在哪里,能不能看得见,他们说神就在那里,就在那几棵树上,就在那一片田野上。他们甚至能够听到神的声音。

图 6-16 中的照片是一位摩梭女儿。她要求我为她照一张相。我不知道她在读着什么,也不知道她在想着什么。与那山、那湖、那树、那田野一样,她充满了仙气,充满了神奇……

以上嘈嘈切切错杂弹,是我在高原跟着感觉走所浮现出来带给我感情冲击的一些事件与场景,是我感情世界随机出现的事件与场景的瞬时性呈现,当时被我记在日记中。它们之间没有理性的逻辑联系。它们犹如芬芳田野上所生长的野花野草,这里一朵那里一丛,香味并不浓郁,色彩也不艳丽,彼时彼地,它们随意地在脑海中蹦跳出来,任意地连接起来,成为我情性之弦上弹出的高高低低的音符。

就在离开那曲的前一天,我住在布琼家里。晚上,我们一起走出他家小而黑的帐篷,走到了旷野之上,观看璀璨的星空。

我们站在了天地之间,无数的星星就在我们的头顶上不远处闪烁着。我遐想着年少在乡村之时,每到夏夜纳凉时村庄上的人们就要讲一些天上星星的故事。我问布琼,能不能给我讲几个藏族星星的故事?他说他只能讲几句简单的汉语,讲不了故事。他的妻子次仁卓玛汉语也讲不好,只有他弟弟汉语讲的好,可是他不在这里。我虽然不知道藏族关于星星的故事是怎样的,但我已经知道在这里对于星空同样有着众多的故事。

在我家乡关于星星的故事中,"牛郎星"被命名为"挑黄石星",与它相对的不是"织女星",而是天河对岸偏南的一颗颜色较红的"挑灯草星"。"挑黄石星"在东侧,"挑灯草星"在西侧。在乡情与亲情皆异常浓郁的小村子里,夏夜乘凉的时候,人们总喜欢一遍又一

图6-15 奇幻的田野

图6-16 摩梭女儿

遍地讲起下面这个故事：

  相传一个后母带着丈夫前妻生的孩子和自己的孩子过日子，她非常宠爱自己的孩子并且经常虐待前妻的孩子。一次两个孩子被指派各自挑一担物品跨过天河去，她安排自己的孩子挑极轻的灯草，而让前妻的孩子挑黄石（石头）。在跨越天河时，忽然刮起了大风，由于黄石重量大，前妻的孩子依靠扁担悠着的惯性一下就跨了过去，而她的亲生孩子却因灯草太轻且体积庞大，每次跨越都被天风吹了回来。她的儿子的努力最终失败，而她，坐在天河边伤心地哭红了眼睛，于是这颗星星就变成了红色。这个故事的训世意义在于批评后母偏心，那个后母由于心术不正而自食了恶果。

  然而，这颗红星星又被组合在另外一个故事中，在这里它被叫作"槐郎星"。说的是有个婆婆病得很重，临终前想吃一顿肉食。因为家境极为贫寒，她的儿媳非常犯难，可是孝敬婆婆的心如此强烈，她一定要满足婆婆的心愿。她终于有了办法！当她把一盘新蒸好的热腾腾的肉端出来时，她的婆婆又感激又高兴。婆婆舍不得一个人吃掉，要叫回孙子"槐郎"一起来共尝佳肴。就在这时，她的媳妇跪下了，泪流满面地向她诉说：

  口口吃的槐郎肉，口口喝的槐郎汤；
  还问槐郎在哪里，叫我怎么寻到他？

  她的悲痛与她婆婆的悲痛都是无法想象的，那颗红色的星星就是婆媳俩哭红的眼睛。

  然而，第二个传说还有一个变体，可以作为第三个故事来看待。说的是儿媳烹子并不是出于自愿而是畏惧婆婆的权威才被迫为之。变化虽然微小，故事的主题却发生重大逆转，由颂扬孝道转为批判恶婆婆的形象了。

当然，这里还存在着第四个故事，即我从课本中读到的叶圣陶的《牛郎织女》一文，将书本上的故事带回了村庄讲给大家听，但并不受重视，因而也没有得到传播。

我仰面看着青藏高原夏夜的星空，满天星斗位置与我家乡的星空大有不同。我甚至根本找不到一颗原先所熟悉的星星。此时，我很想知道在我身旁的布琼的心里到底装着怎样的天空星星的故事，藏民们对于星星是怎样的想象，这些想象又到底寄托着怎样的情怀。

第七篇　周城白族村

二十八　走进"风花雪月"地

　　1999 年底，没有进行任何准备，甚至连地图都不愿意携带的我，随机性地去了云南，一位年轻的汽车司机同样随意地将我带到大理喜洲镇，随后我转至周城白族村（图 7-1、图 7-2）。自 1999 年至 2019 年暑假，我在周城白族村持续了整整 20 年的田野工作，其间包括 2000 年一个完整年。在 20 年中，只有少数几次调查是因为"被研究"外，绝大部分都是按照个人的学术理念与追求而进行的田野工作。

图 7-1　周城 20 世纪 80 年代航拍全景（周城村民委员会 1999 年提供）

图7-2　周城民居（周城村民委员会1999年提供）

我在周城白族村的田野工作所感受到的与摩哈苴彝族村、捞车土家族村以及西藏的文化与生活迥然不同。这里的民众普遍注重物质生活的丰裕程度，有着浓烈的竞争意识。这种竞争充满了社会生活的各个领域，呈现在村庄与村庄之间、社区与社区之间、家族与家族之间、家庭与家庭之间、个人与个人之间。与此同时，也有一些别样的人，他们生活在独特的精神生活之中。这些，带给我另外一种不同于其他地方的田野感觉、经验与思考。

走进大理，我就接触到一个耀眼的词汇"风花雪月"。这是由四种景物所构成的合成词：下关风，上关花，苍山雪，洱海月。"下关风"的来由是因为大理的下关是一个山口，由于地势特殊，在春夏之交产生了一种疾风劲吹的自然现象。我在2000年4月19日被邀参加大理三月街民族节开幕式[①]，那天晚上被安排住在下关宾馆，整夜的风窜上窜下，刮个不停。我抱着一个好奇的心理有意要体验一下"下

[①] 2000年大理三月街民族节暨大理首届旅游节时间是4月18日至4月24日。

关风",就站到一个风口;那风直愣愣地扑过来,强悍有力,夹带着沙尘,我当时就被吹蒙了眼睛。"上关花"则是大理的一种普通的花,不仅周城的北邻上关有此花,苍山脚下的树林中随处可见,当地人也叫它"水松杨"。它又被称为"朝珠花",有着一个与段隆相关的神话传说。[①] 不过,当你站在水松杨旁边并不驰骋你的想象力的时候,它并无半点新奇,树上还有许多毛毛虫。"苍山雪"是苍山最高峰的积雪,远远望去,有几个白色的山峰,就算是"苍山雪"了。但那雪夏日就会消融;即使是冬日,积雪仅仅山头浅浅的一层,下边斑斑点点是树林与土壤的颜色。对于积雪的欣赏,只是丰衣足食的人们在兴致不错时远远望去方能产生美感,而如果身居其中,大多时光并不是一种美的意境。有一次,当地人领我在苍山深处的密林中寻找周城各家族坟墓的位置,忽然下起了大雨,全身皆被淋透,躲在一棵大树下瑟瑟发抖。归来时,天已放晴,看那苍山的高处,的确有一层积雪,但我立即生出被冻住的感觉。至于"洱海月",我也仔细观察过,"月印万川"而已,与别地并无不同。或许需要读过许多古典诗词的人,且多愁善感,才会对此有所感触。然而,本来无美无丑、无好无不好的四种自然物,当大理人将它们组合在一起并冠以"风花雪月"一词,就创造了一个意象之美、境界之美,成为大理旅游景点的名片(图7-3、图7-4)。

  大理"风花雪月"的名片,在周城则通过具体事物呈现,它就是"风花雪月帽"。现在电视上经常出现的白族青年妇女的帽饰,就是这种风花雪月帽。帽饰中的垂须穗为白色,由丝线扎制而成,垂于左侧,随着清风拂动,轻盈飘逸。帽饰的包头做成了硬壳弯月形,后面通过细绳或者暗扣连接,可以稳固地戴在头上。帽饰的主体上绣着各种各样的花,有梅花、兰花、菊花、牡丹等,多以红色为主。帽顶用白色的毛线粘制成细密短须。这样就凑齐了四景:垂下的穗子是下关的风,艳丽的花饰是上关的花,洁白的帽顶是苍山的雪,弯弯的弓形包头是洱海的月。不过,这种"风花雪月帽"只是青年女性头饰(图7-5),

---

[①] 关于这个故事,参见《他者的表述》,中国社会科学出版社2018年版,第十八章第一节。

图7-3　苍山

图7-4　洱海

中老年女性则是另外的样式。老年妇女的帽饰非常素朴，只是一块花布头巾，并不用半月形的硬壳支撑（图7-6）。中年妇女的帽饰介于青年与老年之间，有半月形的硬壳，但没有白色的缨穗，帽檐花纹也没有那么艳丽。

图7-5　青年女子的"风花雪月帽"

图7-6　老年妇女的帽饰

周城的"风花雪月帽"是一种豪华型头饰，是近年随着周城旅游业的兴旺而发展起来的。在传统社会中，所有的帽饰都是现在老年帽饰的样式。1959年，当王家乙导演、杨丽坤等主演的《五朵金花》电影搬上荧幕以后，就出现一个大的变化，当地开始模仿电影中的帽饰制作，但还没有当下帽饰那样鲜艳与华丽。1984年中国人民大学历史系师生所编写的《云南大理周城志稿》（内部资料，1984年）所载大体还是《五朵金花》中的头饰类型："少女们喜欢把帽箍垒得高高的。帽箍的边沿还钉满银泡子或缀满银质的小圆帽花，后尾翘起并有许多缨须，然后用一块自做的多样的包头巾把它叠成长形加在上面，再用红头绳缠绕着长长的发辫，把辫子挽上，发辫挤在中间。在左耳的侧边，飘着一串雪白的缨穗。"此时，这种头饰既没有"风花雪月"的完整象征，也没有"风花雪月帽"的称谓。自20世纪80年代后期以来，周城在改革开放的浪潮中利用依傍蝴蝶泉以及传统扎染手工业发达的优势，重视发展旅游业，现在的"风花雪月帽"样式才被创造出来。

2015年1月24日，周城村民段绍升先生讲述了"风花雪月"与"风花雪月帽"的创造过程：

  过去我们大理人经常有那么一句口头话，叫作"靠苍山吃苍山，靠洱海吃洱海"。海边那一带的人，靠洱海的人，他就靠水里面的东西维持生活：一个是水上的运输，更主要的是打鱼。不仅有鱼，还有螺丝、虾，过去洱海里还有那个弓鱼。除了动物以外还有植物，就是海菜。那个海菜你来这么些年吃过的么，吃起来很好吃，一般加一点芋头、豆米、蚕豆，它的味道很鲜美。他靠海那一带就吃海，包括他积的肥料也是在海子里面捞的。捞出来的那些水草，一捂，捂出来的肥料比我们割的那些茅草都还好。那边的人用那个海草捂出来的肥料不像到山上去割茅草那么费力，用两个棍棍一扭一扭就把它拖上来了，拖得很多，堆成一大堆。这种肥料，加上海边一带的土质比我们山脚更好一些，海边一带种的庄稼就比我们要好。我们周城离洱海要远一点，就不习惯到海边去捞那个海草。我们就上山砍柴，海边他们就没有柴火，我们到山上砍柴卖给海边捉鱼的，他们那边就卖给我们鱼虾。山上还有树，就是木料，建筑材料，家具这些都出自于山上的木料。还有竹子，可以编篮筐。我们这边就靠山吃山。

  既然有山有海，但我们自己的人发现不了风景怎么好，外面的人来发现了。别的地方有山没有海，有海没有山，我们这里有山又有海，而且山和海隔得不太远，站到我们这个村子的前面或者后面既可以看到山又可以看到海。外地的人来一看，嗬——，这儿风景多美啊！他们就发现了。既然他们称赞，我们就把它利用起来，搞旅游业。我们这个村庄现在吃旅游业的饭，这又是靠山吃山，靠海吃海。如果没有苍山、没有洱海，这个旅游业就完了，大理没有什么看头了。有了这些东西，就是无价之宝，这个宝贝现成的，就摆在那儿，不需要你去挖来挖去才能挖出来。我们能够生活在这边，大自然给我们造了这个山、这个海，我们就享受这个山、这个海。

我们要感谢《五朵金花》的作者，《五朵金花》把大理的洱海、大理的苍山宣传出去了，世界都知道了，游客来得多了。我们就想除了山、除了海以外，还要有点什么吸引外地人，以后服饰这些就大大地进步了，变得非常好看了。我们周城的白族服饰最好看，除了周城就是喜洲下面的沙村。但是周城的最好，他们那个第二。《五朵金花》之前，那个服饰是太古老了，不好看，就像慈禧太后穿的那一种，比较笨重。但是《五朵金花》的导演和化妆师在过去那一种基础上把它美化了一些。我们周城人看着电影上，啊——，人家打扮成那个样子，上了电影，很好看，那么我们也弄成那个样子，外地人不也就更喜欢我们这儿的东西了吗？以后就向它学习了，裙子和头饰这些东西都大大进步了。

再后来，我们还不满足，服饰又不断改进了。你现在看我们的那些金花穿的衣服、戴的帽子，比《五朵金花》电影上的还要好看些。那个帽子叫作"风花雪月帽"，就比电影上的鲜艳多了。外边的人来，看到白族服饰好看，一高兴就要买，这样一来，服装就成了旅游产品了。包括我们家也是卖金花、阿鹏的服装尝到了甜头。现在我这五个儿子，发展得相对可以，与那个分不开。几个儿子都是搞扎染、搞销售旅游产品，享受到旅游业的收入。所以旅游业对周城的作用非常大。

（插话：那风花雪月帽是谁想出来的呢？）

我想是大家想出来的。那个头饰上面有一些白花花，有一些须须，它又有飘带，可能有的导游，她嘴巴厉害一点，说：啊，这个是代表风，那个半圆是代表月，上面的那个代表雪。（笑）这么一说，好像还很有道理，她的经理就还称赞她，这样的说法就扩散开来了。过去就是封闭得死死的，没有与外边交流也想不出这些。现在交流了，就把大理的风光宣扬出去。连大理的姑娘美也宣传出去了。有一位领导和他的夫人来大理视察，那领导说："你们这里山美水美金花美，姑娘美。"他的老婆踹他一脚，说："小伙子也美。"（大笑）你把它说成"山美水美人更美"就行了嘛，怎么你只说姑娘美？所以挨了一脚踹。（笑）

（插话：段老师，大理的风"呼呼"地吼，有什么美的？花到处都有，不止大理有。雪，凡是高山上都有雪。月亮在全国各地也都可以看到，在小江小河里都可以看到它的倒影，为什么在这里就全都美起来了？）

（笑）朱教授，你说这不美那不美，那你到我们这儿算起来从1999年到2015年快20年了，如果不美，你能待那么长时间吗？大理的风是比较厉害，下关的风把姑娘都吹成老婆娘了，这是他们说的。本来姑娘美丽像一朵花一样，但是那么一吹，她就弄得不好看了。可是，她把那个服装穿起来，那个围腰围起来、裹起来，她的装饰就很潇洒了。她再把那个帽子戴起来，头发也不会吹乱了，也不会把人吹枯萎了，她就美了。四样东西分开来看，好像都不太美，但是凑到一起，它就美了。还有这四样东西里面如果有一样是美的，它再和其他三样并拢来，其他的也就美了。风不是太好，变成"风花雪月"里面的"风"就很好了。风景风景没有"风"，这个景色就不行了。风景风景，"风"字当头，我们这个风花雪月也是"风"字当头。再说，因为有了风，实际上空气各方面就很新鲜，如果一直没有风，气候就比较热了，有风就有一种清爽的感觉。庄稼也需要风，尤其是麦子更需要风，蚕豆麦子没有风，开花影响它的结果，有了风以后花粉就撒得比较均匀了。因此，人们也是很喜欢风的。花也平常得很，到处都是，但一到电影里，就吸引人了。即使不上电影，这花总是美的。我记得朱教授1999年头一回进我们家院子的时候，就说这花又多又香又美么。

（笑插：段老师好记性啊，我都忘记了。你这个院里面花真是不少啊！）

这时，正好段绍升的长子段晓云进门，他听到我们说"花真是不少"的话，就开始一一地数起院子里的花的品种。一共32种花，他说出了其中31种名称：马蹄莲、一串红、文竹、三角梅、君子兰、灯笼花、橘子树、玫瑰、两面针、杜鹃花、虎头兰、蝴蝶兰、臭灵丹、月季、西红柿、木瓜、铁树、玉树、过江龙、叶掌竹、米兰、扶桑花、鱼子兰、德国兰、扁白、大月季、茶花、炮仗花、节节高、仙人指、爬墙虎。我赞叹着，段绍升接着说道：

  山坡上或野地里开着花，这一次去看那一次去看，它是生在那边长在那边，我看着很喜欢，那就把它弄回来么。把它挖回来，或者连根拔回来，就养在院子里。你来我家看着很好看，很舒服，你就向我学习，看到其他地方有什么花，也就把它弄回来，栽种起来。以后我的那个花，又可以再把它移栽，于是我们这个村庄就成了花的村庄。老五那边的饭庄，你经常在他那里吃饭的，院子里的花，比我这边院子里的花还要多。上面那个篷盖，藤子上都开着花，所以他那里生意好，游客们喜欢去他那里，在等吃饭的时候，就去欣赏花。所以"风花雪月"中的"花"也与我们大理每家院子里都种了许多花有关系。别的地方没有这么多，我们这里花多，一下子就吸引人们的注意力。

  种花种多了，我们对花的品性也有了解。这个兰花和这个茶花贵重。兰花比较优雅，它比较柔和，它也不是很香，是清香，是微微的香，人们就认为它优雅。茶花就不是了，茶花不香，但是它开得很大。种茶花比较难，它不是很听话，气候、水分、土壤、肥料，稍微不适合一点它就会死去。那种炮仗花，这个很好种，花也很好看，开得又多，看起来它的性格相当好，很随和。游客来了，问起来，我们这样那样就给他们讲，也使他们感兴趣，对我们这里的"花"就会觉得很有意思。

  "风花雪月"听上去比较好听，说出来就像图画一样，就像一组电影镜头。想出来这几个字，把四样东西放在一起，把它组合起来，说出来就很好听，就说成是大理的特点，这就成了我们的招牌、我们的王牌、我们大理的象征。

也许理论家们要用很多本书去论述从自然到文化的过程，但在这位普通村民的眼里却是非常简单的事。段绍升从他的感性经验出发，只用少数几个例证就将问题说清楚了，既解释了审美的起源，又解释了审美与实用的关系。

大理的"风花雪月"是说给外地人听的，周城女性"风花雪月帽"，也是戴给外地人看的，目的是吸引游客。周城农民书法家桂德本 2000 年 8 月 2 日说：

> 风花雪月帽适应节庆日用的，平常不戴，戴起了很笨。现在姑娘们的风花雪月帽，是变化出来的。这是由于旅游的需要，这个装饰就演变出来了。风花雪月帽的变化就看大环境。假如旅游大发展，未来的人对风花雪月帽很欣赏，可能保持的时间长一点；但在我看来，这种帽子穿戴起来麻烦，经济价值高，不适应大众化，而且一顶风花雪月帽，做下来要花 100 元左右，所以肯定要变。现在的帽子变成了装饰品，不实用，劳动、工作都不适合。

这是旅游文化的普遍特点：将当地特有的文化现象当作一种手段，为经济发展服务。"风花雪月"名片的展示，"风花雪月帽"的创造，为的是使大理与周城地区在旅游业的地区性竞争中取得优势。有一次，我见到一位大理的文化官员，他郑重其事地建议我：

> 朱教授，你看大理的风花雪月多么好。金庸写出了《天龙八部》，王家乙导演了《五朵金花》，你朱教授要能写出《天龙八部》那样的书，或者能拍出像《五朵金花》那样的影片，天价的经费，我也支持。我还要把大理的"金钥匙"交给你。反正一条，让我们大理出名就行了，促进我们大理的旅游业。怎么样？朱教授，你不用去做什么人类学的研究了，那个东西又不能当饭

吃，也赚不了钱。你认真考虑考虑吧。

"金钥匙"极具吸引力，这位官员的言辞把我说得心旌摇曳，眼前闪过一道金灿灿的光辉！但我自叹无才编不出《五朵金花》，也写不出《天龙八部》，只得作罢。当然，这段话也是对"风花雪月"功能的生动阐述：服务于大理的经济发展。

"风花雪月"是大理人的智慧，周城人正是利用这一文化名片创造了"风花雪月帽"，成为一种对外宣传的自我表达、自我标志，进而努力发展家庭经济与村庄经济。在持续不断的形象工程的自我宣传之下，周城村已经成为一个满载着荣誉的中国白族名村。据我刚进村的1999年底的统计数字，周城16个村民小组、2101户人家、9039人，年总纯收入已达到16228万元。各级领导人多次视察该村，各级电视台不断报道该村。1994年该村被国务院评为"民族团结先进单位"，1996年被国家文化部命名为"扎染艺术之乡"，1997年被列为全国百家精神文明示范村，同年被大理市委、大理市政府、大理州授予"小康村"称号，1998年大理市委、市政府又授予该村"亿元村"称号，1999年中国村社促进会授予该村"中国特色经济村"称号。

二十九　高高的火把

如果说"风花雪月"的智慧创造，意在发展旅游的大背景下在外部竞争环境中取得本地区优势，那么火把节期间挺立在周城各个充道（社区）的那些"高高的火把"（图7-7），则是周城各充道在村内竞争中试图取得社区性优势的显赫事物。在大理地区，说到火把就数周城的又高又大，为人称道；外地游客去白族看火把，就是到周城看火把。每年农历六月二十五日的火把节吸引着国内外成千上万的游客来到周城。

周城的火把是以村内各个地域性充道为单位竖立的。最早的火把圣地只有三处，即：龙泉寺、南本主庙、北本主庙，它们分别位于村中、村南与村北，社区的火把节活动围绕这三个宗教圣地进行。后来

图 7-7　高高的火把

南登路和石佛路因为距离寺庙较远的缘故，就在自己的充道竖起了火把，突破了以寺庙为中心的格局，具有社区性质的火把产生了。随着在现代化进程中旅游经济的发展，周城开辟"北广场"（小街子）与"南广场"两个集市，并在这两处增竖了火把。同时随着周城村民富裕程度增加、人口增多、农户搬迁等原因，镇北路的一片新居便成为新近发展起来的社区，这里也先后竖起了两个火把。朝珠广场地带在我1999年进村的时候还是一片墓地，在村庄不断扩大的过程中，村民委员会计划将此墓地建设成为新的农家乐旅游小区，2001年在这里第一次新竖了一个火把。于是，周城2001年火把节共竖有10处火把，地点为：龙泉寺、南本主庙、北本主庙、南登路、石佛路、南广场、北广场（小街子）、镇北路上段、镇北路下段、朝珠广场。

关于火把节信仰的由来，我所读到的资料是多样的：有人说是诸葛亮南征擒孟获，入城时正值夜间，"城中父老设庭燎以迎之"。又有人说是有个叫"阿南"的女子忠于她的丈夫，不愿嫁给敌将而引火自焚，后来，"国人哀之，以是日焚炬聚会以吊之"。还有人说来源于南诏时火烧松明楼的故事。南诏意欲称霸六诏,在松明楼设宴招待其他五诏首领,后纵火烧毁松明楼。邓赕诏首领之妻慈善夫人看透南诏的阴谋,让她丈夫不要去,丈夫不听;后她用铁钏戴在丈夫的手臂上,丈夫遇害后她找到了丈夫的尸体殉情而死。三种说法都有史书记载,由于火烧松明楼的故事最动人,故信之者众。文人歌咏,亦取此事,于是相沿成俗。也有的人要还其历史真相,说阿南和诸葛亮的故事史书记载为早,松明楼不可信,但是这种看法却如春虫秋鸟自鸣自息。人们已经不从事实的真伪入手,而是认为慈善夫人之举事关忠节,当可训世。焦点已非真伪之辨。今人游国恩先生在《火把节考》①一文中不满意这种状态,担当起考真辨伪之大任。这一考又提出了新的观点:火把节最初与历史上的任何传说都不相关,只是一个"中年节",阿南也好,诸葛亮也好,慈善夫人也好,都是后人附会之词。近年出版的诸种文化风情之书,有将火把节信仰解释为原始社会火崇拜的,有解释为生殖崇拜的,不一而足。

周城村民则取火烧松明楼的故事,但将"慈善夫人"说成是"柏洁夫人"。我在 2000 年火把节期间看到周城小街子(北广场)的黑板报和九年制学校门前的黑板报上对火把节的介绍如下:

> 农历六月二十五日,这是传统的民族节日。
> 　关于这个节日的来源,有着一个动人的故事。南诏时期,蒙舍诏想吞没其他五诏,借"星回节"祭祖机会,建松明楼,宴请各诏主。邓赕诏主之妻柏洁夫人识破奸计,又知其势不得不从,特将自己的玉钏一只戴在丈夫手上。蒙舍诏主趁各诏主酒酣之时,点燃了松明楼,五诏主具被焚,尸骨难辨,只有柏洁夫人赶来凭玉钏收回丈夫尸骨。蒙舍诏主想强娶柏洁夫人,她伪应,运回夫骨安埋,即起兵与蒙舍诏决战,不胜而壮烈身亡。火把节就是后人为纪念柏洁夫人而举行的。

---

① 游国恩:《火把节考》,载大理白族自治州文化局编《游国恩大理文史论集》,云南民族出版社 2003 年版,第 3—18 页。

当我将火把节信仰的各种说法说与周城村民委员会的领导并问他们哪种说法是正确的时候，他们说："只要是健康的，积极向上的，有利于弘扬白族传统文化，哪种说法都行。"

由于周城火把的意义在于村内社区间的相互竞争的象征性表达，于是火把竖得越高越好，点燃火把的时间越早越好。前者的限度是社区内的全部几十名男子之力能够将这火把竖立起来，以及火把燃烧时不至于危害周围的其他建筑物；后者的限度则是不能在太阳落山之前点火。

近年，位于村中央"北广场"（小街子）的火把是最热闹的地方。北广场有一片小广场和一座古戏台，为了刺激旅游，周城村民委员会有意识地将这两处火把做大，其资助额度为其他火把的4倍①。自20世纪90年代以来，北广场的火把一直是白族著名旅游景观，到周城看火把就是看北广场的火把。我所观察到的每年来北广场看火把的中外游客有数万人，通宵达旦闹火把的也有近千人（图7-8）。这里居住有五六个村民小组的村民，主要是第四小组和第八小组的村民。扎火把与拜火把在日间进行，到了傍晚的时候，"点火把"是最重要的仪式活动。仪式开始前，已经聚集了密密麻麻的人群，仪式正式开始，大理电视台开通直播（图7-9）。首先由记者介绍周城的火把节，然后转由两位村民小组的组长共同主持。点火仪式传统上由社区内德高望重的年长者担任，近年已经改由村委会的领导或官方来客中的职务最高者担任，且改换成为电动点火。当火把点燃以后，一片欢呼雀跃。于是，一些妇女与小孩便排着队等候着"绕火把"，这会给人带来好运气。这种方式也刺激着外地游客和国外游客，他们也同样在火把周围来回转圈，增添了热烈的气氛。

南广场的火把则与北广场的火把相辅相成，其重点在于商品展销。每年火把节，周城村民委员会都在南广场开辟商品展销市场，国内外商户都有到来。火把吸引游客们到这里来购物。以2000年火把节为例，其时，我看到不仅周城村内，而且仁里邑、桃园村等附近村

---

① 2001年村民委员会对其余9个火把每个资助100元，而对北广场和南广场这两处火把每个资助了400元。

图 7-8 外国人在周城北广场玩火把

图 7-9 大理电视台直播周城火把节

庄的墙壁上到处贴着如下的海报：

　　隆重举办周城火把节中缅商品展销会
　　地点：周城南广场
　　时间：2000 年 7 月 21 日至 7 月 31 日

2000 年的火把节是公历 7 月 26 日，而商品展销却持续了 11 天时间。我每天都在村子里转，看到络绎不绝的人群前来观看、游玩、购物，这为本地旅游业的发展提供了动力机制。

龙泉寺、南本主庙、北本主庙三处的火把是传统火把，它们本来就是村庄的宗教圣地，依靠着这种优势，居住在本地区的村民一直认为这三个火把"威力最大"。而在这三个宗教性火把中，又以龙泉寺的火把更具优势，这个社区的人们始终保持着自傲的态度。一次，他们指着刚刚扎完的火把，自豪地对我说："朱教授，好好看看我们这火把！"我没有看出有什么特别，就说："小街子和南广场那边也热闹呢。"他们立即对我的浅薄看法表示不屑，说："那个只是闹给外边人看的，我们龙泉寺的火把才是真正最有威力的。"这时，旁边的一位男子悻悻然地说："各社区所有的火把按规矩都要等龙泉寺的火把点了以后才能点自己的，但是这几年搞旅游，老规矩被破坏了。"在周城各社区，这几年在火把的相互竞争中不仅将火把扎得又高又大，甚至不等太阳下山，就争先恐后地早早点着了火把。

在周城，还有一个火把是我们上面没有说到的，就是段氏宗族（下段）[①] 在祠堂中竖立的一个火把。传说段氏宗族的五世祖段德贤因向朝廷军队捐赠物资立了功而被朝廷允许建立了村内唯一的宗族祠堂。每年段氏宗族都在这里立一个火把，它与祠堂同样显示出段氏家族在整个周城各家族中的优势地位，族内成员皆以此为傲。只是由于后来周城村庄的发展，祠堂周边的空地全都盖了房屋，为安全起见，就将这个火把取消了。

[①] 周城有两个段氏家族：上段家族与下段家族。

各社区（充道）之间竞争意识的激烈，还体现在周城自1998年以来新竖立的三个火把，即镇北路上段、镇北路下段以及朝珠广场火把。因为周城村户增加、人口繁衍而新建了许多住房，原先没有多少人居住的镇北路的周边已经形成了新的社区。这些住户本来可以参加他们原先居住地的火把仪式，但该社区村民认为，应该有新的火把，才能显示本社区的兴旺发达。于是在1998年，镇北路上段的住户中有一个富裕的包工头就捐资竖立了一个火把。第二年，镇北路下段不甘示弱，也筹资竖立起一个火把，以显示自己社区的力量。

以上诸火把，都是先有社区居住的村民，后有表达社区存在与优势的竞争性火把，而朝珠广场的火把反其道而行之：先竖立火把，再建立新的社区。为吸引更多的海内外游客，周城村民委员会决定在村庄北部的一片坟地开辟一个新的旅游小区，建立农家乐别墅，招揽中外游客，并依傍"朝珠花的传说"（即"段隆的故事"）取名为"朝珠广场"小区。为此，2001年火把节在这里竖立了一个火把（图7-10）。此后，便有一些富裕户在此购买地基建房，几年的时间便已经全部建满了几十栋高级别墅，成为外来游客的住宿点。

图7-10 朝珠广场的火把（2001年）

我在周城田野工作期间，每到火把节常常有一种感觉，就是感觉到这 10 个高高的火把是"活"的，它们就是各个社区的所有男人的伟举的身躯，它们挺立着，宣示着自我的力量，并傲视其他火把。这些火把就像草原上的雄狮，在自己的领地之内威风凛凛地吼叫着。在火把节的当天晚上，当火把全部点亮，10 个火把就像 10 个小小的太阳，将整个社区的夜空照亮了，将整个村庄的夜空也照亮了。而这个村庄的聚落形态，也类似于太阳的光芒向外辐射状。2000 多户村民的房屋紧紧地收缩在一起，家户之间只隔一条巷道或一条马路，村南、村西、村北分别由镇南路、镇西路、镇北路三条道路环绕，村庄的东边是 214 国道。这四条路将周城村的主要部分围住，成为一个紧密的聚落，一个辐射中心。从这个中心出发，通过周边的道路向外辐射。1999 年底我刚进村共有 20 条道路向着四个方向：通往西边苍山的道路有 8 条，通往东边洱海有 10 条道路。有两条公路穿村而过贯穿南北，一条是 214 国道，另一条是大理到丽江的经过村旁农田的公路。另外，村子的中间还有一条茶马古道，现在被建设成为"一条街"。通往苍山洱海的道路，可供车马行走、拖拉机行驶；穿过村庄的公路，每天无数辆汽车南来北往奔驰着（图 7-11）。成群的周城人每天在这些大道和公路上行色匆匆，忙忙碌碌，不断追求着物质财富的积累和无止境的富裕生活。

三十　深深的根系

如果说周城各社区是以火把的"高度"来达到社区竞争中获取象征性胜利，那么，家族之间的竞争则以各家族之根的"深度"来达到同样的目的。

在摩哈苴，集体记忆中的最重要的问题是追问"人"从哪里来，大部分村民都能够讲述"葫芦漂江"神话。彝族各家族都没有家谱，家族祖先都是一些平常的人，有些还劣迹斑斑，如粗糠李家族的祖先就是一个拐骗妇女的人。这些祖先既不会引起家族成员的骄傲与崇敬，也不会引起他们的羞愧与耻辱，他们只是按照祖辈流传下来的故

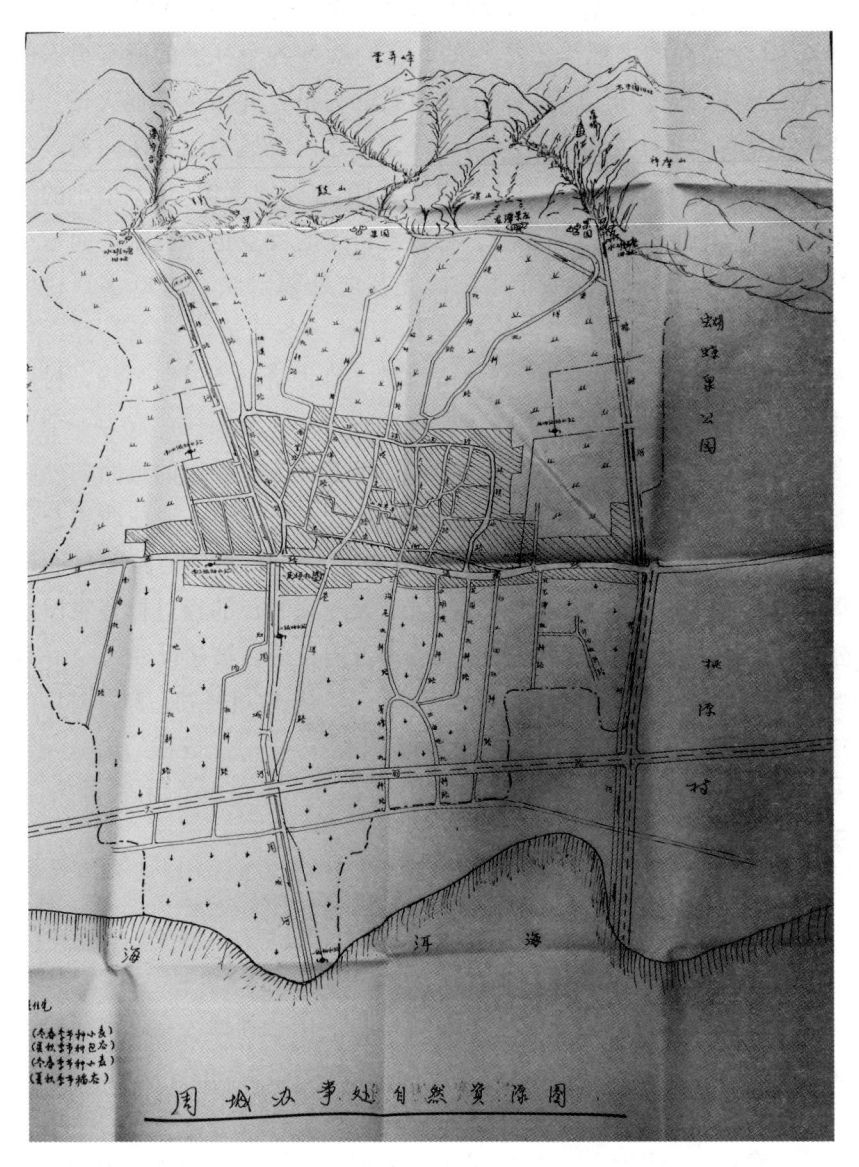

图 7-11　周城通向四方道路图（周城村民委员会 2000 年提供，上西下东）

事进行转述。捞车村甚至根本就不关心血缘意义上的家族祖先，而将三位一体的土王作为象征意义上的祖先供于正堂。而周城人则大为不同，他们对家族祖先极为重视，追寻家族的"根系"成为最重要的事务。

20世纪40年代，美国人类学家许烺光先生在喜洲镇进行研究，所著《祖荫下》就是一部描述喜洲人的追根之作。周城隶属于喜洲，追根的热情与喜洲人相似。我在周城看到每一个家族都有编写得完好的厚厚一本家谱，族内的每个家庭都保存一份。甚至家族的分支还另有自己的独立的分支家谱。所有这些家谱通常都追溯到家族的第一代祖先。也就是说，周城人对"人从哪里来"这个问题并不重视，他们所重视的问题是："我们的家族的那个祖先是谁？他从哪里来？"如果某家族的祖先是历史名人，或者与神话有着某种关联，他们一定会特别骄傲。然而并不是所有的家族祖先都能与历史名人或神话人物有所关联，那么也可以依据姓氏、传说附会上这种关系。因此，在周城各家族的家谱中，每一个家族的祖先都是些功勋卓著的高大人物。

我在周城阅读各家族的家谱时，发现许多家族不是原住民，据家谱记载，张、杨、段、董等大姓宗族，都是元明两代从外省或邻村迁来。张氏是明代洪武十四年随明兵进入周城的汉族人。杨氏两个宗族其一迁自邻村草角，谓草角杨氏；另一迁自江南，谓江南杨氏。段氏有上段、下段之分。上段家族居西，自称是大理国君段思平之后；下段家族居东，自称是神话人物段隆之后。董氏，据周城公社管委会的档案记载在明洪武年前住在邻近的凤阳村，因遭洪水村落被埋没而迁入周城。另有一些小姓也是后来迁入的：例如桂氏是在明末随吴三桂属下的一位桂姓将军入滇的，其中的一支后来定居周城；苏氏则是明代从四川迁入的；村里最古老的赵氏，则可能为古代洱海区域部落的后裔。

我们以张氏家谱与段氏（上段）家谱的序言，来说明编修家谱的要旨与意图。

张氏家族的家谱有两则序言，一则是由清光绪三十三年戊申科县府试生张文标撰写，其文本是我2000年访问张氏家族十五世孙张问仁时他亲手交给我的（图7-12）。他希望我重视，并嘱咐我如果将来写到书里面去最好。

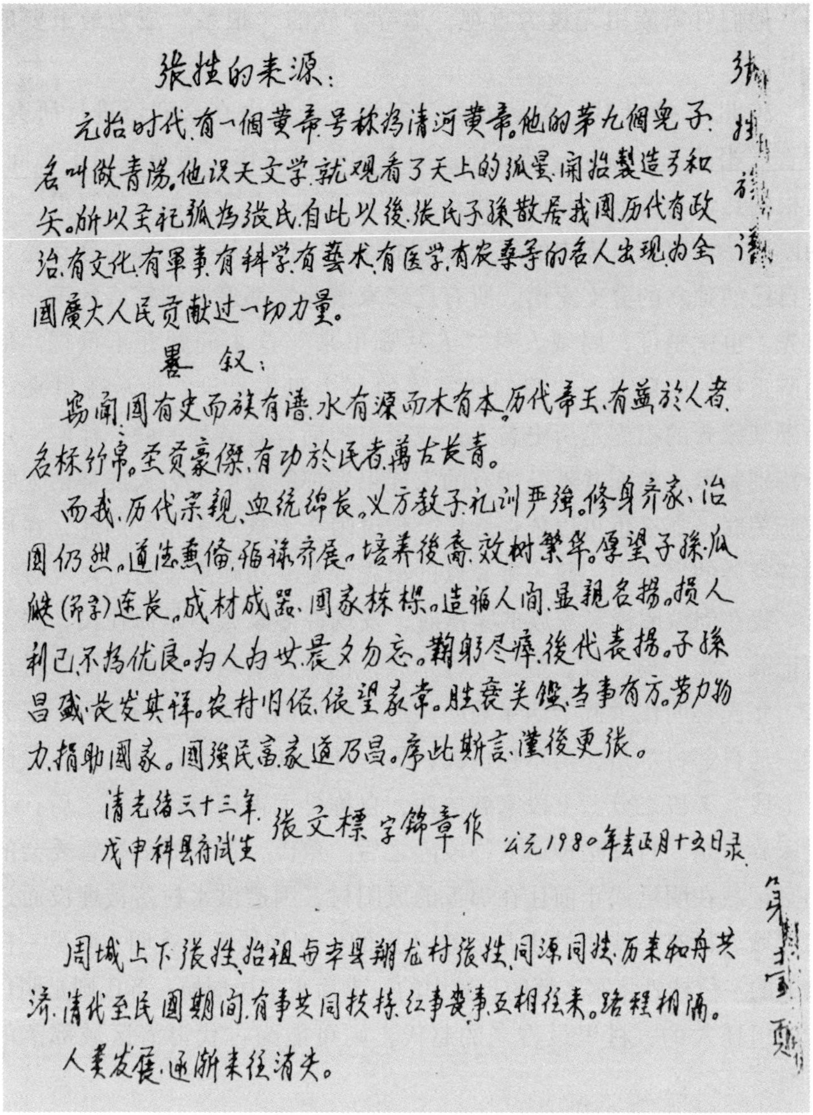

> 張姓的來源：
> 元始时代，有一個黃帝号称为清河黃帝。他的第九個兒子名叫做青陽。他识天文学，就观看了天上的弧星，開始制造弓和矢。所以圣祀弧为張氏。自此以後，張氏子孫散居我國，历代有政治、有文化、有軍事、有科学、有藝术、有医学、有农桑等的名人出现为全國廣大人民貢獻过一切力量。
>
> 墨叙：
> 窃聞國有史而族有譜，水有源而木有本，历代帝王有益於人者，名标竹帛，至贤豪傑，有功於民者，萬古長青。
> 再考历代宗親，血统綿長，义方教子，礼训严强，修身齐家，治國仍然，道德熏陶，福谋齐展，培养後裔，敖树繁华，厚望子孫瓜瓞(弟字)连長，成材成器，國家栋樑，造福人間，显親名扬，损人利己，不扬优良，为人为世，晨夕勿忘，鞠躬尽瘁，後代表扬，子孫昌盛，炭发其祥，农材归俭，俭望家常，胜竞美馁，当事有方，劳力物力捐助國家，國强民富道召昌，序此斯言，謹後更張。
>
> 清光绪三十三年　　張文標字錦章作
> 戊申科縣府試生　　　　　　　公元1980年麦五月十二日录
>
> 周域上下張姓始祖与李旦朔在村張姓同源同技，历来和舟共济，清代至民國期间，有事共同扶持，红事喪事互相往来，路程相隔，人类发展，逐渐来往清失。

图 7-12　张姓族谱张文标序

张姓的来源：元（原）始时代，有一个黄帝，号称为清河黄帝。他的第九个儿子名叫做青阳。他识天文学，就观看了天上的弧星（星象），开始制造弓和矢。所以圣祀弧为张氏。自此以后，张氏子孙散居我国。历代有政治、有文化、有军事、有科学、有艺术、有医学、有农桑等的（原文如此）名人出现，为全国广大人民贡献过一切力量。

略叙：窃闻国有史而族有谱，水有源而木有本。历代帝王有益于人者，名标竹帛，圣贤豪杰有功于民者，万古长青。而我历代宗亲，血统绵长。义方教子，礼训严强，修身齐家，治国仍然。道德兼备，福禄齐展，培养后裔，效树繁华。厚望子孙，瓜瓞连长。成材成器，国家栋梁。造福人间，显亲名扬。损人利己，不为优良。为人为世，晨夕勿忘。鞠躬尽瘁，后代表扬。子孙昌盛，长发其祥。农村旧俗，依望家常。胜（盛）衰关键，当事有方。劳力物力，捐助国家。国强民富，家道乃昌。序此斯言，谨后更张。

清光绪三十三年戊申科县府试生张文标字锦章作

张氏家谱的另一则序言则是张问仁本人1984年所撰（图7-13）：

自然之大道，维而独阳不生，孤阴不长。然阴阳配合，而万物繁荣。天资人类，昔时以窠穴而居，以皮叶被衣，夜则歇宿，日则寻食。继后燧人氏钻木取火，方熟食。神农教民稼穑，方充饥。女娲训民养蚕，乃衣出。仓颉造字，始文明。然则石器时代演化成铁、铜、电、原子时代，人类生产生活，逐步发展繁荣，科学电气不断进步发展。

盖木有本水有源，国有史而族有谱。承先人之伟业，启后继之兴荣，倡导博古通今，推行科学，专尚文明，贯通中外，文化俱经济而发展。志坚如石，造级登峰，力求进步，凡我子孙，心诚思议（义），是所厚望之神益。

现称一世祖张绍华字荣轩，虽则进士身份，学富五车，精通天文地里（理），不念权贵。时值世乱，乃偕王氏儒人，于明正德八年（公元1513年）前寓居于叶榆，在本年正月八日，就迁周城龙泉寺之南。素与本县上洪坪（翔龙村）张姓，同籍同宗，和舟共济，繁荣世族，历代无怙，经历至十五世孙（问仁辈）已达四百七十年（由公元1513年至公元1983年）。余考察本族家

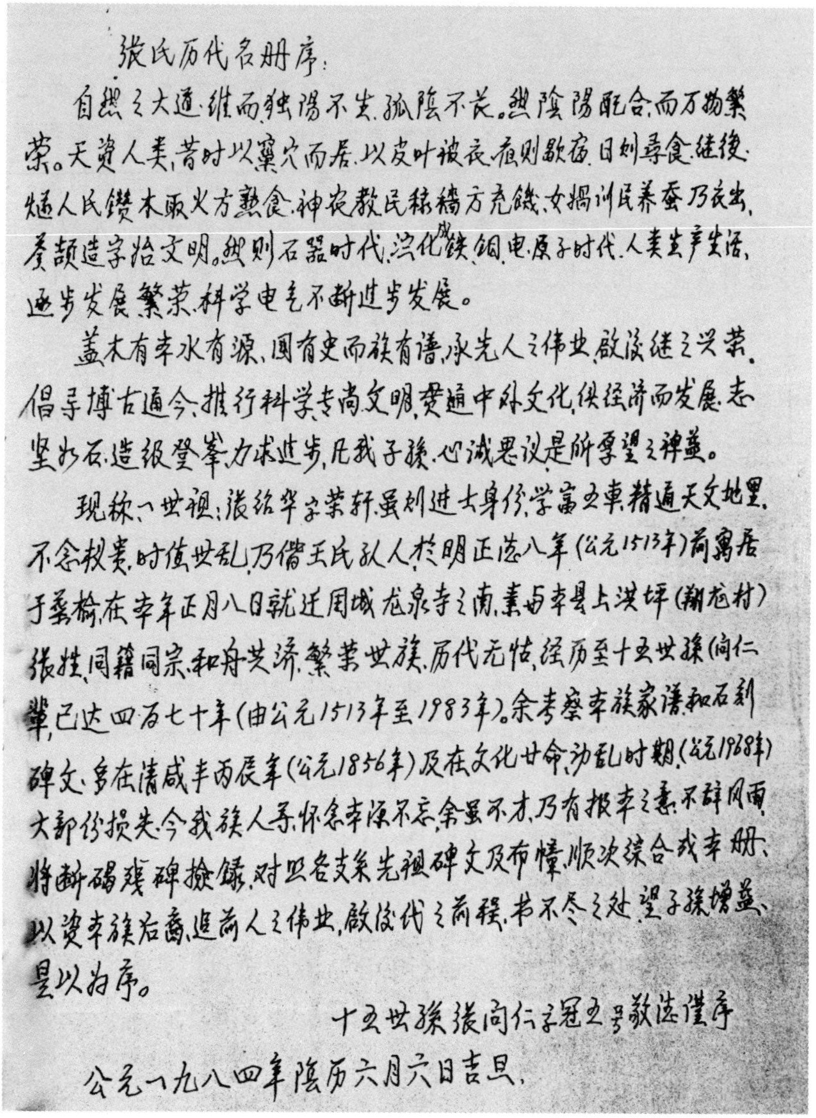

> 张氏历代名册序：
>
> 自然之大道，继而独阳不生，孤阴不长，赖阴阳配合而万物繁荣。天资人类，昔时以巢穴而居，以皮叶披衣，夜则歇宿，日则寻食。继后燧人民钻木取火方熟食，神农教民稼穑方充饥，女娲训民养蚕乃衣出，仓颉造字始文明。继则石器时代，沿化铁铜电原子时代，人类生产生活，逐步发展繁荣，科学电气不断进步发展。
>
> 盖木有本水有源，国有史而族有谱，承先人之伟业，启后继之兴荣，倡导博古通今，推行科学专尚文明，贯通中外文化俱径济而发展，志坚如石，造级登峰力求进步，吾我子孙，心诚思议是所寄望之神蓰。
>
> 现称一世祖：张绍华字荣轩，虽刻进士身修学富文车精通天文地理，不念权贵，时值世乱乃偕王氏夫人于明正德八年（公元1513年）窝居于巢椅在辛年正月八日就迁周域龙泉寺之南，素与辛县上洪坪（潮龙村）张姓同籍同宗和舟共济繁荣世族，历代无怯，经历至十五世孙（问仁辈）已达四百七十年（由公元1513年至1983年）。余考察本族家谱和石刻碑文，多在清咸丰丙辰年（公元1856年）及在文化大革命动乱时期（公元1968年）大部份损失，今我族人系怀念本源不忘，余虽不才，乃有报本之意，不辞风雨，将断碣残碑检录，对照各支系先祖碑文及布幛，顺次综合成本册，以资本族后裔，追前人之伟业，启后代之前程。书不尽之处望子孙增益，是以为序。
>
> 十五世孙张问仁字冠立号敬法谨序
>
> 公元一九八四年阴历六月六日吉旦。

图7-13 张姓族谱张问仁序

谱和石刻碑文，……大部分损失，今我族人系怀念本源不忘，余虽不才，乃有报本之意，不辞风雨，将断碣残碑检录，对照各支系先祖碑文及布幢，顺次综合成本册，以资本族后裔，追前人之伟业，启后代之前程。书不尽之处，望子孙增益。是以为序。

　　十五世孙张问仁字冠五号敬德谨序

　　公元一九八四年阴历六月六日吉旦

　　上段家族的两份家谱序皆为段凌云所撰。序中记述了段氏家族为大理国的统治者段思平之后的分支情况，序后还有段氏名人纪略（图7-14）。

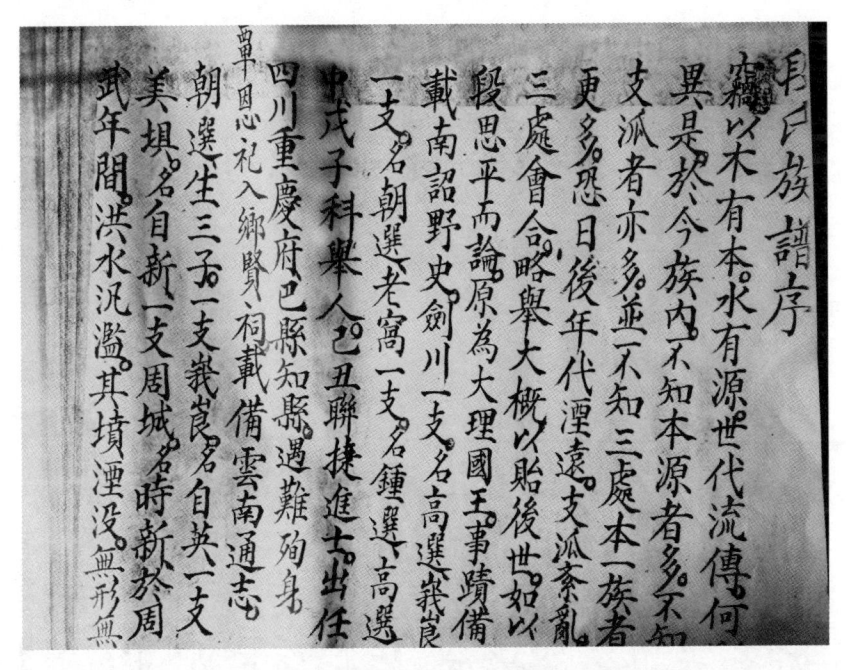

图7-14　段氏（上段）族谱序（局部）

　　窃以木有本水有源，世代流传，何以异是？于今族内，不知本源者多，不知支派者亦多。并不知三处本一族者更多。恐日后年代湮远，支派紊乱，三处会合，略举大概以贻后世。如以段思平而论，原为大理国王，事迹备载《南诏野史》。剑川一支，名高选；峨崀一支，名朝选；老窝一支，名钟选。高选中戊子科举人，己丑联捷进士。出任四川重庆府巴县知县，遇难殉身。……朝选生三子：一支峨崀，名自英；一支美坝，名自新；一支周城，名时新。于周武年间，洪水泛滥，其坟湮没，无形无影。后迁于豹隐峰白石下，奕叶相承，丰衣足食。此皆祖宗功德所致，亦即坟茔灵秀所钟也。是为序。

乾隆四十八年十一月十四日　美坝、峨崀、周城合修

光绪二十五年裔孙段凌云将前二序列为一序载之于先祖碑

（“名人纪略”略）

续段氏（上段）族谱序（图7－15）。

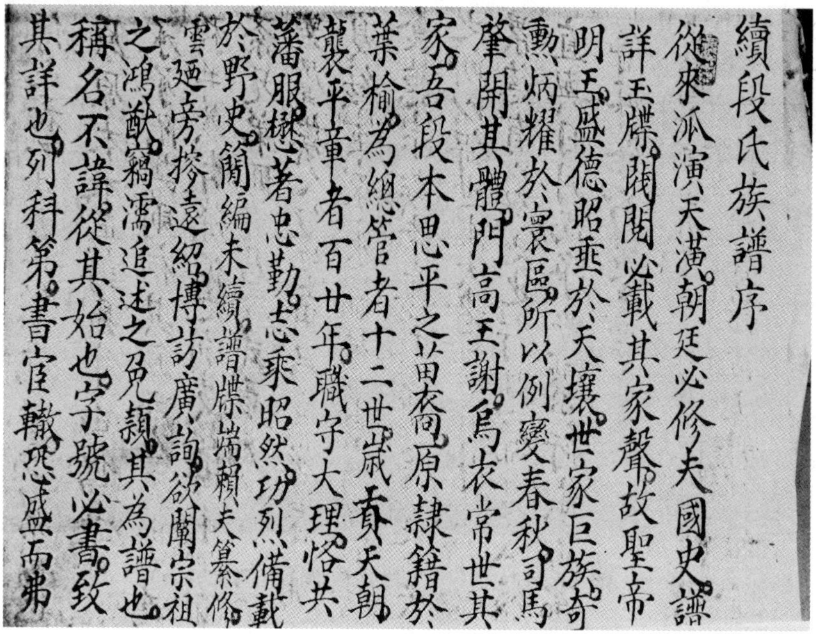
續段氏族譜序
從來派演天潢朝廷必修夫國史譜
詳玉牒閥閱必載其家聲故聖帝
明王盛德昭垂於天壤世家巨族奇
勳炳耀於寰區所以例變春秋司馬
肇開其體門高王謝烏衣常世其
家吾段本思平之苗裔原隸籍於
葉榆為總管者十二世歲貢天朝
襲平章者百廿年職守大理恪共
藩服懋著忠勤志乘昭然功烈備載
於野史簡編未續譜牒端賴夫纂修
雲延旁搜遠紹博訪廣詢欲闡宗祖
之鴻猷竊濡追述之免顏其為譜也
稱名不諱從其始也字號必書致
其詳也列科第書官職恐盛而弗

图7－15　续段氏（上段）族谱序（局部）

从来派演天潢，朝廷必修夫国史；谱详玉牒，阀阅必载其家声。故圣帝明王，盛德昭垂于天壤，世家巨族，奇勋炳耀于寰区。所以例变春秋，司马肇开其体；门高王谢，乌衣常世其家。吾段本思平之苗裔，原隶籍于叶榆为总管者十二世。岁贡天朝，袭平章者百廿年，职守大理。恪共藩服，懋著忠勤。志乘昭然，

功烈备载于野史。简编未续，谱牒端赖夫纂修。云乃旁参远绍，博访广询，欲阐宗祖之鸿猷。……其为谱也，称名不讳，从其始也，字号必书，致其详也。列科第，书宦辙，恐盛而弗传也。表耆年，尊懿行，恐美而弗彰也。原原本本，正谱则率由旧章。继继承承，附谱则补其缺略。左为昭，右为穆，井然有条。派之别，支之分，秩然不紊。兄弟匪他，君子式歌颂弁。徽猷与属，族人勿怨角弓。庶几春诵夏弦，室家永绵琴书之泽，服畴食德，宗族幸无瓶罄之虞。凡上天之所以保世滋大者，皆祖宗之积功累德，有以致之也。行见绵延瓜瓞，直与日月而争光，繁衍椒聊，宜偕洱苍而并寿。

民国六年岁载丁巳仲春上浣吉旦裔孙段凌云丹梯氏撰并书

在以上几份家谱的序言中，我关注它们的一个共同点，即每个家族、每份家谱都极尽"各美己美"之能事。周城大多数家谱的开头的一句话都是"盖闻木有本而水有源，国有史而族有谱"，说明修家谱的目的就是为了名标史册，"语先人之伟业，启后继之兴荣"。在"祖先有功，后世被泽"、"祖先是伟大人物，后代决无渺小之辈"这一类的历史因果关系逻辑之下，周城每一个家族的祖先都是历史名人，没有人愿意将自己的祖先看作是一个平凡人，更不愿意说他们是一个德行不好的人；因此，每一个家族的家谱都力图将自己的祖先美化、英雄化、神化。张氏家族的一世祖是"进士身份，学富五车，精通天文地理，不念权贵"。他们还将自己的远祖追溯到传说中的黄帝。"上段"家族的一世祖段思平为古代的大理国王，这是高贵的血统。各家族对于祖先的文治武功特别关注。即使各家族在照壁上书写的"家风"，也要依附历史上的同姓名人。如苏氏家族书写"眉山世泽""赤壁黄冈"，附会宋代大文人苏东坡；董氏家族书写"直笔修书"，附会汉代哲学家董仲舒；"下段"家族书写"太尉平章"，附会唐代将军段秀实（段太尉）；李氏家族书写"紫气东来"（图7-16），附会老子到函谷关著书的传说；如此等等。

亲属关系是我们现实社会生活中重要的社会关系，故而人类学这

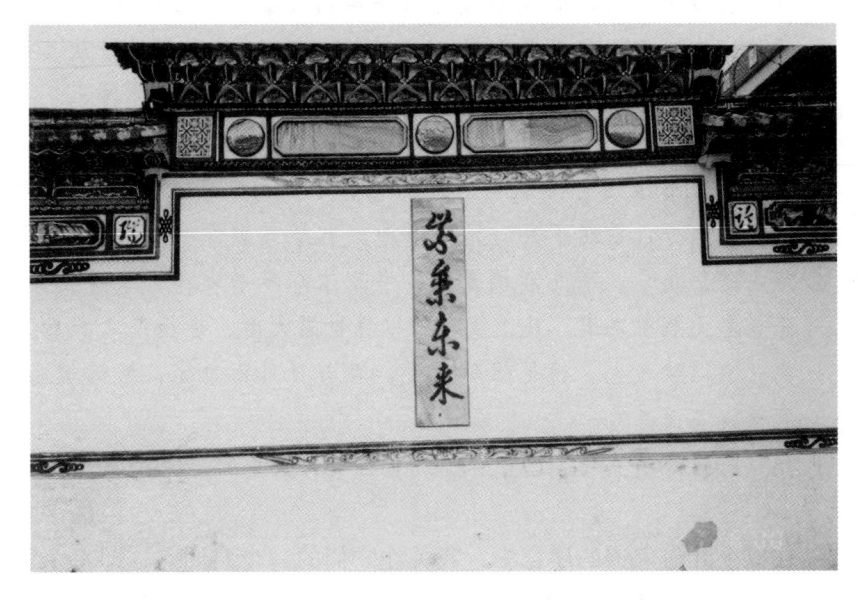

图 7-16　李氏家族照壁题词"紫气东来"

门学科将其放到基础地位,将其比之于"数学"在一切科学中的地位。不过,因为亲属关系并非在人类历史上的一切时间内、人类存在的一切地域空间内都是居于基础地位的制度。就空间而言,人类学家已经对各地亲属制度的不同有着诸多的阐述,仅就我们所述及的摩哈苴彝族和捞车土家族就不十分重视乃至十分不重视亲属关系。就时间而言,人类并不是在全部的历史发展中都重视亲属关系。《礼记·礼运篇》记载上古时代的社会状况首先是"大道之行""天下为公"的"大同"时代,在这个时代,"人不独亲其亲,不独子其子"。后来才是"大道既隐"的"天下为家"时代,在这个时代,才出现"各亲其亲,各子其子"重视亲属关系的局面。因此,亲属制度只是人类在某个特定的时段内、特别的空域内、由于某种特别的原因、以一种特殊的目光来看待与自己血缘关系距离较近的一类人所形成的一种特殊制度。既然它并不是人类社会一开始就具有的亘古不变的人际关系,也不是当今世界上所有的地域与民族都特别重视的一种关系,那么,从整个人类历史与人类散布的全部空间来说,它并不一定就显得特别重要。进一步说，从人类未来的理想社会关系的构建来说，它也没有超越其他关系而存在的理由与必要性。人类学者更应该关心一般性的人与人的良善关系而不是只关心围绕着自我的血缘与姻缘关系而建立起来的小群体之间的那种亲善关系。

桌上正好摆着几本诗集，其中有泰戈尔与纪伯伦的，这两位亚洲诗人思想家就曾经对血亲关系有过深度的思考。印度诗人泰戈尔在《同情》诗中提出来一个问题：

> 如果我只是一只小狗，而不是你的小孩，亲爱的妈妈，当我想吃你的盘里的东西时，你要向我说"不"么？你要赶开我，对我说道，"滚开，你这淘气的小狗"么？那么，走吧，妈妈，走吧！当你叫唤我的时候，我就永不到你那里去，也永不要你再喂我吃东西了。
>
> 如果我只是一只绿色的小鹦鹉，而不是你的小孩，亲爱的妈妈，你要把我紧紧地锁住，怕我飞走么？你要对我指指点点地说道，"怎样的一个不知感恩的贱鸟呀！整日整夜尽在咬它的链子"么？那么，走吧，妈妈，走吧！我要跑到树林里去；我就永不再让你抱我在你的臂里了。[①]

诗歌所要说的是：一位母亲如果仅仅对自己的小孩过于亲密，就必定对不是自己的小孩的其他人或事物过于疏远，这是自私的。

如果说泰戈尔的诗重在感性，那么黎巴嫩诗人纪伯伦那首《论孩子》的诗则重在哲理。

> 你们的孩子都不是你们的孩子，乃是"生命"为自己所渴望的儿女。
>
> 他们是借你们而来，却不是从你们而来。
>
> 他们虽和你们同在，却不属于你们。

---

① ［印度］泰戈尔：《榕树》，冰心等译，人民文学出版社1987年版，第52—53页。

你们可以给他们以爱，却不可给他们以思想，因为他们有自己的思想。

　　你们可以荫庇他们的身体，却不能荫庇他们的灵魂，因为他们的灵魂是住在"明日"的宅中，那是你们在梦中也不能想见的。

　　你们可以努力去模仿他们，恰不能使他们来像你们，因为生命是不倒行的，也不与"昨日"一同停留。①

纪伯伦和泰戈尔都警告做父母的，不要把孩子当作属于自己的私有物品，而应该将他们当作与自己具有同等地位的人来看待。诗人们提出的问题，可以促使我们对于"亲属关系"地位的反思。

三十一　生活多于生活

　　我在周城的田野工作，就物质生活而言，较之摩哈苴好出许多。我在摩哈苴的生活，如果自己做饭（图7-17），有时候是一饭一汤（图7-18），有时候是一饭一菜一汤（图7-19）。

　　而在周城，我自己不做饭，要么跟着农家吃饭，要么到农家开的小餐馆去吃饭，大部分时间每顿都有一个肉菜、一两个素菜和一碗汤，有时我还贪婪地要上两个肉菜。隔一段时间我就要花上一二十元吃一次酸辣洱海鱼。碰到过于饥饿的时候，我就发狠多吃，甚至奢侈到一顿三五个菜，花上几十块、上百块钱的情况都有。那个时候，思想和情绪处于一种混乱的状态，一种贪吃的念头占据上风。我在摩哈苴每天的生活费不足5元，但并不感觉那种生活是艰苦的，也不感觉我失去了什么。那菜与汤很可口，而且还有调味的辣椒酱。而在周城，我一顿就吃掉了在摩哈苴一天生活费的十几倍、二十倍。我不断变换花样满足口腹之欲的需要，对于消费了多少资源我是没有意识的。当我将周城的生活与摩哈苴生活进行比较的时候，我才知道我在

---

① ［黎巴嫩］纪伯伦：《先知》，冰心译，人民文学出版社1987年版，第17—18页。

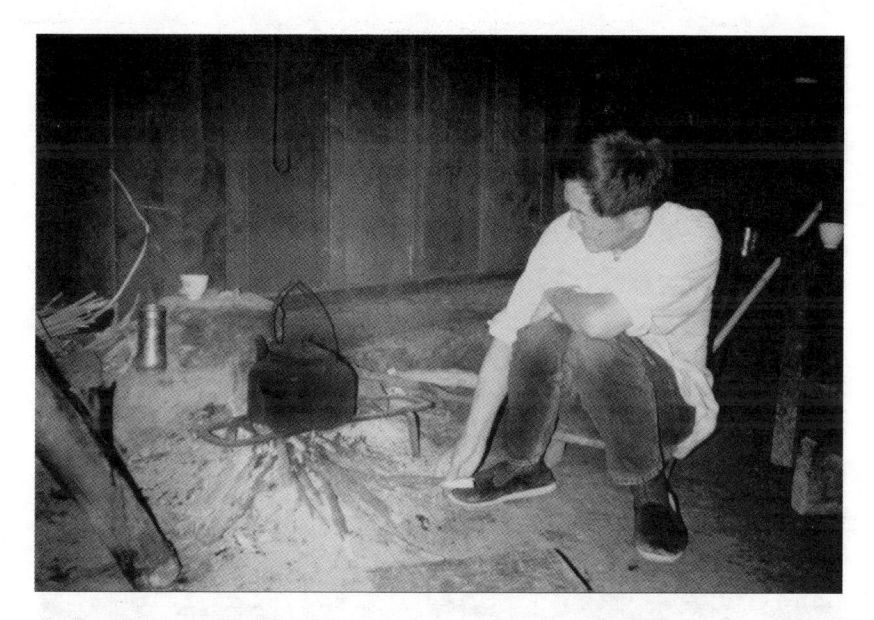

图 7 - 17　我在摩哈苴自己做饭（当地人摄）

图 7 - 18　我在摩哈苴的午饭：一饭一汤

图 7-19　我在摩哈苴的午饭：一饭一菜一汤（外加辣椒酱）

周城过的是一种"生活多于生活"的生活。

大部分周城人，都是过着一种"生活多于生活"的那种较为富裕的生活。周城各家户的经济状况良好。2002 年 1 月 28 日段绍升先生对段氏家族（下段）的家庭经济收支状况有一个整体观察，可以代表周城家户物质生活水平的一般状况。他说，段氏家族一共 64 家，不包括房屋这些固定的资产在内，就家庭存款可以用于流动的资金而言可分出四个层次：

第一层次：100 万元以上，有 3、4 户，占总数的 4% 左右。
第二层次：50 万—60 万元，有 20 户左右，占总数的 30%。
第三层次：10 多万元，有近 40 户，占总数的 60%。
第四层次：1 万元，只有 4 户，占总数的 6%。

2002 年 2 月 17 日上午，周城村民 DJR 具体而细致地讲述了他的家庭收支情况，这在周城是一般收入的家庭。他家有一个商铺门面零售旅游产品，又开了一个小吃店。讲述材料在数字计算方面可能并不是十分准确，但一个家庭经济的基本面貌都反映出来了。

我们家现在5口人。父亲86岁。我1959年生，初中毕业。现在职业经商，靠小卖铺和小吃店来维持生活。承包地没有人整了，包给我们家的亲戚种。我家原来四口人时有一亩八分二地，没有种地已经有8年左右了。我经营的是小吃店，加上小卖部，两个联系在一起的。小卖部本大利小，投资5000块左右，开店的人多。小吃店没有投资什么，当天买当天销售。除掉税收、管理费、电费、卫生费，小卖部纯收入每个月150块左右，小吃店每个月400多块，加起来共收入550块。

我妻子大我一岁，高小毕业。外地来旅游的，要买扎染产品，她当向导，一年收入1000—2000块辛苦费。她平时还在家搞一点手工扎染，一个月100多块。她的其他收入没有了。

房租收入。这公路边的房子是自己的，共四格（四间）。现在只用了两格，出租了两格。出租费两格加起来一个月收入1300块到1400块。

我是2000年建新房的，新房现在是六格。这个房子全部加起来花了18万元左右。1991年批的地基，2000年建的。我这个房子建房吃饭招待客人支出花了12000多块钱，我收礼收了15000多块，多3000块钱。8个人一桌，160桌，共1200多人。送礼一般送30—50块。送礼来吃饭的两家一桌，送一份礼就算半桌，不管送多少都是平等对待。本家与亲戚都是吃半桌，村庄送礼也是吃半桌。朋友是单客。送来的礼就吃回去了。1200多人吃饭，收了120份礼，加上单客共150—160份礼。

一家的房子整理好，就要花大钱。我借了45000块。向公家信用社借了20000块，私人向我姐姐借一点，向堂兄堂弟借了10000多块，向朋友又借了10000多块。亲戚不加利息，不写借条。公家的钱按一年期、半年期，到期要加利息。那个时候还没有想到娃娃上大学。如他考不上大学，把房建好，过一两年就可以把借的钱还掉，再给他讨一个媳妇，安了家就放心了。儿子又考上大学，就还不成那些钱了，先保证他上大学，让他安安心心读书。

我从1984年开始存钱。原来的房子也可以住，但每家都盖新房，我家也要盖，不盖人家看不起你。有钱也好，没有钱也好，都必须想办法要盖房。2000年存款有6万多块，我借了45000块，共11万元。还有房租，两年一租一次性给了我16800元。

两个儿子，老大上大学了，云南大学艺术设计系。读了半年已经花了16000多块了，还不包括伙食。学费高，一次一万，还有书籍费、住宿费、行李费等等。云南大学去年2001年9月3日开学的，读了半年了，交了12000块。生活费每个月要300多块，还有杂项开支。因为他搞的艺术设计，颜料每个星期要买一点。老二在下关读高三，住校。一般杂费不算，每个星期40—50块，一个月200多块。学费去年交了1200多块。原来录取在大理三中，在凤仪那边。大理凤仪三中教学质量不行，他不愿意去，偏要到下关二中去读，这样就要多收费。现在他努力，差不多在前三名之内。

家庭花销在衣服上每年600多块。基本上每年买一套新的，我这套衣服100多块钱。孩子每年要两套。粮食每年要买500斤，500多块钱。油每年30多斤，100多块，4块多一斤。肉基本上一两天买一次，一次买一斤，一个月15斤左右。盐巴每个月三袋左右，一袋一块四，一共4块多。酒每年五六十块钱，散酒，一斤一块五。糖每年吃10多斤，红糖两块一斤。茶叶，每个月要二十几块，五块钱一包，半斤。鱼每个星期吃两三次，一次一斤多一点，一年200斤左右。香菌木耳干货，每年要吃100—200块。水果开支每年300—500块，苹果、香蕉，还有松子、葵花籽、梨等等。烟现在不抽了，以前抽得多。2001年4月份戒了，一个是对身体不好，再一个家庭收入低，两个娃娃消费很大，我一天一包烟6块多，每个月1800块，再添一点就供得起一个高中生了，好大的一个数字呢。小菜要买，经常吃青菜、豆类、洋芋，一年几百块。鸡每年最多两到三只，有一只腊月献山神，还有两只过年，平时都不吃，因为我们家里的人好像不喜欢吃鸡。羊肉不买。牛肉也吃不多，一年就是五六斤、七八斤。鸡蛋每年吃200多个。医药费这两年少一点，娃娃小的时候，每年最低500块，现在一年只要200多块。

日常用品方面：有彩电，在铺子那边，2000年买的，21寸，1340块，创维牌。这个黑白电视是1986年买的，600多块。闭路电视一个月交10块钱，每年120块。冰箱1998年买的，容升冰箱，2600多块。录音机有，1986年与电视一起买的，340块钱。家里人听一下，娱乐。热水器不是买的，盖房子人家送的。洗衣机2001年买的。我没有姑娘，他母亲（指DJR之妻）一个人天天洗衣服好像忙不过来，就买了一台洗衣机，680块，牌子记不清楚了。单车有两辆，永久型。手扶式电动车1984年买的，那时去喜洲大理不方便，就买了，小卖部经营需要，每个月开支80多块钱。开铺子每一度电一块钱，煮饭用液化气与蜂窝煤，25天左右就用一罐液化气，40多块。买了一个灯笼，32块钱，他们有的来借，不给钱。蜂窝煤每个月烧150个左右，每一个二角八、二角九。这光是用在小吃店那边，每个月40多块钱。停电用蜡烛，每个月花两三块钱。前几年老停电，现在不停电。

功德费他们衡量我们交多少，就交多少。去年一共100多块。本主节20块，火把节10块，还有龙泉寺献一下，孩子考上大学献一下南本主，20—30块。原来维修房子也给本主献了一点钱。不出远门就不献，出远门，如初中考高中，高中考大学就献。前年下半年老大考上大学了就要献一下。一年烧香纸30块钱。门口点大香的节日有：立春，正月初一，正月十四，正月十六，火把节，冬至节。一对大香一块二到一块五之间，我们家一个大门一个小门，要两对。铺子那边也是两对，一共四对。逢年过节点大香就是四对。小香就多了，每月的初一、十五都要点小香，八月十五点小香，腊月三十点小香，清明节也用小香，烧包节也用小香。我们这里不过端午节。大香是喜庆才用。小香有的点一支，二支，三支。一般条件好一点的人家天天都点小香。结婚要用大香，建房也用大香。我们建房是十月十日，九日那一天点一天，十日点一天，正喜前一天还要点，上梁那一天叫正喜。安龙谢土也用大香。小孩满月或者满三个月要取名字也要用大香。办丧事不用大香，生小孩不用大香。

送礼方面，一年1000多块钱。结婚、建房、逢年过节人家请你到他们家吃晚饭，要给点红包，10块20块不一定，看亲戚关系多远，如果兄弟的儿子娶媳妇最低要100块。段氏家族内结婚，每一家是30块加一盆米。红事也好，白事也好，建房也好，都一样。外边的亲戚朋友不一定，礼尚往来，他们送多少就还多少。他们送得多，我们也就回得多。现在朋友送礼，请一个人就是20块钱，如果请两个人就是50块。

以城市生活的标准来看，DJR一家的生活状况并不优裕；但我们的观察分析视角并不是现代社会学或经济学的发展视角，而是以人类学视野来观察个体需要量的问题。我们在上文就强调过，人类学者并不赞同贫穷，他们之所以计量着生活需要量和他们的实际消费量之间的关系，是从理论上考察人类这个物种与整个地球资源之间应该怎样达到平衡，以便这一物种与地球上其他物种能够协调发展，尽可能更为长久地生存下去。如果将人的基本物质生活需要作为一个固定的衡量单位，或者以摩哈苴那种"生活等于生活"模式来对周城进行衡量，那么，DJR家庭经济生活"多"出来的部分有如下几个方面：

第一，食物的优化。比较一下摩哈苴的食谱，周城的食谱则要丰富很多。摩哈苴的肉类只有两种，一是腊肉，二是鸡肉，这些都是自产的。腊肉并不是每天都能吃上，挂吊在屋檐下或者房梁上的那一块腊肉是全家一年的总量，一般来说，只有来客、过年、过节才能够食用。鸡肉同样是招待客人和祭祀的用品。鱼在高山地区一般吃不到。水果有梨、木瓜之类，都是自家院子里的。酒是自家酿的。茶叶也是本地产的。只有红糖、盐巴才到市场上去购买。而周城小街子天天开市，各种物品应有尽有。一般的家庭每天都有肉鱼作为餐桌上的食品。人们并不是根据身体的实际需要量去选择食品，而是根据个人多种多样的嗜好去享受更为多样、更为美味的食品。

第二，时尚衣装和其他生活用品的增加。周城人的服饰的基本功能，已经不仅仅限于抵御寒冷、保护身体，就此而言，服装只要够穿就行了；但是在周城，这个基本功能不再重要，重要的是衣服的华丽与时尚，起码与同类人相比不逊色，否则就没有"面子"，会被人看不起。这里，我插进一段补充说明材料，是2000年7月3日周城一位村民YYX讲述的他家庭的服装情况（表7-1）。

表7-1　　YYX 一家服装的统计（三个小孩未统计）

家庭成员 \ 服装类型	西装	白族服装	夹克	汉服
丈夫（57岁）	2	2	6	5
妻子（55岁）	0	6	0	3
大儿子（32岁）	5	1	2	5
大儿媳（32岁）	0	8件以上	1	5件以上
二儿子（25岁）	5	1	3	5
二儿媳（24岁）	0	5件以上	3	5件以上
总计	12	23件以上	15	28件以上

这里的每个人无论是男性还是女性，也无论是年轻还是年长，每个人的服饰都远远超出了他个人的实际需要量。

在其他生活用品方面，DJR家里冰箱、热水器、洗衣机、单车、液化气、电灯样样都有。1999年我进村的时候，周城就已经家家有电话，近年来个人手机也得到大幅度普及。在摩哈苴并没有这些也可以生活。因此，从基本生活需要来说，这些并不是生活的必需品，而是随着社会生活复杂化和民众生活质量提高以后新增加出来的额外消费品。

第三，家庭娱乐消费和社区娱乐消费。摩哈苴的娱乐活动，青年男女主要是跳歌，人们也聚在一起打扑克牌或者"诳张三"（说笑话），这些都是最简单的娱乐生活。比较起来，周城多出了太多。电视机大部分家庭都有，录音机也很普遍。随着手机的普及，网络娱乐更为流行。而且周城有很多家舞厅，这些舞厅通宵达旦营业。较之以往宁静的村庄，"多"出的噪音也震动全村。我开头到周城的一段时间，晚上被舞厅的噪音吵得不得安眠。不仅如此，还"多"出了在舞厅内的一些打架斗殴事件，"多"出了一些不健康的钱色交易和权色交易。

第四，子女的教育。这是一项沉重的负担。在我们看到的人类学著作之中描述的那些简单社会中，一个孩童的教育是依靠父母的言传身教以及社会文化的熏陶。而在现代社会中，"文字"的功能极为重要，所以每个家庭在孩子的教育竞争中投入了极大的精力与钱财。在我所接触的周城村民中，很多人都抱怨现在用于孩子的教育费用不堪重负。DJR家也不例外，家庭经济最重要的支出除了建房以外，就是两个孩子的读书费用了。

第五，各种复杂的亲属关系中的送往迎来。因为周城村集中居住，共有2000多户，一万人口，送礼极为频繁。就像一个密度极高的蜘蛛网，每天在巷道里纵横穿梭的那些人，其中相当一部分是作客送礼的。人情交往中礼物的数量越来越多，品种也越来越多。有些并不是实用的，只是摆摆样子而已。那些有钱的富豪以金钱送礼作为提高社会地位的手段。

第六，仪式越来越复杂与隆重，花去的费用也越来越高。摩哈苴的仪式是为了消灾避难，其指涉性明确；而周城的仪式，这方面的功能弱化，仪式为了隆重而隆重，不惜花费巨大的钱财，其自指性功能强化，已经成为一种社区的展演。周城几乎每天都有仪式，不仅是三个宗教组织每个组织每年都有50个左右的仪式活动，而且各农户的仪式也极其繁杂。仅就本主庙的进香而言，除了众多的节日以外，每天都有不少村民因各种事务来进香：婚丧嫁娶的，生了小孩的，小孩满月的，小孩取名的，孩子考上中学的，孩子考上大学的，出门务工想赚钱的，务工赚了钱回来的，建房的，等等。周城的仪式与信仰处于一种极端分离状态，为隆重而隆重的仪式成为显示个人荣誉、家庭荣誉、社区竞争的优势的象征。

第七，大面积兴建远超家庭需要的住房。住房的最初功能，仅仅在于可以免受野兽、魔鬼和那些对人类可能造成危害的所有事物的伤害。人作为生存在大地上的短暂者的存在，有了住房，就有了和平与自由，有了完全的保障。就此而言，人类的住房只需要坚固和够用，而不需要阔大和多余。固然人类最初的"风篱""草房""帐篷"之类的结构尚不能阻止危险事物，那么砖瓦结构的坚固性足可使人安心。我在周城看到的一些农户的住房，"多"出来很多、很多，有些富裕的农户"多"出来太多、太多。一些家户已经有了宽敞的住房，甚至有了两套住房，他们还要在新开辟的"朝珠广场"购买宅基地，盖起了豪华别墅，过着高级享受的生活。周城住房的性质已经有所变化，房屋不是用来居住，而是用来炫耀。住房之间的竞争，是周城各家庭之间取得优势地位的集中标志，房屋成为财富、地位、面子、名誉的重要象征。一个家庭如果有了钱，他立即就要盖上一座漂亮的新房，至于到底是盖一栋别墅还是盖一座三层的普通楼房，要看他的经济能力。一个家庭如果没有钱，他也要千方百计积攒起足够的钱财，在未来也要盖一座新房。这项工作是他一生的最重要的任务之一，是他人生的价值实现的标志性事件，是他能力、名誉与地位的重要的衡量尺度。

以上我们所罗列出来七个方面"多"出来的内容。当然，也可以说这是乡村发展的题中应有之义，我们并不反对这种说法。不过与此同时，我们也希望提供另外一个视角：从"人的自觉"考虑人类的需要量与环境资源的给出量之间的关系，祛除那种对于资源开发与利用中的浪费与奢靡。与摩哈苴安于现状不同，周城人永不满足，这种追求在有些人那里达到了不择手段的疯狂程度。我们的生活方式导致地球上的自然资源以其他时代需千百年才能达到的速度和规模耗竭，我们留下的技术废墟将给未来千百年造成负担。摩哈苴人是将人与人之间的关系放到人与自然的关系当中来理解、来处理的；而周城的某些人则是将人与自然的关系放到人与人的关系当中来理解、来处理的。摩哈苴人出门放牛，人人都披着棕衣，没有谁更好看、谁更难看的问题；大家都戴着一顶同样的黄颜色的帽子，也没有谁更高级、谁更低级的问题。而周城的某些人的衣食住行主要不是出自"生存"的需要，而是出自象征性的"占有"的需要。

三十二　生命高于生命

较之摩哈苴彝族村和捞车土家族村，周城的社会生活更为复杂，在社会各个层面的普遍性的激烈竞争中，一部分知识人的个体意识觉醒了。这些知识人对社会生活产生了一种反思意识，他们在思考着物质生活与精神生活的关系，思考着社会与个体的关系。他们还在思考着生命本身的意义，追求着人生的价值。总之，他们在追寻着较之一种活着的有机体的生命更高的意义世界的生命形式。

段继模是投身于群体福祉事业的一个典型例证。他是从战争年代走过来的人，20世纪50年代退伍以后，他将自己的全部转业费捐献给了集体，领导了一项开发苍山"花甸坝"[①]的行动。下文是他当时动员群众、进山途中以及开荒第一天写下的三段日记。

出发前夜的会议

1955年元月5日晚上，除了个别看家的，男女老少全部都来参加会议了，他们都关心着上花甸坝开荒生产问题。

会议开始了，大家都静肃下来，听我说话。我说："我们家乡人多土地少，人均只有几分地，收入粮食只够吃四个月，不够的八个月怎么办？从前各家各户依靠小摊小贩勉强维持生活，现在我们上花甸坝去开荒生产，就可以解决粮食问题。"

我的话刚刚说完，群众的发言很热烈，讨论了近两个钟头。最后我说："说干就干，我已经带了几个人去花甸坝进行了踏勘，进行了必要的准备工作。明天我们就上花甸坝开荒去。哪些人愿

[①] "花甸坝"是位于苍山深处海拔4000米的荒地，自段继模带领周城人开荒后，现发展为大理市的药材基地。

意去，自愿报名吧。"整个会场又变成鸦雀无声，你瞧瞧我，我瞅瞅你。有几个人支支吾吾地说："我有点事没办完。"有的拐七拐八地说："你们先去，我等几天再去。"这时有一位六十多岁的老人发言，说："算了，菩萨封过苍山不出粮，另打算别样吧。"有七八个老人也跟着附和："从前的人都不敢去，你们真有胆子？""继模刚从外边回来，还不知道情况。""以前土匪在那里杀过多少人！天阴下雨都是鬼哭神嚎的。二台上的石灰窑内就杀了一百零二人①。野兽豺狼又多又凶恶。"继唐反对他们的看法，说："我就不相信苍山不出粮，你们不去，我一人也要去。"苏芳接着说："只要有两个人，明天我一定去。"继明也接着说："我也要去。我们到花甸坝踏查，那里的荒地那么多，那么肥，开荒要开多少，有多少。"

我就此给他们分析了一下："只要有土、有水就会出粮食。什么神、鬼，那是唬人的话。"接着又有两个人报了名，自愿报名的加上我有六个人了，另有一些成年人表示了态度：把家里安排一下，等几天再去。

会议结束了，留下我们自愿报名的六人继续开小组会，商议明天的出发事宜。当晚就捆起工具和粮食驮子。

到花甸坝和风霜搏斗的一昼夜

元月 6 号早晨，太阳刚出东山头，继唐、继明、苏芳三人在巷道里叫唤开了，加上马蹄那么响，像战争年代打遭遇战一样紧张。82 岁的老人段士元先生，手里拿着拐杆，来到我们集中的地方，坐在台阶上，七嘱咐、八嘱咐。这时候，来了四五十人帮忙捆绑驮子。

人到齐了，我们一行六人：继唐、苏芳、继明、兆年、士高，加上我，共有四个驮子。满院都是送行的人。我们出去不远，士科也来了，拉着我的手说："今天我也要走。我去找木工

---

① 中华人民共和国成立前，苍山土匪猖獗，其中有一个远近闻名的土匪头子"张结巴"，为害了无数大理民众。中华人民共和国成立后"张结巴"被镇压。

伙伴把工作安排一下,我马上就来,我们一同走。"这样我们一行就有了七个人。

　　路愈走愈陡,人站不住脚,马停不住蹄,汗水浸透衣服,牲口浸透了浑身的毛。一步一步地往上爬呀!到海拔3000米左右的高山头,路逐步平缓了。他们都扯开了嗓子,唱起了白族调子。我们走到十二道河,士科指一指说:"那年闹饥荒,我们一齐来的四个男的三个女的到这里找野菜,土匪就在这里抢我们。只有三个土匪拿着大刀,把我的绳子、砍刀抢去,还打了我两棒子,把我的魂也吓掉了。强盗叫妇女快取下镯头,慢了就砍手。我们一个个的脸都成了苍白色。三个土匪就把我们七个人抢了,把阿兴打得死去活来。现在,走到哪里都放心了。"

　　我们穿过海拔3400多米的"小花甸坝"的时候,天气忽然变得很冷,迎面刮来的风几乎使人不能行走。大家尽量照顾好牲口,加快脚步想马上穿过去。接着就到了玉带山风口了,大风吹得人打转转,牲口几乎被吹倒。山顶上没长一根草,只有一些凤尾石。我们艰难地走过这一段,风渐渐平静下来。

　　到了荒甸坝的二台山岔口,大家放下身上背的行李,解下马背上的驮子,准备就在这里过夜。就地做了饭,丢下碗筷,各人去抱来一大抱叶子,拾了一些树枝,生起一堆火塘,在火塘边上几个人横七竖八铺上铺。星光愈黑愈明了,野兽声从远方不断传来。正是:

火烤脑前暖,风吹背后寒。
眼望天星月,耳闻野兽声。

　　风越刮越大,火星满天飞舞。伙伴都入睡了。我见他们的行李真单薄:用树叶做枕头,垫的是草席和棕衣,盖的是两人一床棉被和自己的衣服。我的行李真不少:从部队带回的绿色大棉被,草黄色棉大衣,灰毛毡,雨衣,还有我父亲遗留下来给我的破旧狗皮。我把我的毛毡加盖给继唐和兆年,雨衣加盖给继明和苏芳。可是才盖上，大风把雨衣刮跑了。我拣来四块大石头，压在角上。士科说睡不着，我们找来一些枯树枝加在火塘上，坐在那里聊天。他问我在朝鲜战场有多苦？我说真的是"一把炒面一把雪"。

刮来的恶风，把火星吹得四处飞舞，我怕落到伙伴们衣裳和被子上会着火，一直注意着。

征服大自然的战斗开始了

天刚刚亮，士科和继唐就起来烧火塘了。花甸坝子一片银白色，好像中午的太阳出来了一样，可实际上是霜的反射光。大家都起来了，一走动，只听见踏着霜"咯吱咯吱"的声音。我们边吃早饭边分工：四人负责搭草棚，三人去开荒。碗筷放下就开始干活了。

开荒的三人，他们是一贯劳动，劳动力比我强多了。他们挖出去两丈多了，我才挖出五六尺。我努力追赶。过了一会，看看手心，已经起了血泡。嘴里不敢讲，心里想着，这也是前线，一定要坚持！

只听到士高唱起情歌来了：

现在搭个小草窝，明年要盖大高楼。
阿妹你要随哥来，要当花甸一世祖。

兆年来了兴致，就和他对起歌来：

小妹愿意住草棚，随哥走到天尽头。
土地婆婆快搬走，山神老爷也搬走。

士高又接下去唱：

哥来荒山当山神，妹就做个土地婆。

> 永远生活山里头，不愿住在大高楼。
>
> 他们唱一唱，笑一笑，忘却了疲劳。我不会对歌，只是听得高兴。我手上的血泡被他们发觉了，让我回去当炊事员，当然我是不肯回去的。
> 我们又继续干下去。……

段继模的日记颇具豪情。他是退伍军人，本来可以过优裕的生活，但他自愿选择了带领群众去花甸坝开荒的创业道路。他的集体主义情怀使他放弃自我利益，宁愿去做一种辛劳的工作和过一种艰苦的生活。在他的观念中，个体的幸福与富足的重要性逊于群体的幸福与富足。这与当时的时代精神相关，也与他的个人气质相关。

在周城，有一些民间艺术家，出于自己的性情爱好与追求，从事着他们的自由的创造活动。他们并没有受到任何专业训练，他们的作品往往是自然天成，没有雕饰，透露出一种情性的率真、意境的纯美，显示了个体的创造力。他们的创作目的并不是为了出版和发表，而是为了个人的精神愉悦，或者送给亲戚朋友，让他们看着也开心。我常常看到在一些仪式中，他们携带着自己的作品在村民面前展示，大家围成一圈欣赏着、评论着，洋溢着一种集体的审美愉悦。他们有着异样的思想境界与气质。杨文选就是其中的一位。以下选录的是他的几幅画作（图7-20至图7-25）。

2013年2月17日他向我讲述了他的绘画追求：

> 我是画水墨画的。我因为家传医学，对中医有些钻研，医学的道理与绘画是相通的。医学什么科目都要读一点，但真正会看病的医生并不是靠书本上的知识，而是在实践中积累起来的。绘画也同样是这样。我绘画的精力还没有医学的百分之一，真正的精力都用在医学上了，但这种相通性对我有帮助。
> 我小学的时候就喜欢绘画。小时候也不懂什么流派，只是描

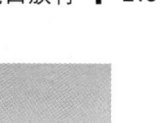

图 7-20　满纸南瓜可充饥

图 7-21　问花

图 7-22　满池红莲欲醉鱼

图 7-23　松趣

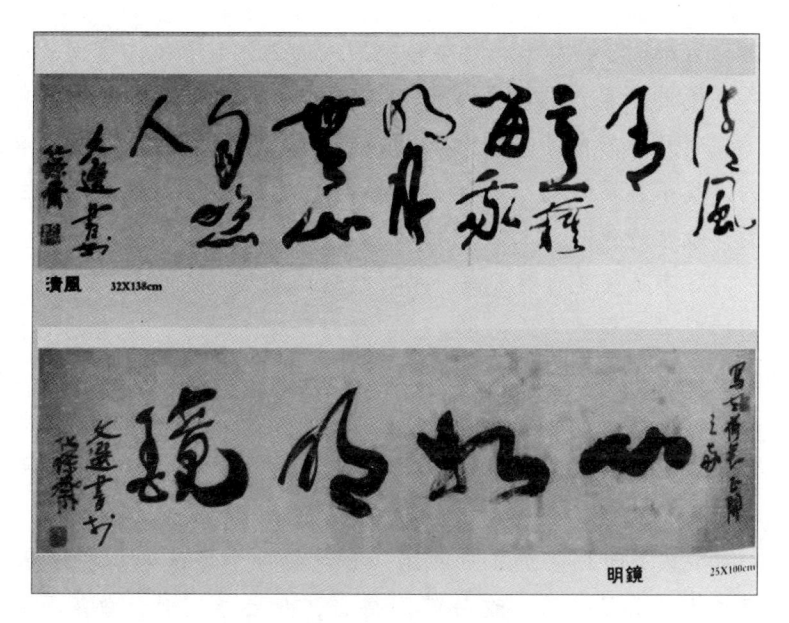

图 7-24 书法作品

图 7-25 观日月星辰

画。后来读了一些书，对吴昌硕等人的画比较喜爱。学问是一天一年慢慢积累，自己觉得没有学到什么，但却也慢慢积累起来了。我只看与自己风格相同的，学不了的就不看。我学我喜欢的，我不喜欢的我不去学。我喜欢的就从中汲取营养。学古代的，也学近代的。

写字画画是自然天成。平时学的东西要融入自己的心中，要用的时候就要把它们忘记。这一笔写下来就是了，没有想到什么体。但写下来，也是中规中矩，是"无法之法"。这就是走自己的路，追求自然。名家的字帖与绘画，你看得很多，写画的时候就不能照着名家来。想到怎么写就怎么写，这一笔这么写感到比较好就这么写了。

我没有专门去练某一种体，有时看一个字，这个字写得好，笔法大体看了一下，这一笔写得好，我要学，那个败笔写得不好，我就不学。我写字的时候是融会百家。他们的好处我都要学。但对于文字的源流，必须弄清楚，你要知道它的源流与演变。

怎样在有限的生命中完成自己独特的创造？这是我经常考虑的问题。郑板桥的字，当时并不承认他，像铺街的乱石，很难看。但那是一种独特的风格，他那个字将梅兰菊竹的画法都融进去了。他到自然中去，观察大自然，到处去走。水将桥上的木头冲走了，在水面上漂着也很自然。他慢慢地从各种自然现象中领悟到一些东西，就创造了自己独特的"乱石铺街"体。

积累很重要，变法就更重要。学别人的，人家只能看到别人，看不到你。只能学大家的创造精神，学他的技术次之。学别人就是学一辈子把别人学得像真的一样，那也不行，人家一看，这个不是我。大家们已经成熟，他们的艺术是自成体系的，就像门一样关得很紧了，已经走不通了。我就绕道，你不绕不行。你只能学他的精神，你要学他的技术画得再像也不是你自己。我少年时代就有这个思想，就想走自己的路。完全按照传统规章就难受了。一个人要有个性，如果个性都没有就成了人家的奴婢了。你既然不服从自己，你就服从别人了。你不想当奴隶就服从自己。古人的东西太多太多了，你这一辈子永远读不完。你需要找到着力点，你的力气撬着这个着力点，就成功了。这是力学上的道理，画画也是这样。

我没有机会进美术学院去学习，我只有在家里自修。学院派培养那么多人，但它也有限制。自修有个优势：可以取舍。一个教授教一个学生，是无法将自己的东西完全传授给他的，主要要靠学生自己去悟。他讲不出来，有些不能讲，明明白白的东西你怎么讲？大多都是不好讲的，讲不出来，要靠学生自己悟，因为艺术涉及很多范围的东西。学生读书不能读死书，要靠自己的悟性，有取舍，有选择，纯粹教出来的学生是没有的。我画画习字都是出自自己的兴趣，有兴趣就可以选择性地看书，好处是很多的。这就是有取舍，有选择。

前人讲"外师造化，中得心源"，两者看起来是矛盾的，但把矛盾的东西放平了就好了。"外师造化"是说艺术家要能捕捉大自然中的一些变化，以之为师。艺术感觉好才能抓住大自然的变化。大风大雨，斗转星移，你能感受大自然那种瞬间变化的气息，就可以产生灵感。艺术家要善于感受，善于捕捉。我非常喜欢到大自然里去走走。"中得心源"是说要有自己的想法。如书法，小时候学书法，老师说"点"像一个桃子，你写的"点"像桃子，就可以及格。这个点也是自然的状态，但如果这样说：点，就像一块石头从空中掉下来，但又没有落到地面上，那一瞬间的状态，即"点如高山坠石"，这就有意思了，有心中的想象：石头掉下来，它既不着天，也不着地，是掉下来的一瞬间，这一个意象是心中之外物，在实际生活中是难于观察到的。在空中把石头挂起来那一个瞬间，似走峭壁临深潭，如攀险峰仰高山。你要感悟到这一点。它不是很妙吗？妙自天然，同时又是心中所得。于是，这一个"点"，我既是从"师造化"而生，又从"得心源"而成。这就是"外师造化，中得心源"。

艺术有时就是捕捉那些说不清道不明的东西，这个就是探索，就很有意思。这正是具有创造力的人的用武之地。说得清道得明的就没有创造了，就是一种模仿。

人生要追求幸福，但幸福的种类很不同。有时追求的东西看着好像很苦，但是你觉得它幸福就是幸福的，搞艺术也就是一种幸福。

这位画家的生命观是为了"在有限的生命中完成自己独特的创造"，他的艺术创造就是他自己的生命的创造。这种创造是个性的舒张："一个人要有个性，如果个性都没有就成了人家的奴婢了。""你不想当奴隶就服从自己。"怎样服从自己？他认为："需要找到着力点，你的力气撬着这个着力点，就成功了。"他强调自然，从自然中获得灵感。在周城村，出门就是大自然，就可以看见"斗转星移"，就经历到"大风大雨"，就能"感受大自然那种瞬间变化的气息，就可以产生灵感"。这就是他的幸福："搞艺术也就是一种幸福"，这种幸福观已经超越了人的物质的享受与需求。

与艺术创造的追求不同，周城另一些知识人在看淡物质享受的同时，更重视自我道德情操和个体人格精神的塑造。桂德本先生是一位农民书法家，他在周城的民众心目中是一位德高望重的人物。2000年8月2日，时年77岁的他讲述了他的一生中对自己的要求与评价。

我的这一生碌碌无为，但是有一点，就是无论在旧社会还是在新社会，我抱着一个目的，就是堂堂正正做人。我一直在政府部门做经济工作，做财务工作。我在搞经济财务工作中按照法律办事、保持清廉，不贪污、不受贿赂。这一点可以说我这一生坚持下来了，问心无愧。家里生活虽然困难，我想有钱也是这么过，没有钱也是这么过。但是有些人对此不理解。有人曾认为我有钱，说我过去在外面工作了这么长时间，而且都是在有钱的部门工作，肯定有钱。后来看到我平日的为人处事，特别是看到我的生活困难，他们就相信我没有弄到钱。这一来，又有人说我孬包，说我在外面工作这么长时间都没有弄到钱，可见是一个孬包。我想，我宁愿当这样的孬包好了。我现在家里条件也不好，朱教授在这里也看到的。

我去过桂德本家里，他的住房是旧房，陈设简单，家中都是一些老旧的家具，其家境在周城算是中下等经济水平。但他对这种生活颇为满足。人们之所以对于私欲永远无法满足，其主要原因在于缺乏心灵的陶冶，将经济利益作为最高利益，将个人享受作为最终目的。例如周城也有一些书法人士将书法作为经商之道，写一幅字要收几百元钱。而桂德本的书法在周城数第一，但他将其看作是助人之道。逢年过节写对联、红白喜事写喜联或挽联，以及平时各种仪式请他题字，他从来不收费。有一次我与他聊天说到积累财富的看法，他说："财富只是我们活着依赖的东西，只要够了就行。永远不值得去追求，更不值得夸耀。我现在这样不愁吃不愁穿，真正是足够了。"无论对于自己，还是对于家庭子女儿孙，他都是严格要求。他在一首述怀诗中说："喜读秦唐汉魏帖，爱看松竹兰梅情。教子不长势利眼，课孙耻折权贵腰。"他的孙女有一段时期在大理当导游，2001年1月31日她向我讲述了祖父对她的影响。

我是1978年生的，今年22岁刚满。我小时候受到的熏陶可能是家庭的影响还是挺大的。从小一开始不记事的时候不知道我爷爷他是什么样的，不知是什么样的影响力。从记事开始，感觉到他在我们这里有一种德高望重的感觉，不管有什么比如农村里面发生什么，我们这里来说，家族里有些事情，家庭之间发生了矛盾，他们就请我爷爷去调解。我爷爷先听，听了以后分辨是非，调解效果挺好的。只要我爷爷出面，没有什么解不开的，有挺好的效果。我们这里很多人都尊重他。我爷爷书法写得很好，我们这里的人都叫他书法家。村委会照壁外面的"秀甲天南"和照壁里面的"名乡崛起"都是我爷爷写的。外面的书法家也经常有人来与我爷爷交流。我对书法也是有一定爱好，在我小的时候，我爷爷给我们弄了一个很大的黑板，在上面写字教我们。有一些疑难问题可以在上面讲解，或者让我们默写、听写，都有一定的启发作用。

后来我到大理去当旅行社的导游，在工作中也受到我爷爷那种精神的指引，就是善意待人。在带团的过程中，总是想着如果爷爷在这里他会怎样处理这些关系。我们导游讲解的内容比较丰富了，但历史我很少讲，因为我读书的时候历史学得不好。有些导游说：哎，小桂啊，历史你可以乱吹嘛，怎么样怎么样。我说我这个人就比较实在了，乱吹我是千万不敢的。爷爷总是跟我们说，堂堂正正做人，老老实实做事。我从来没有吹过。但有一次瞎猫碰到死老鼠，那是真的没有办法。我1996年进旅行社，1997年的2月还是3月份，带了一个团，我们在大理玩了，还去了瑞丽，玩了几天回来，我们经理让我们两个导游请他们吃饭。在吃饭当中，他那个领队就说："哎，你们这里是不是诸葛亮来过。"我真的不知道，不知道答应什么好。那个人就自问自答："来过来过。"我就附和着说："嗯……嗯……来过来过。"（笑）后来问爷爷，又翻书，也知道真的来过。我觉得那天胡乱附和很不对，应该学习爷爷实事求是的作风。遇到事随便瞎哼几句就敷衍过去，这不是一个好的工作态度，也不是一个诚实的做人原则。

那件事以后，我更加努力学习知识，把书带在身边天天看。知识水平达不到遇到很多麻烦，很小的问题也不能疏忽。比如说，大理古城天天去，知道它有600多年的历史，但是不知道它是具体哪一年建立的。有一次，客人问道："小桂啊，这个大理古城是哪个朝代哪年建的？"我刚好看了这一段，是明代1382年建的，就说出来了，就很高兴。在那个时候，我就觉得每到一个地方，特别是景点的年代一定要掌握，它的高度、设计面积等方面的知识也都掌握得很细。比如说三塔，客人一来就说，啊，这个塔太高了，大概有多少米呢？我就可以说，中间的塔有69.13米，一共有16层，两边的两个小塔有49.12米，它有10层。这样一说，而且你说的比他问的还要多些，客人就满意。有时也要对自己多提问，设置新问题，引起大家兴趣。例如一般佛塔的层数都是单数的，但大理的佛塔都是偶数的，为什么？我在看书的时候，什么书上都没有回答。如果懂行的客人问，我就会实事求是地说："至今还没有解开这个谜底。"

我爷爷经常对我说，诚实对于无论是做人还是做导游都非常重要。我一直都记在心上。记得有一次在一个景点，好多客人对一副对联特别感兴趣。那些游客不是我带的团队，而那个团队的导游支支吾吾答不上来。他们就问我，我说："确实不好意思，我也不知道，但我可以回去问我的爷爷，现在暂时无可奉告。我抄一下，你给我留下地址，我问了以后可以寄给你。"他们就说："啊，小桂，谢谢你谢谢你，不用了。我们只不过觉得好奇，也不是专门学这方面的，也不必要。"这样的诚实回答以及那种工作态度，就会感动游客。这些小的问题涉及客人对你这个导游的信任方面，感觉方面。那个对联实在太难了，我认识的繁体字也有限，我就赶快在旁边掏出纸和笔记了一下。回来就问我爷爷，我爷爷给了我解释。下次再遇到这种情况我就可以应付自如了。

在周城，我还发现有这样一类知识人，他们不仅思考人生的意义，而且探索与解释着宇宙万物和各种社会生活现象。他们可以称得上是民间哲学家。《对蹠人》第一卷的主人公段绍升就是这一类型的人物。2015年1月下旬一连几天，他颇有兴致地与我聊起日常生活中的道路、桥梁、船只、车辆等文化事物的起源问题，颇有一些哲理意味。

段：朱教授你来了16年了，我和朱教授也交谈过几百次了。我的个人经历也讲完了，今天我想说说我们日常生活中的一些东西，不知道我的想法有没有什么意思。就不要单是我一个人讲了，朱教授你也要说话。

朱：（笑）好啊。我也说，也问。

段：就说眼前这条路。"路"这个想起来很有意思，几千万年有人类社会以来，就有各种各样的路；但是路弄得那么好，那么快，只有现在。你那年刚来的时候就只有214国道，以后增加了大丽路，又增加了一个环海路，我们这个村子还有一个环村路，巷巷道道它也是路。各种各样的路就多了。我在大地测量队的时候，到处跑，到处都有路，四通八达，这个很奇怪。现在细细想起来，凡有人的地方它必然会有路。怎么会必然就有路呢？比方说，我们到山上去砍柴，那边走不通，这边好走一点，哦，前边的人过去了，已经到了前面那个很高的地方了，看着很危险，但他已经上去了，他是怎么上去的呢？第二个跟着他，会看着他的脚印。第一个人经过的草丛，经过的树叶树枝乱七八糟的他都会有痕迹，第二个人跟着痕迹过去。走的人越来越多，一次两次，你走我走他也走，那个路就会自然形成了。但是第一个人他肯定拉手划脚，又是有树、有竹子、有石头过不去，但是他把石头弄到一边，高处弄到低处来……就可以走通了。路的形成是人的生存、生活必然的东西。

朱：段老师，我现在有一个问题。地上本来是没有路的，一种说法是"我走过以后就有了路"，另一种说法是"走的人多了，也就有了路"。这两种说法哪一种比较正确？

段：（思考了一下）我的看法嘛，既然是路，那么就要很多人来走，来认可它，才成了路。只是一个人过去了，你留下了脚印，这个不可否认，但是不等于路。照这个分析下来，后面的讲得对、讲得好。前面那一位说，本来没有路，他走过以后也便成了路，这个说得太伟大了，但是别人不跟着你走，也就成不了路。之所以是"路"，我的看法是要被大家认可了，一个跟着一个走了，才叫路。我在大地测量队也走了很多很多地方，但是不一定人家就跟着我来。因为我为了取那个竹子，我为了取那个药材，我要想办法踩过去，踩过去留下脚印，但是它不成为路。比方说，老虎和豹子，它到处乱窜，它一窜的地方就叫作路？不

是！（笑）

　　朱：说到老虎豹子，它们有没有路啊？

　　段：老虎路和我们人的路是两回事了。（笑）因为我们人走通了，我可以过去了，又没有碰着老虎又没有碰着什么，没有什么危险，那么你就跟着我来了，是不是？就学着我来了。动物不是这样，老虎狮子（如果）一直走这个路，其他动物相反就不敢走了。老虎就根据他的食物的路线走，没有固定的路线。它一直走那个有脚印的路，它就抓不到东西了。

哲学家说："哲学之根基在于惊奇。"一个村民，对于一些事物的溯源问题有着如此浓烈的兴趣与惊奇，这是一种哲学之思，也是人类学之思。这些思考，都是从他的实际生活经验出发的。也正是因为如此，他对事物的解释颇为深刻。关于路的形成，他的看法与鲁迅先生所说的"其实地上本没有路，走的人多了，也便成了路"[①]的看法颇为相似。

　　段：从"路"我又想到"桥"，人们怎么想到造桥的呢？它又是怎么造出来的呢？如果有一条沟，里面有水，摸着石头过河很危险么。（笑）有石头只能慢慢试探，如果不知道深浅，摸不准就会冲下去，你站不起来，就是一个水手也没有办法，就会受损失。因此好多人直直看着那些水，不敢过去。绕绕绕，绕到很远的地方才过得去，就会耽搁很多时间。聪明的人就想到，砍一棵树横着放在一条不宽的河沟上，就可以走过去了。这就方便多了，节省很多时间，节省很多劳动力。这就是桥。这个桥看来是个好东西。开头的桥就是一根木头，后来越来越复杂。我们这边就是金沙江、怒江，这些水流很急，过去赶马的时候要经过这些地方，没有这个桥就费时间了。古时候有做好事的人，或者他有一些钱，就造了一些吊桥，用篾子、藤子编起来的，很长很长，

[①] 鲁迅：《故乡》，载《呐喊》，人民文学出版社1973年版，第75页。

几百米，吊在上面滑过去的，那种叫溜索。用那种办法，把牲口一个一个捆绑起来，挂在上面，一个一个滑过去。后来有铁器了，铁匠能够把铁搞成空空的，用铁索，长长的一股，起码要四股，上面铺木板。这种铁索桥现在还有。所以桥对于人们生活的交通很重要。

　　我们村南边是周城河，北边是蝴蝶桥，我们印象最深的是蝴蝶桥。我们小时候，蝴蝶桥是用棕树的树干搭成的，所以叫棕树桥。我们这个地方到处都是棕树，棕树的树干的特点是熬水，桥难免有水，但棕树的木头浸得起水。过去我们这地方的水碓水磨，那些轮叶都要用棕树，棕树能够熬得起水。

　　朱：为什么要过到河那边去，我不过去不行吗？（笑）

　　段：为了生活。比如说我们过去染布，藏族地方也喜欢，纳西族也喜欢，喜欢我们白族织的这个土布，染的这个土布。我如果不过去，不把这些布料运过去，在这边每一尺如果是一块，到那边是一块二、一块五了，比这边就划得来。所以行商没有桥互相的交流就困难了。搭起桥，两个就沟通了。朱教授千里迢迢从武汉到我们白族来，如果没有百座桥、千座桥，你朱教授怎么来得了？（大笑）

　　还有，嫁姑娘、娶媳妇，到桃园、到仁里邑、到下关，有了路，有了桥就方便。所以好多事情是在生存中、在生产生活中逼出来的，就产生了桥。

　　朱：干吗要嫁到桃园，在周城这边不行吗？

　　段：有这么一句俗话："人牵人过不了沟，恋爱牵人过九州。"我们是动物界里面的高级动物，动物雌雄之间不是爱情，是本能需要，它爬山越岭都不怕，都要走到一起。本村也有很多姑娘，这要看条件。他不能在亲属中去找，当然过去亲老表婚比较普遍，但是也不是绝对的，也不一定配得拢。他总会在社会交往中自然接触一些人，一见钟情，会有一种特殊的感觉。家里面这个那个给他介绍的他不喜欢，但是在很远的地方认识那么一个人，虽然有很麻烦的来往，但他喜欢，爱上了，情愿了，就没有办法，再远也会靠拢。有了桥，两个人来往，就是一早晨的路。那边只和我们隔一点点，只是有这条江、这条河过不去。以前几天才能绕得过来，现在有了桥，它就很近。

朱：段老师是说有了路和桥，人可以和更多的人打交道。那么，人为什么喜欢与别人打交道？

段：（笑）这个说起来很平常，但是"为什么""为什么"问十万个"为什么"就困难起来了，神秘起来了。人的本能就是需要和人交流。如果社会上或者整个地球上只有一个人就没有什么意思了。

"路"和"桥"都是人类印在自然之上的文化印迹，它们将地球上的各个部分都联系在一起了。道路和桥梁使人从一个小范围的有限境界跨越出去，人总是从有限走向无限，路和桥就提供了一种通道。路和桥本来是在平面上向前延伸的，但是在人类的思维中它也可以向上和向下延伸。在一种象征的意义上，路和桥将作为短暂者的"人"与作为神圣者的"神"联系在一起。人需要向上下左右凝视。向天空凝视，是对神圣者的凝视；向大地凝视，是对万物的凝视。海德格尔说：桥梁使河流、河岸和土地成为邻里。桥梁的意义在于"以自己的方式使大地和天空，神圣者和短暂者聚集于它自身"[①]。

段：有了路和桥，还需要船、车这一类交通工具，人与人之间才可以交往。万事万物我的想法都是从实践当中来，这是我的理解、我的猜想。船也好，车也好，也是这样。比方说那边有一股水，那一股水恰好漏在那个圆的东西上，哎，那个圆的东西又带动其他东西动起来。当然那个很少见，但是这个世上无奇不有，会有这种奇特的现象，被那个人看到了，以后他就会想可以利用水来带动它的动力，而且用一个圆的东西来带动，它就会转起来。一步一步，打碓磨面的那个水轮就创造出来了。我们小时

---

① ［德］海德格尔：《诗·语言·思》，彭富春译，文化艺术出版社1990年版，第137—138页。

候也会用仙人掌做一个小水车。我们这边仙人掌很多，朱教授上苍山洱海的路上看到的，很多很多的仙人掌。它外面有刺，很大，一片一片的。我割了下来，用小刀把它弄圆了，以后又再弄一些齿齿，中部把它弄一个孔孔，穿一个棍棍当轴，上面水冲下来就压在齿齿上了，它就会动起来。棍棍放在两边的支架上，水倒在齿轮上就会动起来。那一种玩法当然还是有大人教，但是它在自然界里面会有那一种东西，恰好是组成那样子，人看到以后就把它学过来了。既然已经驯服了牛马，用上那个木轮子把它弄圆，成了牛车、马车，它才快，阻力少。直径只是50厘米那么一个轮子，转一周就走出去两米了。但是，到底是牛车马车的轮子转到水磨上去，还是水碓水磨上的轮子利用到这边来，这个只能是天知道了。（笑）有一些东西是这样，比方说，人在一个有一点坡度的地方，坐在一块石头上，那块石头恰好是圆的一块，它动起来、滚起来就滚得很快，就给人启示，就发明了轮子。

"船"这个也是在社会实践中产生的。那边有一塘水，后来落下比较大一点的叶子，树叶，有一个小动物，如青蛙，就跳在上面。那青蛙也没有落下去，在上面浮起来了。我也就模仿那个意思，比那个大一点的东西放上去，比方说恰好人家那边掉了一块木板，我放了一块石头在上面，一冲就冲到那边去了。我就得到启发，就把四边围起来，不要往里面淌水，于是就成了船。

"轮子"是人类历史上最重要的发明之一。本来是因为人类希望模仿动物跑得快的四脚，但是为什么创造出来的却是滚动的轮子？段绍升用仙人掌制成的玩具水车的实践例证很有说服力地解释这一高深问题。

朱：段老师，刚在你说到人把牛驯服了，把马也驯服了，我们人这种动物是不是很霸道，总是欺负其他动物：身下骑着马，前面赶着牛，后面牵着羊，家里还养着鸡？

段：（笑）人没有把牛驯服之前，就是用人拉，现在有些地方没有牛的时候也用人拉，用牛来代替就更好了。人能够用其他的动物来代替就节省了体力。一个人只能背五六十公斤，距离短一点可以背100公斤；但是用马用牛，尤其是用马用骡，一天能走上三四十公里路问题不大，中间只是驮子搬下来歇一歇，吃一点饲料再继续前进，比人的速度大大提高了一步。而且把人的负重变成其他动物去代替了。人是最聪明的，是根据动物的品性来使用的。牛用它驮东西就比不得马，马用它犁田又抵不得牛。这个也是我们的祖先在社会里面生存和动物打交道时驯化和创造出来这些运输工具的。原先，人们或者只是把东西放在牛背上、马背上，捆一捆掉不下来就行；后来考虑到用鞍、架子就不容易掉下来；再后来，用牛车、马车就更加省力。既然有了牛车、马车，以后又有些人动脑筋想在这个基础上，不用动物，它的力能不能用其他来代替呢？于是就产生了用汽油、电来代替马的力、牛的力、人的力。这样人的力量就一步一步大起来了。

朱：往这边说，人是好了；可是往那边说，牛马却是遭罪了。野牛、野马，它们自己过，多舒畅！可是人把牛的鼻子打通，穿上绳子；又把马弄翻在地，给它的蹄子上钉上铁掌。

段：（笑）有些东西想不通了！仔细想起来，人是很坏啊，搅得自然界不安宁，搅得其他动物不和谐，它们不能按照它们的本性生活。到底是让人支配所有的万事万物好呢？还是让万事万物与人在一个平等的地位上和和气气地一起生活好？不过那样，人就不那么舒服。人是不是不要过于自私自利，也要想一想环境中的其他生物？这个问题我要去用脑子想啊！（笑）上帝赐予人能够制服这些动物。动物里面老虎很厉害，之所以其他动物怕它，它小小的就长胡子了，那些还很硬。人比这些动物还要厉害，把它们都制服了，马戏团就把它驯服了。大象和骆驼也制服了，大象让它在森林里帮人搬东西，而到了沙漠里面就用骆驼运输。这些现在很正常的东西，如果仔细想起来，人的确有点高高在上，很霸道，对整个地球的发展也许不那么好。

在复杂的社会生活中，分化出一部分知识人对于超物质性利益的精神追求，这种追求成为一种哲学的、美学的、伦理学的、社会学的诉求，这是对人的存在、人的本质的意义的感悟与思考。

三十三　从"主体性"到"交互主体性"

一项研究异文化的工作，一般来说要遵循如下的程序：第一步，就像传统知识分子"皓首穷经"一样，你需要穷尽相关研究成果所有著作的阅读，并将这成百上千种著述作为"前史"列为参考文献，这显示你的学问功底非常深厚。第二步，你在理清这些著作所建构起来的"学科史""问题史"的同时，要确立应该研究的新问题是什么，即所谓的"问题意识"。这个"问题意识"要对前人的研究有所推进。这种推进，不能是"跟着说"，而应该是"接着说"或者"对着说"。第三步，确定了问题意识，你就要据此详细地列出你在田野中要观察与访谈的提纲。这个不必发愁，教科书已经为你详细地列出了调查提纲，照着办就行，最多只需要略作调整。例如英国皇家人类学会编订的《人类学的询问与记录》①就可参照，一些著名的人类学家对此调查提纲极为推荐，例如泰勒说："这是人类学者必备的田野调查手册，能为训练有素的观察者提供必备的建议。"普里查德说："这本人类学田野工作指南，是一份关于人类社会调查最完整的问卷。"第四步，在确立了研究课题、问题意识并且有了明确的研究思路以后，你需要寻求资金的资助。而你的研究必须符合资金提供单位的某些特殊要求，才能较为顺利地申请到经费。当然，你在设计课题之前其实就已经瞄准了某些资助单位，也看清了他们对于资助的条件。第五步，你选择一个有利于完成你的课题研究的典型地区进行田野调查。你的调查一定会相当顺利，一是因为你有了调查提纲，而前人也已经将现成的方法告诉你了："参与观察"和"访谈"；二是因为你手里有钱，当地人愿意向你提供材料，因为你付给了他们访谈

---

① ［英］英国皇家人类学会编订：《人类学的询问与记录》，周云水等译，国际炎黄文化出版社2009年版。

费、误工费，这可比他们去日头下或北风中劳作的报酬要高得多。既然你与当地人之间已经形成了一种利益交换关系，你当然就是主导者，可以放心地按照你设计的提纲去询问他们，按照约定，他们也必须按照你的要求回答问题。你很快就可以得到你的课题所需要的田野材料，然后你完成了调查就可以走人。你不欠当地人什么，当地人也不欠你什么。第六步，当你回到书斋以后，你就开始撰写民族志作品，接着拿去出版，并且在学术会议上作报告。正因为这些，你的职称得到了提升，你的成果得到了"圈内人"的认可，你提高了你的声誉，你在你所属的那个小群体之内就有了一定的地位。你所在的那个"圈子"虽然极其狭小，又十分封闭，而你已经不在乎这些了，你在这个"圈子"内已经自满自足了。

我在1987年以来的研究中，特别是1993年以来至今的田野研究中，不能说没有经历过这种状态，但是更多的则是走着一条逆向的路径。20世纪80年代到2002年这一段时间内，我的田野调查都是在没有课题的情况下进行的，我从工资中拿出用于田野工作的经费是一个很大的数目。后来，我也申请了一些资助经费，但一般情况下都是依据心性与情志先完成了田野调查，有了丰富而充分的田野资料，然后才去申请课题的。因为我是一个理想主义者，不从内在的情性和我自己所确定的学术目标出发，我会心情烦躁，研究工作就做不下去。我的总体目标，是1987年思想觉醒中定下的目标，就是认定人类学应该研究"人类"，研究"人"，将民族志作为一种"人志"。而对于研究"社会""文化""民族"这些内容，只能包含在"人"这个总概念之下，而不是超越其上。正因为如此，我每次出发，不设定具体目标。我遵从心性的驱使，遵从田野感觉，遵从我的理想诉求，由此，不仅得到一些自我的思想进益与学术进展，而且对于田野工作本身的理解也日渐深入。

上面我已经说到，在捞车土家族村的田野工作中，我已经对于"第一主体"与"第二主体"进行了区别，认识到，要了解异文化，只有让当地人自己述说才是可行之道。而且，不仅在知识上，而且在人格精神上，我们在与他们的比较中并不处于一个优势地位。捞车土家族村被动的田野工作所产生的这种理念，成为我在周城白族村主动的田野工作实践。去周城做田野调查，并非谁的指派，也没有课题的压力，没有工作任务要完成，我是随意让一个高傲的年轻司机随意送去的。我将书本上各种理论与方法的条条框框，全部一股脑儿丢在书斋之中，如释重负。一个人轻松地面对着一个村庄、一个世界，我的心灵是自由的，当然更无所谓成败得失，我的工作有着充分的主动性。在这种主动的、自由的田野工作中，我在区分"第一主体"与"第二主体"的基础上，开始深入思考二者之间的关系。过去，经典民族志者对于田野工作的主导性几乎成为一种常识，极少有研究者愿意将主导权交给当地人。而我希望把这种情况倒转过来。我想，我既然要研究人、研究当地人、研究当地文化，而我是一个外地人，且又是一个钝感之人，无法扮演"先知先觉"的角色，那么，让当地人先讲述是最明智的选择。

在一种尊重"他者"，将"自我"置于反思位置上的思想状态中，"自我"与"他者"之间就形成了一种"交互主体性"关系。所谓"交互主体性"（Intersubjectivity，也译为"互为主体性"或"主体间性"），本来是一个哲学概念，其主要内容是研究一个主体怎样与另一个主体相互作用的，它涉及"自我"与"他者"的关系。主体性哲学把主体看作是原子式的孤立个体，而交互主体性不是把自我看作原子式的个体，而是看作与其他主体的共在。胡塞尔认为主体性是指个体性，交互主体性是指群体性，交互主体性应当取代主体性。海德格尔认为有两种共在，一种是处于沉沦状态的异化的共在，这种存在状态是个体被群体吞没；另一种是超越性的本真的共在，个体与其他个体间存在着自由的关系。交互主体性概念的提出，使得社会科学在认识论方面出现了重大的转向：即从关注主体性和认知上的"主体—客体"关系转向关注主体与主体之间的关系，进而把人类认知的对象世界不再看作客体，而是看作主体，并确认自我主体与对象主体间的共生性、平等性和交流关系。主体间的共同存在，是自我主体与对象主体间的交往、对话。自我与世界的关系不是主客关系而是自我与另一个自我的关系。

传统民族志者在田野工作中，当然也形成了某种与当地人的互动性的关系，但这种互动并不是一种平等的关系，而是一种"主动—被动"的关系。我希望在我自己的田野工作中将这种位置关系调换为"主动—主动"的关系。但是，由于这种"交互主动性"的理想境界是不容易实现的，民族志者总是在与当地人的交谈中习惯性提出问题，然后与当地人进行讨论，这仍然是主导性的体现。为了彻底改变这种旧习惯，我要求自己"事前不提问，事间不追问，事后不补问"，"除了倾听，还是倾听"。只有当地人获得了自由言说的权利，才能与民族志者达到平等的、双向的交谈，也才是民族志者与当地人互相尊重的具体表现。"你不要规定我说什么，我想说什么就说什么"，这是当地人的内心要求与普遍态度；"我绝对不规定你说什么，你想说什么就说什么"，这是我在周城田野工作中所奉行的基本守则。

我与周城村民段绍升持续的、深度的交谈，就是一个"自我"与"他者"的"交互主体性"的说明。我们之间的一切交往，都是相互尊重的、充满友善的、完全平等的、彻底自由的。这在《对蹠人》第一卷《他者的表述》①一书中已经述及。自 1999 年至 2019 年的整整 20 年的时间内，我们有数百次交谈，其中他的正式讲述就有 64 次。我们之间完全摆脱了那种单向的、问答式的刻板的机械关系，他按自己的兴趣进行讲述。我坚决做到在他讲述前不设提纲、不提问，在他的讲述中不打断、不追问，在他讲述后不补问我所感兴趣的问题。即使在 2015 年寒假他讲完了他的个人生活史而希望我也能与他讨论问题时，我也没有设置问题让他回答，而是顺着他的话题往下说，扮演"捧哏"的角色，刺激他的思维往深处思考。②正因为这样，他每次总是深深地沉浸在他自己的讲述之中（图 7 - 26）。在随后的民族志写作中，他也主动积极地参与。在《他者的表述》中，他作为"第一主体"的叙事所占的比例为 38%，这些写入民族志的部分，都是经由他同意并审查核对的。

---

① 朱炳祥：《他者的表述》，中国社会科学出版社 2018 年版。
② 参见上一节的例证中我的提问文字。

图 7-26　段绍升沉浸在他自己的讲述之中

我认为田野工作中"交互主体性"的最基本要义,并不在于"对话"形式,因为在"对话"中,民族志者仍然牢牢地掌握着话语主导权,而在于能够让当地人在不受民族志者干扰的情况下选择话题,进而自由地讲述;同时,邀请他们也参与民族志的写作之中,将他们的讲述系统地而不是断章取义地写入民族志之中。如果需要对材料进行选择,也必须是按照讲述人自己的意愿而不是按照人类学者的意愿。这样做也可能田野材料与作者的观点并不十分吻合,但是,这种"材料大于思想""材料大于解释"的文本形式,正好留下了一个可以让读者参与其中重新解释的空间,从而破除了民族志者的权威性,使民族志成为名副其实的开放性文本。

"交互主体性"所包含的"自我—他者"中的"他者"不仅指"人",也可以指"非人"。民族志者也需要努力地将这些非人类的生命体乃至无生命体看作具有人格的、"活"的事物,也就是将它们看作具有主体性的"主动之物"。它们与民族志者也同样是平等的,而不是任由民族志者操控的"被动之物"。庙宇中的本主杜朝选,他戳弓鱼洞拯民于苦、杀蟒除害救民于难,就是一个真实的猎人形象;死后当了本主又能够福佑村里的民众,当然也仍然是"活着"的。人创造了神,神又在创造着人,二者之间成为"交互主体"。即使如一块石头、一棵树、一朵花,它们都可以是"活"的主体,都有主动的诉说,就看民族志者能否对它们采取尊重的态度以及读懂它们的语言。我在周城就有过一次对于"树"的智慧与情怀的感悟与体验。2000年初冬一天早晨,我买了一个饼子站在一棵树下吃早餐。那树不声不响地站立着。我很怡然,一边吃一边欣赏着。忽而听见些微的声音,是一片叶子从树上飘落下来!啊——,我顿时感叹它是一个自觉的勇士,而且我也听到它在自我诉说:"到了该去的时候了,自己就应该主动离开。"我看着地上的一些黄叶,有的已经干枯,有的刚刚新落。黄色的,黄褐色的,褐色的,墨色的,层层交叠,非常美!死亡是"一种愉快的思想"[①],我顿时想起了马赫曾经说过的这句话。这是"树"作为主体的一种智慧与情怀。因有所感,当时我就作了一首打油诗《叶的告白》:

秋去冬来总难换,青黄流转已枯衰。
我愿寒风强且劲,吹落残叶待花开。

我的又一次"代入感"使我感觉到这棵树通过一种"身体语言"在对我们说话。它们是"活"着的事物,是作为万物中与我们人类平等的事物。而在这种"我"与"物"(他者)的对照与对话中,我可以看到"我"与"它"的不同,"我"可以与"它"交流,学习"它"的情怀,借鉴"它"的生存智慧,进而反思我们人类的文化。事物也是"活"的,具有生命的,应该得到尊重,中国古代就有著名的"民胞物与"思想。人类学田野工作者对于"人"与"万物",应该赋予同等的尊严,有着同等的对待。

后来,对于"交互主体性"的内涵的理解被我进一步扩展为

[①] [奥]马赫:《感觉的分析》,洪谦等译,商务印书馆1986年版,第4页。

"三重主体叙事"和"主体的三重性"两个分析性概念。

所谓"三重主体"是指"交互主体性"中的"自我—他者"的关系中,在"第一主体""第二主体"之外还有"第三主体",它就是读者与评论家,三个主体之间的互为主体性关系如图7-27所示:

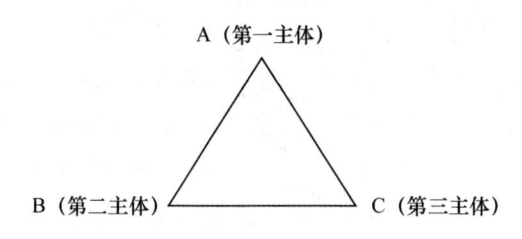

```
            A（第一主体）
               /\
              /  \
             /    \
            /      \
   B（第二主体）——C（第三主体）
```

图7-27 三重主体的互为主体性

所谓"主体的三重性",是指"交互主体性"中的"自我—自我"的关系。我将民族志看作是一种"人志",在1987—1990年的读书过程中,我已经认识到"人"有"人性""社会性""个性"三个层面而不是只有"社会性"一个层面;而在周城的田野工作实践中,我又将三个方面看作是"人志"的最基本的内涵。"人"的研究三个层次之间存在着复杂的交错与互动关系,任何强调单一层次的研究,都是片面的研究。因此,主体就存在着三种形式,即"个体主体""群体主体"(社会文化主体)和"类主体";而对于某一个具体的人,他既是"一块有纹路的大理石",具有独特的"个性"特征;又在一定的社会文化中生活,"社会性"和"文化性"成为他的另一种重要特征;他还是属于作为同一个物类——"人类"的一员,具有"人性"(人类性)的特征。这就是"主体的三重性",它们也形成了互为主体性关系。如图7-28所示:

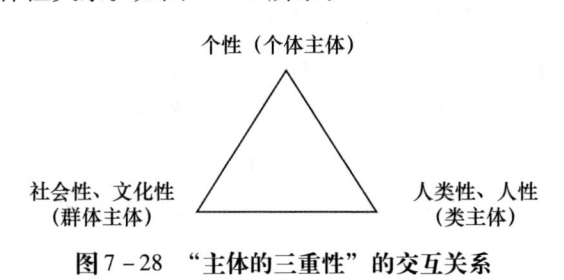

```
            个性（个体主体）
                /\
               /  \
              /    \
             /      \
  社会性、文化性————人类性、人性
   （群体主体）        （类主体）
```

图7-28 "主体的三重性"的交互关系

在第二章中我已经提及,当我最初确定走上人类学道路的时候,我的"批判人类学"的思想取向已经初露端倪,在随后的研究工作中,特别是在摩哈苴彝族村、捞车土家族村和周城白族村的田野工作中,随着对于"自我"的反思,这种"批判人类学"的思想取向逐步转化为"自我批判"研究路径。这里的"自我",既指"我"作为民族志者的"个体自我",也指"我"所归属的民族志者的"群体自我"。在"主体民族志"的建构中,"自我批判"成为我的写作区别于其他人类学者的一个很重要的特点。我在《对蹠人》系列民族志以及在《民族研究》上发表的数篇论文中所提出的"直接呈现""学术自戕""词语扇面"和"互镜"概念,"事—叙事—元叙事"和"三重主体叙事"的叙事形式,"期盼死亡"的诉求,"材料大于解释"的表述,以及"呈现—解释—建构"的民族志结构形式等等学术理念,都体现了我内心真实而诚恳的自我批判与自我限定意识。而在民族志的写作中,我努力做到尊重"第一主体"并允许"他者"与"自我"具有平等叙事权力。"第一主体"叙事在《他者的表述》中占38%,在《自我的解释》中占39%,在《蟒蛇共蝴蝶》中占31%,在《知识人》中占40%,这样高的比例,所显示的是已将自我批判与自我限定化作了一种具体的学术实践。

第八篇　永远的"在途中"

三十四　田野之"道"

　　传统人类学与民族志研究深受笛卡尔身心二分思想的影响，把研究重点放在心智上，注重逻辑的理性表述。在理性的光照之下，人被看作是缺乏个人情性特征、仅仅是由社会文化规训所生产出来的对象。在这种理念下，田野工作失去了它的生命的感性光辉，不重视人的身体的实践形式，不重视人在不同的具体的文化场景中的感性体验。即便在对异文化进行描写与分析的过程中，间或述及作者田野经历的感性叙事，也只是无足轻重的点缀与渲染。感性在研究与文本书写中的"缺席在场"，使理性分析在学术话语中占据绝对的垄断地位。

　　诚然，不同的社会规范、相异的文化模式对人的确有着巨大的铸塑作用；但是，人的存在首先是一种生命的形式，身体的各种感官以及其感觉、情感、情绪是其最基本的特征。在新的人文社会科学理论的进展中，传统上专属于心理学、生理学关注对象的身体感觉，也变成历史学、社会学、人类学关注的重要问题。人们认识到身体的感觉不只是自然的生理现象，也不仅是被社会构建的结果，它更是创造社会意义和人生意义的重要来源。在知觉现象学看来，身体体验的感官性和物质性构成一切知识的基本层次。有的学者提出"生命态身体"（lived body）的概念，强调身体的感性体验具有决定性而不是被决定性，强调意义与知识的普遍的身体基础。[①] 这一趋势被视为"感官转

[①] ［英］克里斯·希林：《身体与社会理论》，李康译，上海文艺出版社2021年版。

向"。于是，对于人——无论是研究者还是被研究者，不仅是社会结构与文化模式的研究，而且是身体感性体验的研究。感觉是潜在的象征集聚地，人们的感觉往往与象征隐喻相关联，构成社会意义的基础。感觉模式提供了人们的基本知觉范式，人类知觉和理智从根本上说是由感性经验塑形的。理智综合主要依靠概念运作，而概念意义的获得和概念体系的结构也不是凭空产生的，从发生的过程来看，它们源自人们最初的感性体验的隐喻投射。

在本民族志中，我们强调田野工作的本质是感性的，将田野工作者的感性经验置于民族志研究的中心位置。田野之"道"即感性之道，人类学者在广阔天地的田野中用双脚行走着，他的感觉器官的所闻、所见、所触、所感是最先发生的，并为思维器官的所悟、所思提供基础。将理性作为民族志的基础的传统的人类学者，他们在进入田野之前，往往已经有了对于问题的某种解释意向，带着这种理念到田野中去找寻材料来"证实"或"否证"这种认识。这当然是一种研究方式。但是这种路径不能成为唯一的、必须遵循的霸权路径，它不应该排斥别的路径的存在。不将理论化的认识带入田野，直接通过田野工作中身体感官的听、看、触、味、嗅等感觉获取新材料，在这些新材料的基础上，建构某种认识甚至理论，这同样也是一种研究路径。

在理性思维的光照之下，传统民族志者的田野工作走着一条"在这里—去了那里—回到这里"的道路。"在这里"说的是民族志者在书斋或研究所中完成理论的准备，对研究的问题有着某种从理性出发的预设。"去了那里"说的是在田野工作中去到异文化中有选择性地收集材料，而对于那些恰好符合理论与预设的材料，他们有着浓烈的兴趣。"回到这里"以后，在书斋中和研究所内对异文化与本文化进行比较研究的过程中，他们往往将其放入"西方—非西方"这种二元理性思维的框架中，得出的结论当然就是二元论的。当他们将西方文化与非西方文化进行空间位置比较的时候，得到的结论是"中心—边缘"的分类，其具体内涵是：西方处于中心，非西方处于边缘；当他们将西方文化与非西方文化进行时间位置比较的时候，得到的结论是

"原始（传统）—文明（现代）"的二元分类，其具体内涵是：西方文化是文明的、现代的文化，而非西方文化则是蒙昧的、野蛮的或传统的文化。在这两种比较分类的基础上，他们又进行价值观比较，得到的结论是"先进—落后"的分类，其具体内涵是：西方文化是先进的文化，非西方文化是落后的文化。于是，民族志者"在这里—去了那里—回到这里"的田野模式，可以还原为"在西方—去了非西方—回到西方"的模式。这个模式是一个封闭的西方中心主义的模式。

"在这里—去了那里—回到这里"的田野工作模式之所以成为西方中心主义的模式，这与现代人类学的田野工作产生的背景相关，为殖民帝国服务的研究宗旨使民族志者从西方出来，又必须回到西方去。西方既是起点，又是终点。无论他们走到多么遥远的地方，是走到非洲，还是走到太平洋的小岛上，他们总归是要回去的。他们只能以帝国利益为中心，没有别的选择。他们的田野工作"封闭模式"是他们的研究宗旨决定的。

如今，殖民时代远去了，我们应该将传统的"在这里—去了那里—回到这里"的工作模式，转换为"在这里—去了那里—又去了那里……"的新的工作模式。新的田野模式是一种不断行进的、"永远'在途中'"的模式，它是一种动态的模式，充满着感性的力量。由于新的工作模式的田野点已经由一个扩展到多个，以"这里"为中心、以理性为中心的封闭模式被打破，新的比较视野就不是"这里—那里"的二元比较，而是"这里—那里—那里……"的多元比较。

"在途中"既是一个实践位置，也是一个理论位置。在这里西方文化再也不能居于中心位置。"在途中"是各种文化的交汇与凝结的象征，容纳各种不同的想象、包含各种不同的材料。各种各样的本文化事象与异文化事象在这里被拌和到了一起，消弭了时间和空间的差异，然后跳跃、激荡、交汇、混融、分离、叠合、联结、发散、解构、重构，在一种纵横驰骋、左右碰撞的过程中完成民族志者的建构与创造。

在新的田野工作模式中，人类学者的探寻脚步永远不会停歇，他永远是一位"行者"。这种"永远在途中"的"行者"的形象，类似于鲁迅先生在一篇散文《过客》中所描写的那位"过客"的形象①，类似于印度诗人泰戈尔在《园丁集》中所描写的那位"行路人"的形象②。他们都没有名字，他们不接受赠予，不接受安逸的生活，他们永不停息，永远行走着，永远在追寻着前方的事物。"在途中"成为他们的生活方式，"走"成为绝对命令。人类学者在"走"的过程中，感性经验成为研究工作永远取之不竭、用之不尽的动力源。于此，田野工作从"封闭"走向了"开放"，从"有限"走向了"无限"。

三十五 终极问题

田野工作者不停地行走，他们在追寻着理想，这是他们的终极目标。

人类学田野工作开辟了一条各种不同的文化沟通之道，一条将各种文化进行比较之道，而这种沟通与比较都是为了达到不同地区、不同族群、不同民族、不同国家的人们能够相互理解、和谐共处、共同发展、风雨同舟，永远消除战争的风险；同时，也是为了达到人与万物、人与自然之间的相互尊重、相互依赖、共同生存、和谐发展。这就是人类学者对人类前途的终极关怀的情志所在，这种情志的基本内涵就是人与自然、人与社会、人与他者、人与自我和谐相处，以便人类这一物种在地球这个星球能够生活得愉悦与幸福。人类学者通过田野工作，将此处与彼处沟通，将此人与彼人沟通，将此种文化与彼种文化沟通，最终达到相互理解。文化之道就是人类不同群体的相互理解之道，是一种文化对于另一种文化的相互理解之道。

没有一个真正的人类学者对当下的人类整体状态是满意的，否则他就不会走向田野的追寻道路。当代有的人类学家将地质学家的"人

---

① 鲁迅：《过客》，载《野草》，人民文学出版社1973年版，第27—33页。
② ［印度］泰戈尔：《园丁集》63，载《榕树》，冰心译，人民文学出版社1987年版，第107—108页。

类世"的概念借来，用于对世人的示警。① 当人类本来是自然的造物成为自然的主宰的时候，当人类的"造作"能力发挥到极致变成了一个地质年代的主体的时候，物我关系出现了根本性的倒置，人类由自然的造物，变成了"造物主"，人类就走到了自然的对立面。然而，"对立"需要力量的均衡才能成立，而人类却永远也没有力量与自然抗衡，于是就出现了悖论：一方面他要主宰自然，另一方面他永远也无法主宰自然。这种矛盾，使人类永远处于一种十分尴尬与危险的境地，他总是自高自大地做些不自量力的事情，而这些事情又恰恰给自己带来厄运。人与自然关系的危机是当代人类最为深刻的危机之一。

人类个体之间不和谐关系的危机，此一群体与彼一群体之间的斗争危机，此一民族与彼一民族、此一国家与彼一国家之间的战争危机，是当代人类面临的又一重危机。较之于人与自然之间的环境与资源危机，这种危机是相关于人类整体生存的最紧迫的危机。地区之间的争斗，民族之间的争斗，国家之间的争斗，演变成一场又一场激烈程度愈来愈高、规模愈来愈大的战争。人类历史上无数次战争，包括20世纪的两次世界大战，给整个人类带来深灾大难。而当下，战争的危险不仅仍然存在，而且因为核武器的出现而有使人类存在彻底毁灭的危险。

人类面临外部的"人与自然"关系和内部的"人与人"关系两大困境，是人类面临的两大整体性危机。当代学者，无论是哲学家、思想家、人类学家，都希望在人类面临困境与危机的时候找到摆脱的路径，找到一种处理人与自然的关系、处理人与人的关系的新办法。人类学者的田野工作使他们获得超越地域性的"整体目光"。

人类需要走出巨婴时代！我们需要迅速成长起来、成熟起来，我们需要创构新的思想体系。当然，人类已经经过了数百万年的发展，他的既有成就无疑是不能被丢弃的。地球上各个地区的人类都创建了不同的文化，都对人类的发展贡献了各自的智慧，创构了各种不同的思想体系并且被累积下来。当人类从婴孩时代、童年时代逐渐走向成

---

① 参见［英］蒂姆·英戈尔德《人类学为什么重要》，周云水、陈祥译，北京大学出版社2020年版。

年的时候，他需要进行一次系统地总结与反思，使我们获得更为有益的思想。德国哲学家雅斯贝尔斯在《智慧之路》[①]和《论历史的起源与目标》[②]等著作中认为，人类已经从"分散的历史"走向了"整体的历史"，以"地球的统一性"来衡量一切。当代一些历史学家也不断强调人类已经从地区发展的历史走向了全球史。人类的整体的历史、全球的历史有着新的问题。雅斯贝尔斯将人类早期的火的发明、工具的使用等看作是人类历史的"第一次开端"，从那个时代开始，已经有了"第一次精神觉醒"，产生了"轴心时代"的思想；而当人类走向"地球的统一性"的时候，他认为就走向了"二次开端"，必然出现"人类精神的第二次觉醒"，从而产生一个"新的轴心时代"的思想。人类在"第一次开端"的时候，地上本没有路，各地不同的人类进行不同的探索，于是有了不同的道路。太始之道，是各地的人类用双脚走出来的。人类在"二次开端"的时候，地球上已经有了许多条探索的道路，人类在重新选择道路和创造新道路的时候，同样也是用双脚去开辟新的道路。我们已经从过去的选择中接受了教训，吸取了经验，我们现在需要选择一条人与自然、人与社会、人与他人、人与自我之间更为和谐相处的前行道路，选择更加考虑人类终极前途与命运而不是只考虑眼前利益的前行道路。在这条道路上，人类各群体之间一定会相互理解，将"他人即自我、社会即自我、自然即自我"作为一种共识与践行的基点，最终达到人类的整体自觉。

当代人类学者的职责就是通过田野工作提供各种文化、各地区的人类能够相互理解、相互尊重、相互接纳的渠道，为"人类共同体"的整体觉醒而创造条件。

[①] ［德］卡尔·雅斯贝尔斯：《智慧之路》，柯锦华等译，中国国际广播出版社1988年版。

[②] ［德］卡尔·雅斯贝尔斯：《论历史的起源与目标》，李雪涛译，华东师范大学出版社2018年版。